D1928664

Eine kulinarische
Entdeckungsreise

durch Sachsen-Anhalt
und den Harz

Winzerfest in Freyburg an der Unstrut

Micaela Seiferth-Wilde · Angela Liebich

Eine kulinarische Entdeckungsreise durch Sachsen-Anhalt und den Harz

UMSCHAU

INHALT

INHALT

INHALT

Am 25. August
findet wieder
unser Garnelen-
essen statt.
Preis pro Person
€ 28,-
Reservierungen
nehmen wir gerne
entgegen

SACHSEN-ANHALT

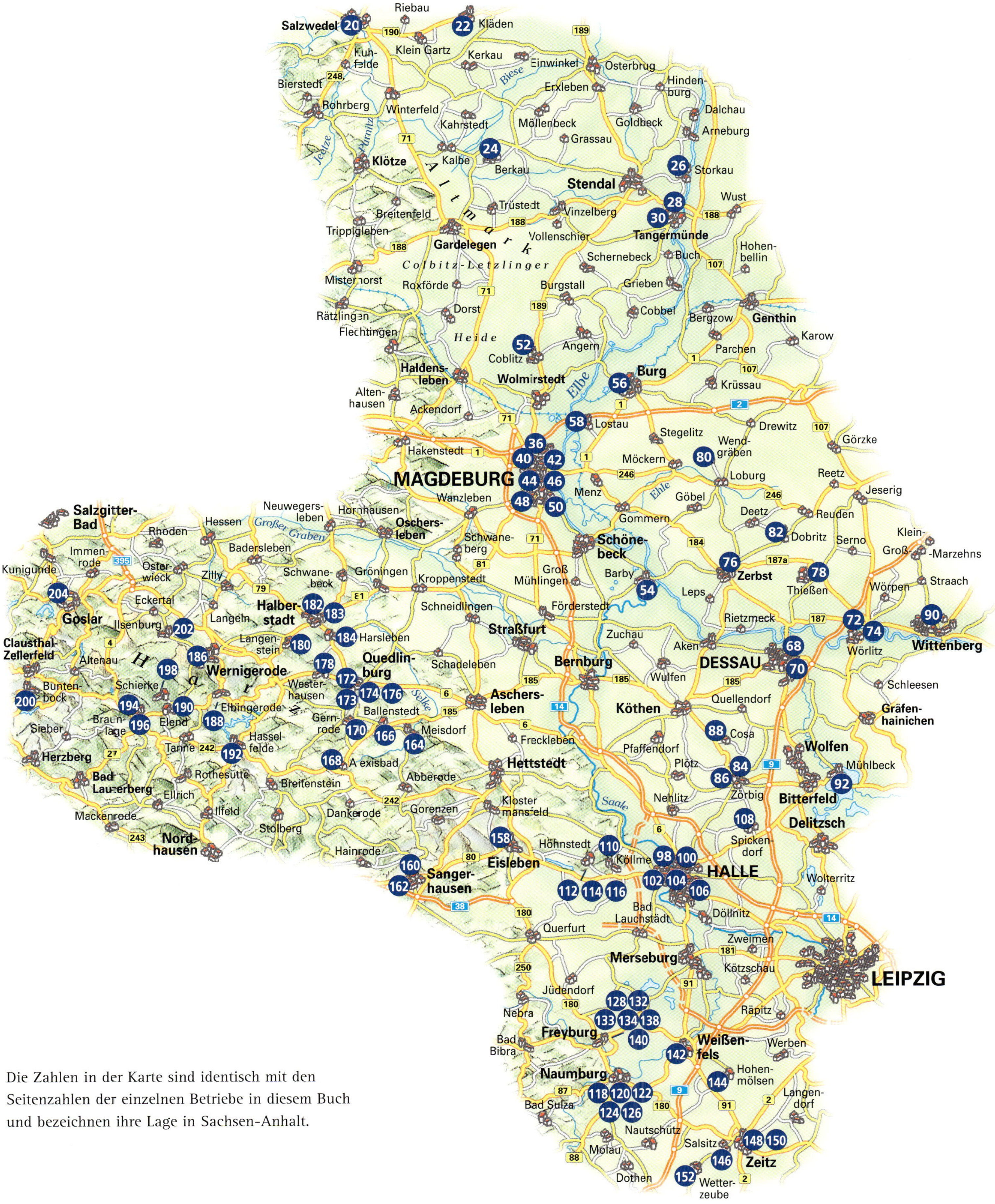

Die Zahlen in der Karte sind identisch mit den Seitenzahlen der einzelnen Betriebe in diesem Buch und bezeichnen ihre Lage in Sachsen-Anhalt.

Lindenbogen bei Colbitz

Bauer Feuerborn will nie mehr weg, Fleischer Mauf war schon immer da und auch Ziegenhirt Schmiemann ist endlich angekommen. Rheinländer, Sachsen-Anhaltiner und Westfalen begegnen sich in der Mitte Deutschlands – in Sachsen-Anhalt, einem Land, in dem man heimisch ist und werden kann. Wir haben es erfahren auf unserer mehrwöchigen Recherchen-Reise durch die Tief- und Hochebenen von der Altmark bis in den Harz hinein, bei der Fahrt durch laute Städte und stille Dörfer, beim interessierten Anhören spannender Lebensläufe und aufregender Kulinariengeschichten.

Es ist – so unser Fazit – vieles anders, als der Sachsen-Anhalt-Fremde denkt: In jedem Falle ist es anders, als es einmal war. So saßen wir bei Bitterfeld auf grob geschnitzten Holzbänken, rochen den Duft von Heu und frisch gemähtem Gras und erinnerten uns dunkel an die früher hier rauchenden Schlote und rußigen Fensterbretter. Doch die gibt es längst nicht mehr. Und so durchstreiften wir mit Entdeckerfreude dichte Wälder und üppige Wiesen, folgten im (raschen) Schritttempo den sanft geschwungenen Flussläufen von Elbe, Mulde, Saale, und Unstrut und erklommen terrassenförmige Weinberge und Aprikosenbaum-Hänge. Wir erschreckten Schafherden, Bienenvölker und das Harzer Rote Höhenvieh, verharrten ehrfurchtsvoll in Kirchen und Domen und schritten andächtig durch Klöster, Burgen und Schlösser. Wir verloren uns in romantischen Gärten und verwunschenen Parkanlagen, erlagen auf einem der historischen Feste einem Wein mit Saale-Unstrut-Charakter sowie dem kraftvollen Muskelspiel starker Ritter (nur als Zuschauerinnen!). Am Ende waren wir immer hungrig.

„In Riebau gibt's galipp, galopp, die ganze Woch' Kartoffelsupp." Gott sei Dank galt der aus dem 19. Jahrhundert überlieferte, altmärkische Spottgesang nicht uns. Im Gegenteil: Wir wurden verwöhnt mit gebratenen Tauben an Melonenbällchen und Kirschen mit Klump, mit gefülltem Lamm und deftigem Tiegelbraten, mit Schmalzstullen, Harzer Käse und bukettreichem Dornfelder. Wir kosteten von der Bachforelle und vom (zugegeben abenteuerlichen) Milchreis mit Zucker, Zimt und Bratwurst. Wir probierten einen Schierker Feuerstein samt Grützwurst mit Grünkohl und schwärmten vom Milbenkäse, von einem Halberstädter Würstchen und süßen Halloren-Kugeln.

Auf dieser kulinarischen Achterbahn durch die Speisekarten kurvend, haben wir die Vorliebe der Sachsen-Anhaltiner zum Süß-Deftigen in allen Varianten kennen und lieben gelernt. Und wir bemerkten dabei auch ihre Gewitztheit: So könnte der Spruch aus dem Volksmund „Kartoffeln schmecken am besten, wenn man mit ihnen die Sau mästet und dann die Sau verspeist" eigentlich von ihnen stammen. Essen und trinken wir also auf das Wohl der einfallsreichen Anhaltiner, die sich einst mit freiheitsliebenden Sachsen, bodenständigen Thüringern und disziplinierten Preußen zu einer harmonischen Gemeinschaft vermischt haben, die zudem – ganz gelassen – ausreichend Freiraum gewährt für Rheinländer, Westfalen und sonstige regional Fremdländische.

Micaela Seiferth-Wilde und Angela Liebich

SCHATZKAMMER FÜR GEIST UND GAUMEN

Sachsen-Anhalt hat viele Gesichter: Die einen sind offen und man verliebt sich sofort, andere dagegen muss man sich erst behutsam und geduldig erschließen. Am Ende jedoch sind sie alle gleich: klug und beständig, facettenreich und liebenswert.
Die mitten in Deutschland gelegene Region zwischen Harz und Havel, zwischen der Altmark im Norden und dem Burgenland im Süden erobert vor allem bei jenen, die sich Zeit nehmen für Land und Leute, einen festen Platz im Herzen.
Das jüngste Bundesland ist zuallererst ein Land mit einzigartiger Historie und großen Regenten: Hier herrschten der erste deutsche König, Heinrich I. in Quedlinburg, Otto der Große - erster Kaiser des Heiligen Römischen Reiches Deutscher Nation in Magdeburg, Barbarossa und Katharina die Große, die als Prinzessin aus dem Zerbster Fürstenhaus zur Zarin von Russland gekrönt wurde, und nicht zu vergessen der von einem altmärkischen Uradelsgeschlecht abstammende Otto von Bismarck. Daneben prägten das Grafengeschlecht der Askanier sowie Herzöge und Fürsten die von Thüringen, Sachsen, Niedersachsen und Brandenburg umschlossene Region, die als Land Sachsen-Anhalt nur von 1947 bis 1952 und dann erst wieder seit der Wiedervereinigung in seiner heutigen Gestalt Bestand hatte.
Die Landschaft zeigt sich - wie als Gegensatz zur wechselvollen Territorialgeschichte - ausgewogen und vielfältig. Sachsen-Anhalt hat einfach alles: wunderschöne Fluss- und Uferlandschaften an Elbe, Havel, Bode, Selke, Saale, Unstrut und Mulde, die zusammen das „Blaue Band" ergeben; die von ausgedehnten Wäldern durchzogene, grüne Altmark; sanfte Hügelketten in der Magdeburger Börde; terrassenförmig angelegte Weinberge aus Buntsandstein und Muschelkalk auf geschwungenen Höhenzügen im Saale-Unstrut-Gebiet, der „Toskana des Nordens" sowie den Harz als wild-romantisches Mittelgebirge mit dem Brocken, der als höchster Gipfel Norddeutschlands (1142 m) einen weiten Blick ins Land freigibt. Bunt gesprenkelt darin eine Fülle mittelalterlicher, barocker und klassizistischer Gärten, stolzer

Treibjagd auf Schloss Neuenburg

Auf der Unstrut

Burgen, imposanter Schlösser, feiner Herrenhäuser, rustikaler Guts- und Bauernhöfe. An die Blütezeit vor tausend Jahren erinnern heute noch zahlreiche romanische Bauwerke in ganz Sachsen-Anhalt, das als denkmalreichstes Bundesland überhaupt gilt. Wie eine Acht zieht sich die „Straße der Romanik" (60 Orte, 72 Bauwerke) auf über eintausend Kilometern durch das Land und führt zu Kirchen aus Feld- und Backsteinen und Klöstern. Neben Kirchen und Klöstern laden Kaiserpfalzen und Stadtwälle zu einer spannenden Reise in eine weit zurückliegende Zeit ein. Konzerte in romanischen Gemäuern, Burgfeste, Ritterspiele und Mittelaltermärkte gehören in Sachsen-Anhalt vielerorts zu einer lebendigen Tradition, die mit modernen Festen zeitgemäß fortgeführt wird. Ob Kaiserfrühling in Quedlinburg, Barbarossafest in der ehemaligen Königspfalz Tilleda, Salzfest oder Händelfestspiele in Halle, Winzerfest Freyburg, Walpurgisnacht im Harz, Wörlitzer Seekonzerte, Berg- und Rosenfest Sangerhausen, „Luthers Hochzeit" in Wittenberg oder Schlossfeste allerorten –

Bodetal

Dessau

die Sachsen-Anhalter verstehen es, die Geschichte zu bewahren und sie lustvoll mit ihren eigenen Lebensläufen zu verbinden. Geistesstarke und sinnenfrohe Vorbilder haben sie schließlich genug. Händel und Francke in Halle, Gleim in Halberstadt, Klopstock in Quedlinburg, Bach in Köthen, Telemann und Otto von Guericke in Magdeburg, Schütz in Weißenfels, Weill in Dessau, Novalis in Oberwiederstedt, Goethe in Bad Lauchstädt, Nietzsche in Röcken, Fontane in der Altmark, Heine im Harz, Lucas Cranach und Reformator Luther in Wittenberg - die Liste der Künstler, Dichter, Denker und Querdenker, die hier wirkten, ist lang. Sie, aber auch viele Vor- und Nachfahren machten das Land zum Kernland deutscher und europäischer Geschichte und zum Hort für

Zerbst

Salzwedel

Rudelsburg bei Bad Kösen

eine außergewöhnlich hohe Anzahl an UNESCO-Welterbestätten, den Meilensteinen in der Zeit vom frühen Mittelalter über Reformation und Aufklärung bis zur künstlerischen Moderne des 20. Jahrhunderts. Kulinarische Meilensteine gibt es auch, wenn auch nicht mit einer solch langen Tradition verbunden wie die kulturgeschichtlichen. Dafür wartet das Land mit einer Vielfalt an Köstlichkeiten aus Küche und Keller auf, die von deftiger Hausmannskost bis zur fürstlichen Tafel reicht. So servieren die Altmärker raffinierte Spargelgerichte, die berühmte Hochzeitssuppe und den Baumkuchen; die Magdeburger eine ländlich-deftige Küche aus der fruchtbaren Börde, den Rondo-Kaffee und einen süffigen Likör vom Abtshof, und die Hallenser halten die Kost der Salzwirker hoch, locken mit Hallorenkugeln und Torten von Kathi. Die Anhaltiner verzichten in ihren Gerichten nur selten auf die Zwiebel (Bolle genannt) und machen in Zörbig wunderbare Konfitüren, und die Harzer setzen mit Vorliebe leckere Wurst vom Harzer Roten Höhenvieh, duftenden Käse und jene handfesten Gerichte auf die Karte, die einst auch Köhler und Holzfäller mochten. Gern getrunken (von Einheimischen und Gästen) werden die charaktervollen, mehrfach preisgekrönten Saale-Unstrut-Weine und Sekte sowie das kräftige Bier, das in Sachsen-Anhalt gebraut wird. Seien Sie also willkommen in Hofläden und Wirtshäusern, in Hotels und Gasthöfen, in Weinstuben und Feinschmeckerlokalen.

Freyburg an der Unstrut

Salzwedel

Dorfkirche in der Altmark

Das Auge sucht hier vergeblich nach dem Ende des Horizonts, die weiten Ebenen in der Altmark lassen Sinne und Geist einfach in die Ferne davonschweben. Hektik ist den Bewohnern dieses Landstriches fremd, denn hier verleiht der Fluss der Jahreszeiten und nicht der industrielle Schichtrhythmus dem Leben ein ganz eigenes Tempo. Die vorherrschende Farbe ist Grün. Üppige Wälder, Wiesen und Buschwerk entzücken die Herzen natursehnsüchtiger Großstädter. In den Elbauen, an Deichen, in der Marschlandschaft der Altmärkischen Wische, in der teilweise unberührten Natur des größten unbewohnten Gebietes Deutschlands, der Colbitz-Letzlinger Heide, sowie im moorigen Naturpark Drömling staksen Störche und Graureiher durch das Landidyll, brüten Eisvogel, Brachvögel und Wiesenweihe, sind Wiedehopf, Baumfalke, Birkwild und Hirschkäfer zu Hause.
Alte Straßendörfer, hübsche Städte, langgestreckte Alleen und vor allem freundliche Menschen erwarten den ankommenden Gast. Fast 1 500 Kilometer lange Radwege und Europas größtes zusammenhängendes Reitwegenetz (1 600 Kilometer) führen durch die schönsten Ecken der Region. Intakte Natur und gemächlich-ländliche Lebensweise machen die Altmark zu einem Erlebnis der besonderen Art. Die Vielfalt des Landlebens führen die Einheimischen ihren Gästen von Frühling bis Herbst, während der Altmärkischen Bauernwochen, vor. Zünftig geht es bei mittelalterlichen Burgfesten, wie in Tangermünde, zu. An jedem zweiten Wochenende im September wird dabei der historische Festumzug, bei dem „Kaiser Karl IV. und seine Gemahlin“ hoch zu Ross in Begleitung des Gefolges durch die Straßen ziehen, zum beliebten Treffpunkt für schaulustige Touristen aus aller Welt.
Diese suchen auch nach dem Glanz des Mittelalters und finden ihn in der aufstrebenden Backsteingotik der Kirchen und Dome, in mächtigen Wallanlagen und Fachwerkhäusern der Innenstädte. Darüber hinaus gehört die Altmark zu den an romanischen Bauwerken reichsten Regionen Deutschlands. Mehr als 200 Feld- und Backsteinkirchen sind noch heute in den Städten und Dörfern zu entdecken und künden vom einstigen Reichtum der altmärkischen Hansestädte. Das Kloster zu Jerichow, der mächtige Dom zu Havelberg, die Patronatskirche in Schönhausen, dem Geburtsort des Otto von Bismarck, die Klosterkirchen zu Arendsee (Ort und mit 554 Hektar der größte See Sachsen-Anhalts) und in Diesdorf oder die Lorenzkirche zu Salzwedel stehen für die beeindruckende sakrale Baukunst des 12. und 13. Jahrhunderts.
Liebevoll restaurierte, mittelalterliche Städte wie die alte Kaiserresidenz Tangermünde, die Stadt Salzwedel, aber auch Stendal, Havelberg, Osterburg und Gardelegen gehören zu den ältesten Kulturlandschaften Deutschlands. Bedeutende historische Persönlichkeiten wie Otto Fürst von Bismarck, der Begründer der klassischen Archäologie Johann-Joachim Winckelmann, Jenny von Westphalen, Ehefrau von Karl Marx, oder der Prähistoriker Johann Friedrich Danneil hatten in der Altmark, der „Wiege Preußens“, ihre Heimat und Wirkungsstätte.
Das Leben in der bäuerlich geprägten Altmark war stets hart und entbehrungsreich und brachte eine sparsame Küche mit sich. Der mitunter auch heute noch platt snakende „Alletmerker“ kochte demzufolge einfach, wusste allerdings die Gerichte mit regional besonderen Zutaten schmackhaft aufzuwerten. Auf den leichten, sandigen Böden wächst beispielsweise der Spargel ganz ausgezeichnet und wurde so eine wichtige Zutat für die Altmärkische Hochzeitssuppe, einem klaren Süppchen aus Hühnerbrühe, Spargel, Sellerie, Porree und Möhren mit Eierstich und Hackfleischklößchen. Auch Tiegelbraten oder Maränen, kleine Lachsfische aus dem Arendsee, Bohnen mit Eierkuchen, Zungenragout, Sauerfleisch und lose Wurst (Grützwurst) stehen oft auf altmärkischen Mittagstischen. Die bodenständigen Landsleute lieben allerdings nicht nur deftige Speisen, sie sind auch für ihre Naschhaftigkeit bekannt. Das Bedürfnis nach Süßem wird bevorzugt mit dem berühmten Salzwedeler Baumkuchen und selbst gebackenen, riesigen Blechkuchen, die mit einer dicken Schicht von Früchten der Saison belegt sind, gestillt. Auch Fürst von Bismarck liebte Süßes. Der Reichskanzler galt als bester Esser seiner Zeit und ließ sich kräftig auftafeln: knusprigen Gänsebraten, Wild- und Fischspezialitäten, kaltes Fleisch und Hummer, Krevetten, Rauchfleisch, warmen Braten, allerlei Desserts – und saure Heringe. Die silbern glänzenden Schuppentiere soll ihm sein Leibarzt täglich verschrieben haben. Eisern – wie Otto war – hielt er sich an die Anweisung und versicherte später: „Die Heringe haben mich gesund gemacht“. Seitdem nennt man die sauer eingelegten Fische Bismarck-Heringe. Ob er dazu ein Garley-Bier aus Gardelegen getrunken hat, wissen wir nicht.

Salzwedel

Salzwedel

Salzwedel

ECHTER SCHERNIKOW BAUMKUCHEN SALZWEDEL

Echter Schernikow
Baumkuchen Salzwedel

St.-Georg-Straße 87
29410 Salzwedel

Telefon: 0 39 01 - 3 23 06
Telefax: 0 39 01 - 2 54 62

Ruhetag: Sonntag

Die Backstube glüht. Genauso wie die Gesichter der beiden Bäcker, die mit langen Kupferkellen in der Hand rasante Armschwünge vollführen. Bei jedem Abschwung tragen die Jongliermeister Schicht um Schicht eine Kelle Butter-Eierschaumteig auf eine Holzwalze auf, die sich behäbig vor dem offenen Feuer dreht. Bei Temperaturen von 70 Grad ist diese Teig-Artikstiknummer kein leichtes Unterfangen. Zumal der Arbeitstag acht Stunden hat. Doch was sein muss, muss sein – echter Schernikow'scher Baumkuchen ist in aller Welt – von China über Taiwan bis nach Amerika und Australien – heiß begehrt, da gilt es für ausreichend Nachschub zu sorgen. Acht Tonnen der süßen Spezialität mit den „wild gewachsenen" Zacken verlassen monatlich die älteste Baumkuchen-Bäckerei Salzwedels, 80 Prozent davon über den Versandhandel.

Die restlichen 20 Prozent gehen über die Ladentheke. Da gibt es Baumkuchenspitzen, geviertelte Ringe, mit leichter Schokocreme gefüllte Dessertstücke, Tafelkuchen und bis zu 70 Zentimeter hohe Ministerkuchen für große Bankette, Baumkuchenbruch fürs Naschen zwischendurch und aus Baumkuchenkanten gezauberte Rumkugeln – alles entweder mit der ursprünglichen Fondant-Glasur oder aber mit Zartbitter-, Vollmilch- und weißer Schokolade oder halb und halb bezogen. Für große Anlässe wie Hochzeiten und Geburtstage haben sich die Baumkuchen-Bäcker etwas Besonderes einfallen lassen. Dann werden Torten, Tafel- oder Ministerkuchen gebacken und mit hübschen, per Hand modellierten Marzipanblüten oder -figuren verziert. Ein altmärkisches Fest ohne Schernikow-Baumkuchen ist nämlich undenkbar.

Das Geheimnis seiner Güte liegt in den frischen, konservierungsmittelfreien Zutaten und der Rezeptur. Die Gewürze mischt Familie Hennig-Eckmann selbst, ohne sich dabei in die Karten schauen zu lassen. Konditormeister Oskar Hennig, Vater von Bettina Eckmann, der heutigen Inhaberin, erbte 1984 von der einzigen und kinderlosen Tochter seines Lehrmeisters Fritz Kruse das legendäre, handschriftlich verfasste „Conditorei Buch“ samt Rezept. Dieses Buch ging schon Jahrhunderte vorher durch viele Hände.

Johann Christian D. Andreas Schernikow (1784–1852) schrieb die Rezeptsammlung 1807, nachdem er als Erfinder des Baumkuchens in die Backgeschichte eingegangen war. Schon ein Jahr später gründete Schernikow die „Conditorei und Baumkuchen-Fabrikation“. Sein Sohn, Andreas Friedrich Joachim Schernikow (1815–1875) übernahm das Geschäft 1842 samt wertvoller Niederschrift, führte das Erbe im Sinne seines Vaters weiter und verwöhnte als kaiserlich-königlicher Hoflieferant Kaiser Friedrich Wilhelm I. Noch im gleichen Jahr wurde ihm für die köstlichen Kuchen die Schutzmarke erteilt.

Nach seinem Tod 1875 teilten sich zwei Neffen das Erbe und gründeten jeweils eine eigene Baumkuchen-Fabrikation. 1920 kaufte besagter Fritz Kruse beide Unternehmen und mit ihnen die berühmte Conditorei-Fibel. Wäre Oskar Hennig nicht so ein fleißiger Geselle gewesen, hätte er das Baumkuchen-Bibelwerk vielleicht nie geerbt – und alles wäre ganz anders gekommen ...

So aber erfolgte nach einer Zeit der Wirrnisse 1989 die Rückgabe des 1958 enteigneten Unternehmens an Oskar Hennig, und 1990 wurden erstmals wieder die echten Salzwedeler Schernikow-Baumkuchen gebacken. Und auch die bereits 1842 erteilte Schutzmarke für die traditionsreiche Rezeptur kehrte in den Familienbesitz der Hennigs zurück.

Die Geschichte der Konditorei sowie den Backstubenalltag kann man nacherleben: bei einer der zahlreichen Führungen, die Bettina Eckmann anbietet. Bis zu 50 Personen in einer Gruppe drängen sich mitunter vor den teigbeladenen Holzwalzen, um den Bäckern über die Schulter zu schauen. Eine Anmeldung dafür wäre nett, sagt die Chefin, wenn möglich, schon eine Woche vorher. Einzelne Neugierige können – außer sonntags – montags bis freitags von 9 bis 13 Uhr und samstags nach Voranmeldung vorbeischauen. Vom Baumkuchen kosten darf jeder!

HOTEL ZUR WOLFSSCHLUCHT

Hotel Zur Wolfsschlucht

Dorfstraße 10
39619 Arendsee/Kläden

Telefon 03 93 84 - 98 20
Telefax 03 93 84 - 9 82 50

Gästebücher sagen oft mit wenigen Worten viel über die Gastfreundlichkeit eines Hauses aus. Das ist auch im Hotel „Zur Wolfsschlucht" in Kläden nicht anders. „Gänse gegessen, trinken nicht vergessen, Elbe gesehen, Großes geschehen, glückliche Stunden, alles gefunden", reimt ein offensichtlich zufriedener Besucher dem Wirt und Hausherrn Marko Wolf ins Stammbuch. Wir haben zwar keine Gänse gegessen, aber gesehen. Die Vogelschar watschelte in einem dicken Pulk ziellos übers grüne Weideland, das fast unmittelbar ans Haus grenzt. Jedes Jahr, ab 1. Oktober und bis zum 31. Januar, wandert das Fleisch der Schnattertiere in die Töpfe und Pfannen der „Wolfsschlucht"-Küche. Für diese Zeit gibt es stets zahlreiche Vorbestellungen, weil sich niemand den überaus leckeren Gänsebraten, der hier noch am Tisch tranchiert wird, entgehen lassen will.
Aber auch im Sommer ist das Haus gut besucht. Dann kommen vor allem Touristen nach Kläden, die um die Ecke – am Arendsee und in seiner Umgebung – nach Ent-

spannung und Erholung suchen. Das glasklare Wasser, die vielen Sportmöglichkeiten, das Strandbad mit Riesenrutsche und der Wasserspielgarten locken kleine und große Urlauber in den von Kiefernwäldchen umrahmten Luftkurort. Manche von ihnen beenden hier ihre Spurensuche auf der „Straße der Romanik", die bei Arendsee ihren nördlichen Abschluss findet. Das 800-jährige Altmarkstädtchen beherbergt eine restaurierte Bockwindmühle und eine anno 1208 geweihte, als romanische Pfeilerbasilika errichtete Klosterkirche, die – unter anderen Sehenswürdigkeiten – beliebte Fotomotive sind. Ruhe- und Auftankstation zugleich für viele der Spurensucher, aber auch für Geschäftsleute und Tagungsteilnehmer ist die „Wolfsschlucht". Das familiär geführte Haus, in dem Eltern und Großeltern unter Führung von Sohn und Enkel Marko Wolf mit anpacken, ist ein rustikal-gemütliches Landhotel. Im Restaurant lodert in der kalten Jahreszeit ein heißes Feuerchen im Kamin. Und die Wände schmücken wechselnd Werke regionaler Hobbykünstler. Dazu passend serviert der Küchenchef kulinarische Leckerbissen. Zu Landschaftsbildern von Sylt beispielsweise gibt es Fisch in allen Varianten. Ansonsten zeigt sich die Speisekarte reich im Umfang, rustikal wie die Einrichtung, aber auch international sowie gespickt mit regionalen Spezialitäten. Aus dem Arendsee kommt die Maräne, die in Zitronen-Kapern-Butter gebraten wird. Typisch altmärkisch ist auch die in Rotweinsauce geschmorte Ente mit gebratenem Schinken, Champignons und Kartoffeln in brauner Butter. Hochzeitssuppe und Soljanka à la Oma Martha gelten als beliebte Hausgerichte. Sie stehen gleichberechtigt neben Hummercreme mit Medaillons von der Hummerkrabbe und Cognac-Sahnehaube oder Carpaccio vom Rinderfilet mit Pesto gefüllt. Selbst gemachte Wurst ergänzt das kulinarische Programm. Die gemischte Wurstplatte „Wolfsschlucht" ist ebenso begehrt wie die hausgemachten Quark-Grießknödel auf gedünstetem Gurkengemüse in Kräutercreme. Als Dessert serviert der „Wolf" persönlich ein „Heißes Rotkäppchen". Was das ist, wird hier nicht verraten. Die Rezeptur jedenfalls stammt von Oma Klaus, deren Namensfindung ebenso geheim bleibt wie ihre Erfindung selbst. Am besten, man fragt den Wirt danach – bei einem Gläschen Wein am Kamin.

Maräne gebraten in Zitronen-Kapern-Butter

Zutaten

3–4 frisch gefangene Maränen aus dem Arendsee
Salz, Pfeffer
Mehl
Olivenöl
Butter
Kapern
Zitronen
Petersilie

Zubereitung

Die Maränen salzen und pfeffern sowie mehlieren. In Olivenöl und Butter von beiden Seiten 2–3 Min. anbraten. Die Zitrone in Würfel schneiden, die Würfel mit den Kapern in die Pfanne geben und den Fond reduzieren lassen. Die Fische aus der Pfanne nehmen und auf vorgewärmten Tellern mit Petersilienkartoffeln und Salat anrichten.

MARKUS REISTER HAUSSCHLACHTUNG

Markus Reister
Hausschlachtung

Dorfstraße 18
39624 Berkau

Telefon 03 90 89 - 21 70
Telefax 03 90 89 - 9 09 92

Ein Pforzheimer in der Altmark, der altmärkische Wurst- und Fleischspezialitäten so original herstellt, als hätte er deren Rezepturen mit der Muttermilch aufgesogen – da staunten die Ureinwohner von Berkau anfangs nicht schlecht. Und eine Zeitlang blieben sie auch skeptisch dem „Neuen“ und seiner Familie gegenüber. Wie die Altmärker eben so sind: „Wolln doch erstmal schauen, ob der auch wirklich was kann“, schienen sie sich zu sagen. Heute sind alle Vorbehalte verflogen und Markus Reister, Bauer und Fleischer mit eigener Landwirtschaft, ist längst heimisch geworden im Straßendorf Berkau, wo Hof an Hof grenzt.
„Etwas Neues aufbauen“, das war es, was Hella und Markus Reister 1993 ins Altmärkische zog. Hier kauften sie einen alten Vierseitenhof, der inzwischen ein gut besuchtes Schmuckstück ist. Anziehungspunkt ist ein kleiner Hofladen, in dem Seite an Seite frisches Fleisch aus eigener Zucht, lose Wurst, grobe Bauernwürste, ohne chemische Zusätze und im Buchenrauch geräucherte, altmärkische Schlachtwurst, verschiedene regionaltypische Schinken und gefülltes, geräuchertes Schweinefilet in der Theke auf Kundschaft warten. Zum Fressen gern haben die Leute auch die Reister'sche Gänsebrust, die im Weihnachtsgeschäft der Renner ist. Die weißgefiederten Fleischlieferanten watscheln gleich hinterm Hof

schnatternd über die Wiese und werden von den beiden Töchtern der Reisters liebevoll umsorgt. Dabei haben die zwei Mädchen eigentlich schon so alle Hände voll zu tun, denn Pferd Benno, Hund Dany, Leitkuh Anna, Meerschwein Maxi und Hase Hoppel brauchen ebenso ihre Streicheleinheiten. Hinter dem heiteren Hofidyll steckt allerdings ein hartes Geschäft mit jeder Menge Arbeit, sagt der Bauer. Zwischen Feld- und Weidearbeit auf 250 Hektar Land, artgerechter Tierhaltung, Schlachttagen, Wurstküche und Ladenverkauf bleibt kaum ein Quäntchen Zeit für Urlaub oder Feierabend. Doch als Lohn für das anstrengende Tagwerk stehen auf den Äckern Getreide, Raps und Zuckerrüben gut im Saft, Rinder, Schweine und Gänse haben ein glückliches Auskommen und Wurst sowie Fleisch verkauft sich ebenfalls bestens.
Und schon öffnet sich wieder die Ladentür und Besucher fragen nach hausschlachtener Dosenwurst, Soljanka, Grillbratwurst und inzwischen sogar nach schwäbischem Fleischkäse, Maultaschen oder württembergischen Weinen, die Markus Reister als Referenz an seine alte Heimat in die Altmark mitgebracht hat.
Mitgebracht hat er auch die süddeutsche Geselligkeit. So lädt die Familie zu Hoffesten und im Winter zur „Stallweihnacht“ mit Weihnachtsmarkt und Krippenspiel ein. Und weil die Reisters wissen, dass Altmärker Kuchen über alles lieben, wollen sie in ferner Zukunft ein Hofcafé einrichten. Ähnlich einer nur ein paar Monate im Jahr betriebenen Besenwirtschaft soll es dort allerlei verschiedene, im Steinofen gebackene Blechkuchen geben. Aber nicht nur. Als süddeutsches Urgewächs liebt Hella Reister wie alle Schwaben nämlich auch gehaltvolle Torten, vor allem die original Schwarzwälder, die in ihrer Ursprungsregion ganz anders schmeckt als im Altmärkischen. Und so wird sie es sich nicht nehmen lassen, mit der sahnezarten Köstlichkeit den Hofcafé-Besuchern und sich selbst süße Freude zu bereiten.

HOTEL SCHLOSS STORKAU

Hotel Schloss Storkau

39590 Storkau

Telefon 03 93 21 - 52 10
Telefax 03 93 21 - 52 20

Fernweh packt so manchen Wanderer, der am Storkauer Elbufer steht und den vorüberziehenden Schiffen hinterherschaut. Angekommen am Ziel ihrer Reise ist dagegen eine Gruppe älterer Herrschaften, die gerade ihre Koffer ins Foyer des Hotels „Schloss Storkau“ rollt. Aber auch ihr Blick fällt sogleich durch die bis zum Boden verglasten Fenster auf das gegenüberliegende Elbpanorama. Und einer ruft erfreut aus: „Hier werden wir garantiert ein paar schöne Tage verbringen!“

Dafür bietet die idyllische Altmark mit ihren unberührten Elblandschaften, den mittelalterlichen Städten Tangermünde und Stendal sowie vielen Rad- und Wanderwegen, die direkt vom Schloss auf die „Straße der Romanik“ und in den Naturpark Colbitz-Letzlinger Heide führen, die besten Voraussetzungen. Und auch das Hotels „Schloss Storkau“ selbst ist mit seinen höchst komfortablen, antik eingerichteten Zimmern, den vielen kleinen Annehmlichkeiten und einem herrlichen Park samt Springbrunnen und Schlossteich ein Ort, der einen den Alltag ganz schnell vergessen lässt.

Dabei hilft auch Hendrikus Brune. Der Küchenchef nimmt die Gäste mit auf eine kulinarische Reise durch altmärkische und internationale Landstriche. Wer dabei in der Altmark verweilen will, probiert Alt-

märkische Hochzeitssuppe, Tiegelbraten, Schelldorf Aal in Rotwein geschmort mit Schlossgutskartoffeln oder Elbauen-Rehrückenfilet an Cassissauce mit Wirsinggemüse. Damit hat der Gast die Altmark kulinarisch schon fast erobert. Internationaler wird es beispielsweise mit einem raffiniert gewürzten Filetstück vom Charolais-Rind oder mit einem Seezungenfilet mit Flusskrebsen, gratiniert auf Passe Piere Algen. Süßer Abschluss könnte ein Sorbet – je nach Jahreszeit – aus Erdbeeren, Johannis- oder Himbeeren sein. Fast alle Zutaten holen sich die Köche aus der eigenen Schatzkammer: Gleich um die Ecke befindet sich ein zum Schloss gehörender, ökologischer Gutshof, der alles bietet, was in der Küche benötigt wird. Hier werden Rinder, Schweine, Ziegen und Heidschnucken, Gänse, Enten und Hühner aufgezogen, die später das Fleisch für leckere Gerichte liefern. Auf Plantagen wachsen im ökologischen Landbau Obst und Gemüse – von sämtlichen Beerensorten über Möhren und Kohl bis hin zu Schwarzwurzeln, Spargel, Topinambur und Pastinaken. Milch, Butter, Quark und Käse, Fleisch und Wurst, Marmeladen und Gelees – fast alle Rohstoffe und Produkte kommen aus der eigenen Metzgerei, Meierei und Schlossküche. Solch exklusive Leckereien wie Hummer und Kaviar kauft der Küchenchef freilich dazu. Sind die Umgebung, das Schloss, die Küche und ihre Selbstversorgung schon eine Attraktion an sich, so sind die vom Hotel thematisch dekorierten und gestalteten Freiluft-Hochzeitsfeiern ein ganz besonderer Höhepunkt – nicht nur für das Brautpaar, sondern auch für deren Gäste sowie zufällige Zuschauer. Ist der große Tag gekommen, steht direkt am Ufer der Elbe ein würdig hergerichteter Altar, vor dem ein Standesbeamter oder Gottesdiener die Brautleute traut. Und je nach Wunschthema feiert dann die Festgesellschaft die neu geschlossene Ehe mediterran, buddhistisch, im Country-Stil oder ganz klassisch. „Eine Märchenhochzeit auf einem Märchenschloss", schrieb eine glückliche Braut ins Gästebuch. Dem ist nichts hinzuzufügen.

Elbauenrehrücken an Cassis-Sauce

Zutaten (4 Personen)

800 g Rehrücken mit Knochen
30 g Butaris
400 g Röstgemüse, Zwiebeln, Sellerie, Lauch, Kartoffeln
1 El Tomatenmark
1/2 l trockener Rotwein
1 Rosmarinzweig
1 Thymianzweig
2 Gewürznelken
1 Lorbeerblatt
10 Pfefferkörner
6 Pimentkörner
10 Wacholderbeeren
2 cl roter Portwein
3 cl Creme de Cassis
einige schwarze Johannisbeeren
50 g kalte Butterflocken
Salz, Pfeffer aus der Mühle

Zubereitung

Ausgelösten Rehrücken von Sehnen und Silberhaut befreien. Filet in 8 große Stücke schneiden, mit Salz und Pfeffer aus der Mühle würzen. In Butter scharf anbraten, zirka 2 Min. pro Seite, in Alu-Folie einpacken und warm halten. Für die Cassis-Rehsauce die Rehrückenknochen in walnussgroße Stücke klein hacken. Parüren vom Rehfleisch zufügen und in Butter schön braun braten. Röstgemüse (ohne Lauch) zufügen und anrösten, bis es eine braune Farbe hat. Tomatenmark zugeben und kurz dünsten lassen (darf nicht zu dunkel werden). Mit Rotwein ablöschen und einkochen lassen. Nochmals ablöschen, bis die Soße eine schöne braune Farbe hat. Dann mit soviel Wasser auffüllen, dass die Knochen gerade bedeckt sind. Sämtliche Gewürze, roten Portwein sowie Lauch zugeben und auf kleinem Feuer zirka 1 1/2 Std. köcheln lassen. Passieren und noch mal eindämpfen. Cassis zufügen und mit kaltem Butterwürfel binden.
Angerichtet wird das Rehrückenfilet inmitten der vorgewärmten Teller. Dazu Filet schräg durchschneiden, auf Teller legen, Sauce angießen, Kartoffelravioli und vorgewärmte Wirsingbällchen umlegen. Eventuell mit Steinpilzen oder Pfifferlingen verfeinern und servieren.

EXEMPEL GASTSTUBEN

Setzen Se sich, Müller, Se sin ein Flegel! Der Gescholtene nimmt mit einem breiten Grinsen auf der Schulbank Platz. Auch der Rest der „Klasse" schmunzelt vergnüglich vor sich hin und schaut dabei auf Lehrer Schönwald, der mit strengem Blick und schwingendem Rohrstock seine „Schöler" überwacht. In den „Exempel Gaststuben" zu Tangermünde ist heute Feuerzangenbowle-Abend. Geschäftsführer Tiemo Schönwald mimt mit Zylinder und schwarzem Anzug authentisch den verstaubten Pädagogen, und seine zehn bis fünfzehn Gäste lassen sich mit großer Begeisterung in ein Schülerleben des Jahres 1900 zurückbeamen. Sie schreiben artig Klausur, verfolgen brav die alkoholische Verbrennung im Chemieunterricht, stellen eifrig Feuerzangenbowle her und nehmen schließlich still und bescheiden ihre guten oder schlechten Zeugnisse samt Beurteilung entgegen. Zwischendurch ist Pause und es darf geschlemmt werden. Solch ein Abend ist für alle ein ganz besonderes Erlebnis. In einem ganz besonderen Ambiente, denn im Parterre der Gaststuben befand sich tatsächlich bis 1919 eine vom Kantor geführte Elementarschule. Tiemo Schönwald hat das Klassenzimmer wieder aufleben lassen: mit winzigen Schulbänken, deren Holz knarrt, wenn man sich setzt, mit Schiefertafeln, Chemiekolben, Klassenfotos, Ledermappen und Schautafeln für den Unterricht.

Das Konzept des jungen Wirts nennt sich Erlebnisgastronomie und passt wohl nirgendwo besser hin als in die historischen, mehr als 250 Jahre alten Fachwerk- und Lehmbaugemäuer des „Exempel". Das gesamte Lokal ist mit schönen Antiquitäten eingerichtet, die Mutter Erika seit 30 Jahren sammelt. Wer das Haus betritt, steht sogleich inmitten einer urgemütlichen Küche

Exempel Gaststuben

Kirchstraße 40
39590 Tangermünde

Telefon 03 93 22 - 4 48 99
Telefax 03 93 22 - 2 29 99

aus Großmutters Zeiten. Auch das feine Esszimmer im Obergeschoss sowie Schlafzimmer, Badestube und Wäschekammer laden die Gäste ein, Platz zu nehmen und nachzuerleben, wie der Tangermünder Kantor um 1900 wohnte. Serviert wird überall, selbst im winzigen Wäschestübchen. Für „Exempel"-Inhaber Hartmut Schönwald keine leichte Aufgabe, täglich geht's mit vollen Tellern treppauf, treppab.

ste. Und so schlachtete der findige Kagelwid auch nicht, sondern schnitt einfach ab ... Zahlreiche Anekdoten und Geschichten dieser Art stehen in einem dicken Schulheft – der hübsch gestalteten Speisekarte. Wer aufmerksam liest, erfährt dabei auch, was sich kulinarisch hinter „Tafellappen voll Kreidestaub", „Fetzen vom Siebenstriemen", „Kantors Schlaftrunk" oder „Vernagelten Täksen" verbirgt.

Das Familienunternehmen hat sich vor allem historischen altmärkischen Rezepten verschrieben. Und so gibt es hier eine in der Heimat tief verwurzelte Hausfrauenküche mit Blinis (Buchweizenpuffer) und Nudeln mit Bratjen (Backpflaumen), grünen Bohnen mit Eierkuchen, Tangermünd'schem Tiegelbraten und dazu – wie seit 1000 Jahren schon – Kuhschwanz-Bier. Als kulinarischer Renner haben sich kross gebratene Schweinsohren mit Erbspüree erwiesen, von denen selbst die experimentierfreudige Köchin nicht glaubte, dass sie je einer essen würde. Dieses heute wieder so beliebte Gericht wurde einst von Dieterich Kagelwid für Kaiser Karl IV. erfunden. Der hatte nämlich Appetit auf Schweinefleisch, wollte aber nicht, dass dafür ein Tier sterben müs-

Pferdeäpfel aus der Futtermolle

Zutaten (2 Personen)

300 g Pferdemett
100 g Schweinemett
1 kleines Ei
2 Zwiebeln
Salz, Pfeffer
Öl zum Braten
2 Sauerteigschnitten
400 g Sauerkraut
Schmalz
50 g Schinkenwürfel

Zubereitung

Pferde- und Schweinemett mit Ei, Salz, Pfeffer und in Streifen geschnittener Zwiebel vermengen und zu 6 Buletten formen. Diese mit etwas Öl in einer Pfanne braten. Für das Sauerkraut werden Zwiebel- und Schinkenwürfel in Schmalz angebraten, erst dann wird das Sauerkraut dazugegeben. Damit das Sauerkraut nicht anbrennt, bei Bedarf mit etwas Wasser ablöschen. Zum Schluss werden die beiden Sauerteigschnitten im Fett der Buletten gewendet und gebraten.

ARTIFICIUM

Artificium

Lange Straße 24
39590 Tangermünde

Telefon 03 93 22 - 7 29 09
Telefax 03 93 22 - 7 29 09

Das familiäre Pendant zum historischen Lokal „Exempel Gaststuben" ist das „Artificium", ein hübscher, kleiner Laden am Eingang zum Tangermünder Fußgängerboulevard. Ramona Schönwald hat sich mit dem originären Souvenirgeschäft nicht nur einen Traum erfüllt, sondern damit auch eine Marktnische in der altmärkischen Stadt besetzt.
Bei der jungen Ladeninhaberin finden Geschenkejäger nicht etwa das Übliche wie kitschige Keramiktassen mit Stadtwappen oder schreiend bunte Allerweltspostkarten. Die Sortimentspalette ist vielmehr liebevoll ausgesucht und bedient vor allem jene, die

sich für natürliche Heilkräuter, mittelalterlich anmutende, aber trotzdem schicke Mode sowie originelle Mitbringsel oder fein gearbeitetes Haushaltsgeschirr aus Emaille interessieren.

Das Geschäft ist mit hellen Holzregalen und allerlei altertümlichem Interieur eingerichtet und wirkt durch das geschickt in Winkel gestellte Mobiliar nicht einmal dann überlaufen, wenn sich größere Grüppchen neugieriger Touristen darin umschauen.

Der Kundenstrom ist beträchtlich, die Auslagen locken zahlreiche Boulevardbummler ins Innere. Begehrt ist vor allem helles oder dunkles Tangermünder „Kuhschwanzbier" – gerne auch als Geschenk verpackt. Zu diesem, heute mit ökologisch kontrollierten Zutaten gebrauten Bier, liefert die Ladenchefin gern die folgende Namensgeschichte: Früher braute fast jeder aus dem Volk sein Bier selbst. Das Wasser für den Gerstensaft wurde dem Tangerfluss entnommen. Dort stillten aber gleichzeitig auch die Rinder der Umgebung ihren Durst. Um reichlich Wasser holen zu können, versuchten nun die Braumeister die Kühe zu vertreiben. Doch so sehr sie sich dabei auch mühten, vermochten sie nicht zu verhindern, dass mindestens noch ein Kuhschwanz im Tanger hing, während sie schöpften. Und so heißt der 1000-jährige Tangermünder Gerstensaft bis heute Kuhschwanzbier.

Die Kunden schmunzeln und greifen noch

entschlossener zu. Auch bei zahlreichen Heilkräutern und Naturtees, deren aromatische Düfte den gesamten Laden erfüllen. Cellulite, sexuelle Übererregung, Autofahrerängste, Blutarmut – gegen alles ist im „Artificium" ein heilendes Kraut gewachsen. Tee- und Kräutermischungen lässt Ramona Schönwald von Spezialisten herstellen, das eigene Wissen darüber hat sie dem „Kreutterbuch" von Leonhart Fuchs aus dem Jahr 1543 entnommen.

Das Mittelalter spielt auch eine große Rolle in der Modeecke. Lange schwere Samtkleider und reizvolle Korsetts hängen neben weißen Rüschenherrenhemden. Hüte, Gürtel, Schnallen und Schuhe sind wie Kleider und Hemden im Design allesamt der vergangenen Epoche entlehnt und trotzdem mit zeitgemäßer Mode kombinierbar. Gerade junge Leute griffen gerne zu, sagt die Chefin.

Für ganz Kleine hat Ramona Schönwald eine extra Ecke reserviert. Dort liegt allerlei bunt bemaltes „Quengelspielzeug" zur Auswahl bereit.

Und immer wieder treffen sich Besucher vor den Regalen mit Holzgeschirr. Da gibt es Bürsten und Bretter, Butterformen und Holzmollen, Löffel und Kellen, Schalen und Backzubehör. Ebenso gut besucht ist die „Emaille-Nische", in der historisierende Krüge, Kannen, Töpfe, Becher und Teller zu finden sind, die sich heute noch in jeder Küche schön und nützlich machen. Nützlich sollen auch schmückende Ringe und Tigeraugen sein, denen nachgesagt wird, dass sie die Stimmung heben. Schön sind die kleinen Accessoires in jedem Fall. Kräuteröle, frische Gewürze wie Kranewittbeeren, Pfeffer, Nelken und Zimtstangen runden das Angebot im „Artificium" ab. Steintöpfe, Badeöle, Seifen und ein altmärkischer Kräutergarten werden es demnächst erweitern.

KORNKAMMER MIT FETTEN BÖDEN UND DICKEN RÜBEN

Nicht so wild, Effi, nicht so leidenschaftlich. In Fontanes Roman schlagen die flehentlichen Warnungen der Mutter fehl. Effi Briest scheitert an der Liebe und stirbt jung. Das Vorbild für Fontanes Kunstfigur heißt Elisabeth „Else“ von Ardenne, geb. Freiin von Plotho. Die Dame wurde in Zerben geboren und starb erst im gesegneten Alter von 99 Jahren. Auf ihren Spuren im Jerichower Land zu wandeln, mit Fontanes Roman unterm Arm, empfiehlt sich vor allem im Sommer. Aber auch zu allen anderen Jahreszeiten und nicht nur im Jerichower Land, sondern in der gesamten Elbe-Börde-Heide-Region. Dort betritt man einen geschichtsträchtigen Landstrich, der zudem mit Natur und Kultur reich gesegnet ist.

Neben Till Eulenspiegel und Doktor Eisenbarth sollen hier vor allem Elbnixen Schabernack mit den Menschen getrieben haben. Wer sich durch das Land reisend in den verwunschenen Elbauen verliert, glaubt die Geschichten vom Elfenzauber unbesehen, auch wenn im Zentrum der Börde mit Magdeburg die Hauptstadt Sachsen-Anhalts liegt: seit dem Mittelalter sowohl für ihre Kirchengeschichte als auch für Weltlichkeit, wissenschaftlichen und kulturellen Fortschritt bekannt. So war Physikus Otto von Guericke nicht nur Bürgermeister von Magdeburg, sondern unternahm in der Domstadt auch seinen berühmten Halbkugelversuch.

Doch es hilft nichts, jegliches Wissen erliegt angesichts der sanft gewellten Landschaft sofort der Fantasie. Die Gedanken eilen fort über Kornfelder, Raps, Wiesen und Wälder. Über Orten wie Barby, Burg, Jerichow oder Schönebeck liegt der Charme des Unberührten. Von der Altmark herüber zieht sich

An der Elbe

still die romantische Colbitz-Letzlinger-Heide ins Land und lockt mit dem größten zusammenhängenden Lindenwald Europas ins Grüne. Die geheimnisvollen, 5000 Jahre alten Hünengräber im Haldenslebener Forst sind Pilgerstätten für Besucher von weither. Diese kommen natürlich vorbei an den vielen kleinen Dörfern und endlosen Feldern, deren fette, fruchtbare Böden das größte Schwarzerdegebiet Deutschlands bilden.
In der Kornkammer Deutschlands sollen zudem die dicksten Zuckerrüben weit und breit wachsen. Elbe, Saale, Ohre und Bode umsäumen das Kulturland, in dem die Traditionen teilweise noch im dörflichen Alltag gepflegt werden: mit typischen Trachten, historischen Getreideernten, zur historischen Lichtmess in Glinde (immer am 2. Februar) oder auf fröhlichen Bördehochzeiten.
„Ein wunderliches Gewirr von Herrschaften" bezeichnete einst ein preußischer Historiker das Durcheinander von größeren und kleineren Regenten in dieser Region. Hier wurde das politische Flickenschustern der Kleinstaaterei besonders deutlich. Aber was die Patchwork-Vergangenheit uns Nachkommen beschert, sind fein geschliffene Edelsteine im Schatzkästlein Sachsen-Anhalts: beeindruckende Bauwerke entlang der „Straße der Romanik" sowie Schlösser in Letzlingen oder Hundisburg, Herrenhäuser und historische Städte. Dazu herrliche Barockgärten, fantasievoll gestaltete Parkanlagen, Kräuter- und Gesteinsgärten von Schönebeck bis Hundisburg, von Ummendorf bis Gommern. Gerade der Barockgarten um das Schloss Hundisburg gilt bundesweit als eine der schönsten Gartenanlagen. Ob die Gebrüder Grimm je darin lustwandelten, ist ungewiss, ihre Spuren haben die eifrigen Sammler von Mythen, Märchen und Sagen dagegen in Haldensleben hinterlassen: Dort ist ihnen ein Museum gewidmet.
Was werden sie wohl gespeist haben, die Märchen sammelnden Brüder Jacob und Wilhelm? Vielleicht Pottsuse? Das Gericht gilt nämlich unter Feinschmeckern als Krone aller Genüsse in der Magdeburger Börde. Für die Zubereitung werden die besten, bereits gebratenen Stücke vom Schweinefleisch über dem Feuer so lange in Schweineschmalz gesiedet, bis die Masse im Topf (Fott) zu sausen (susen) beginnt. Dann wird sie heiß in tiefe Schüsseln gegossen und kalt gegessen. Oder bevorzugten die Grimm'schen Geschwister eher das einstige Nationalgericht der Magdeburger Börde – „Klump", eine Kloßart, die je nach Geschmack und Gericht aus verschiedenen Zutaten bestand und oft mit „Bratjen" (getrockneten Birnen, Pflaumen oder Äpfeln) vermengt wurde? Die Bördeländer hielten nämlich nicht viel von aufwändig zubereiteten Schlemmereien und städtischem Etepetete-Essen und so „klumpten" sie einfach Kartoffeln, Zwieback und sogar Schweinerippchen. Dazu gab es „Himmel und Erde" – ein Duo aus Kartoffeln und Birnen. Klingen „klumpige" Schweinerippchen doch etwas abenteuerlich, schmeckt „Kirschen mit Klump" umso besser. Das süße Grießdessert gibt es heute noch in einigen Börde-Lokalitäten. Weitere Spezialitäten sind Heidespargel, Burger Knäcke, Zuckerrüben, Colbitzer Heidebier, Bördespeck und Grünkohl. Zudem kommt eines der jüngsten und stärksten Biere Deutschlands aus der Region: Erst vor wenigen Jahren wurde in Gommern im Sudhaus der rund 1000-jährigen Wasserburg der erste Öko-Sud gebraut, ausschließlich mit Zutaten aus ökologischem Anbau.

Barby

Elbe

Wasserstraßenkreuz bei Magdeburg

Wasserstraßenkreuz bei Magdeburg

Colbitz-Letzlinger-Heide

LANDESHAUPTSTADT MAGDEBURG

Johanniskirche

Magdeburger Reiter

Landeshauptstadt Magdeburg

Magdeburg Marketing Kongress
und Tourismus GmbH

Tourist-Information Magdeburg
Ernst-Reuter-Allee 12
39114 Magdeburg

Telefon 03 91 - 1 94 33
Telefax 03 91 - 5 40 49 30

Walther von der Vogelweide, Eike von Repgow, Mechthild von Magdeburg, Otto von Guericke, Georg Philipp Telemann – es gibt eine Reihe klangvoller Namen, die eng mit der Geschichte Magdeburgs verbunden sind. An der Spitze aber steht Otto I., der 962 als erster deutscher Kaiser römischer Nation das ottonische Imperium begründete und die heutige Landeshauptstadt Sachsen-Anhalts im 10. Jahrhundert zu seiner Lieblingsresidenz erkor. Doch Magdeburg ist noch viel älter. 805 wird es als „Magadoburg" erstmals urkundlich erwähnt. In den folgenden knapp 1200 Jahren hat sich die Stadt zu einem attraktiven Anziehungspunkt für Menschen aller Coleur entwickelt. Denn Magdeburg geizt nicht mit vielfältigen Trümpfen: lebendige Geschichte, Faszination Romanik, Blaues Band der Elbe, Kunst und Kultur, Gärten und Parks, Wissenschaft und Forschung, Umgebung und Ausflüge und nicht zuletzt Schlemmen und Schlummern sind jene reizvollen Codeworte, die Geschäftsleute von nah und fern, Weltenbummler und Spurensucher immer wieder nennen, wenn sie die Stadt besuchen.

Von allem gibt es reichlich. Wem Magdeburg zu Füßen liegen soll, der steigt die 418 Stufen des berühmten Doms hinauf, genießt hoch oben über der Stadt vom Turm aus einen Panoramablick, lässt ihn schweifen (bei klarem Wetter) bis zum Brocken. Dem Himmel so nah ist auch die üppige Flora dort unten zu sehen, die Magdeburg zu einer der grünsten Städte Europas macht, und die Elbe, die sich breit und mächtig durch die Stadt wälzt. Schleppkähne, Motorboote, Kanus und Drachenboote passieren die Brücken am Fluss. Fast winzig erscheinen aus luftigen Höhen die Speicher- und Hafenanlagen sowie Elbauen und herrschaftlichen Parks und Gärten, an denen

Jahrtausendturm

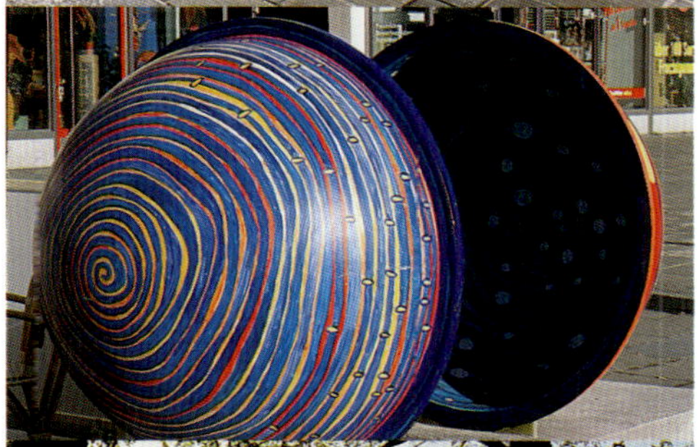

Elbpromenade

sich das blaue Band vorbei schlängelt. Bootsfahrer auf dem Wasser, Radfahrer auf dem Elbradweg R2 und Wanderer per pedes können das Naturparadies in und um Magdeburg nach Lust und Laune erkunden und dabei auch Europas längste Kanalbrücke (zwischen Mittellandkanal und Elbe-Havel-Kanal) bewundern.
Dabei erleben sie auch die Faszination Romanik. Erhalten gebliebene Zeugnisse der Architektur berichten bis heute von der bewegten Vergangenheit der Stadt, die das Zentrum einer der aufregendsten und schönsten Ferienstraßen Deutschlands, der „Straße der Romanik“, bildet. Immer wieder bestaunte Hauptattraktionen der romanischen Bauten in Magdeburg sind der Dom St. Mauritius (gotischer Nachfolger, der aber viele originale Zeugen des ottonischen Vorgängers beherbergt), die Pfarrkirche St. Petri und die Probsteikirchen St. Sebastian und St. Johannis. Als „Perle der Straße der Romanik“ aber gilt das Magdeburger Kloster „Unser Lieben Frauen“. Mit seinem einzigartigen Brunnenhaus, einem monumentalen Tonnengewölbe und seiner unvergleichlichen Klosterkirche mit zwei schlanken Türmen ist das architektonische Juwel für Besucher aus aller Welt ein faszinierender Erkundungsort.
Auf eine sinnlich rasante Berg- und Talfahrt gehen jene, die sich in das bunte Kunst- und Kulturleben Magdeburgs stürzen. Manche folgen dabei den Spuren eines großen Magdeburger Sohnes, Georg Philipp Telemann, in die nach ihm benannte Konzerthalle im Kloster „Unser Lieben Frauen“. Andere lassen sich in der Bördehalle von André Rieu mitreißen oder statten dem Puppentheater einen Besuch ab, das bundesweit zu den erfolgreichsten seiner Sparte gehört. Als Magnet erweist sich auch der im Elbauenpark gelegene, einzigartige, 60 Meter hohe Jahrtausendturm. Besucher lockt vor allem seine ungewöhnliche Optik und Holz-Bauweise sowie eine „Mitmach“-Ausstellung über 6000 Jahre Wissenschafts- und Technikgeschichte an.
Nach soviel Erlebnis und Erkenntnis ist eine kulinarische Rast angesagt. Bringt der Magdeburger auch gern deftig-kräftige Speisen, wie Bohnensuppe mit Hammelfleisch oder Sauerkraut mit Erbsbrei und Eisbein auf den Mittagstisch, so verschließt er sich doch nicht internationalen Trends. Zahlreiche erstklassige Restaurants der Stadt laden ihre Gäste deshalb zu regionalen Spezialitäten sowie Köstlichkeiten aus aller Welt ein. Wer nach kulinarischen Mitbringseln sucht, ist in der Kaffeerösterei „Röstfein“ und in der Spezialitätendestillerie „Abtshof“ richtig. Beide Traditionsbetriebe warten mit beliebten Souvenirs wie würzigem Rondo-Kaffee oder „Otto-von-Guericke-Likör“ auf.

Dom und Domplatz

Auf dem Fürstenwall

Durchgang zum Dom

Kloster „Unser Lieben Frauen“

GUT & GERN RESTAURANT & HOFGARTEN

gut & gern

Wallonerberg 5
39104 Magdeburg

Telefon 03 91 - 5 31 33 15
Telefax 03 91 - 5 31 35 85

Ruhezeit: Sonntagabend / Montagmittag

Der Name des Restaurants ist Programm. Imke Süß will ihre Gäste nicht mit weltfremder Abgehobenheit und exzentrischer „Nouvelle Cuisine“ verschrecken. Bei ihr wird „gut und gern“ gegessen. Punkt. Und so verlassen einfache Gerichte mit guten Zutaten die Küche.
Die Wirtin und der Wirt Volker Süß listen auf ihrer Speisekarte regionale Spezialitäten wie sachsen-anhaltinischen Tiegelbraten (raffiniert gewürzter Schmortopf aus zarten Rind- und Lammfleischstücken mit herzhaftem, selbstgebackenem Brot und Salatteller) oder Lachsfilet auf Sauerkraut mit Wein-Créme fraîche neben einer Reihe Nudelgerichte auf, die sie als „exemplarisch“ für das „gut und gern“ bezeichnen. Die Teigwaren „La Pasta di Lorenzo“ bezieht Imke Süß aus der Toskana und bereitet sie variantenreich zu. Für jede Pastaspeise wird eine jeweils andere Nudelart verwendet – von Penne über Orecchiette bis hin zu Tagliatelle und Trofie. Mit Hähnchenbruststreifen in würzig-fruchtiger Curry-Soße, mit Schweinefiletstreifen, Tomaten und Sauerrahm oder mit kleinen Kartoffelstücken, Pesto Genovese und Pinienkernen ist das Nudelvergnügen eine bekömmliche und leichte Alternative zu Fleisch-, Geflügel- und Fischgerichten, die ebenfalls auf der alle acht Wochen wechselnden Karte stehen. Bundeskanzler a.D. Helmut Kohl war zwar noch nicht im „gut und gern“, aber original Pfälzer Saumagen gibt's trotzdem. Falls der gewichtige Politiker einmal vorbeischauen sollte, aber auch für das neugierige Bundesvolk, das schon immer wissen wollte, wie die Speise mit dem abschreckenden Namen

schmeckt. Saumagen ist nämlich eine leckere Fleischpastete mit Kartoffelstücken, Schweinefleisch und vielen Gewürzen, die in Scheiben leicht angebraten und mit mildem Sauerkraut und Brot serviert wird. Gut sind auch die Desserts, die gern gegessen werden. Eine Hausspezialität ist Tralcetti, ein italienisches Küchlein mit Nougateis im Marzipanmantel. Originell auch das „B'soffene Liesl", ein beschwipster Haselnussbiskuit mit Pistazieneis und Ananas. Zum Wein empfiehlt sich eine feine Auswahl von sieben Käsespezialitäten, verschieden gewürzte, gut gereifte Rohmilchkäse, die ein Biobauer liefert. Das Weinangebot ist auserlesen, die Rebentropfen kommen vom Saale-Unstrut-Weinbaugebiet und von kleinen, aber exklusiven Weingütern aus der Pfalz, aus Österreich, Frankreich und Italien.
„Ein hervorragendes Lokal, das auch exzellent sein kann", sagte einst ein Gast mit Kennerblick über das „gut & gern" und lobte damit nicht nur die Kochkunst, sondern auch das Ambiente und die familiäre Atmosphäre. Die Wirtsleute kennen fast alle Gäste persönlich. Und wie man es auch mit guten Freunden tut, gehen sie mit ihnen im Herbst und Winter auf kulturell umrahmte Weinreisen: zum Winzerfest nach Freyburg, auf Kutschfahrt durch das Elsaß oder zum Straßburger Weihnachtsmarkt.
Die Gastfreundlichkeit der Hausherren spiegelt sich auch im Ambiente der Lokalität wider. Im Sommer sitzt man auf der Terrasse, die – von uraltem Gemäuer umrahmt – Erinnerungen an den letzten Italienurlaub weckt. Im Inneren stimmen große Glasfenster, die den Blick von einem Restaurantteil in den anderen erlauben, ein warmes, sonniges Wandfarbenspiel und schlicht-elegantes Holzmobiliar heiter. Im Obergeschoss lädt ein separater Raum zu Familien- und Firmenfeiern ein, während man in der Weinstube ganz nah beim Wein sitzt.

Däg'lbraod (Tiegelbraten)

Zutaten

1 kg Rindfleisch
500 g Lammkeule (ausgelöst)
6 Zwiebeln
2 El gehackte Kräuter (Petersilie, Salbei, Thymian)
Salz
frisch gemahlener schwarzer Pfeffer
Piment
1 Lorbeerblatt
2 El Butter
1 Bund Schnittlauch
Schwarzbier

Zubereitung

Das Fleisch in Würfel schneiden und mit Schwarzbier bedeckt zum Kochen bringen. Öfter abschäumen.
Die Zwiebeln schälen,
2 davon klein hacken, die restlichen in Scheiben schneiden. Kleingehackte Zwiebeln, Kräuter und Gewürze zum Fleisch geben und etwa 70 Min. auf kleiner Flamme kochen lassen.
Dann Brühe und Fleisch in einen Tiegel füllen.
Die Zwiebelscheiben in Butter kurz anschwitzen lassen und auf Brühe und Fleisch geben. Den Tiegel in den Backofen stellen und ein paar Minuten bei starker Hitze überbacken, bis sich die Zwiebeln goldbraun färben. Herausnehmen und fein geschnittenen Schnittlauch darüber streuen. In Suppenteller füllen und mit frischem Brot, einem Glas Bier und einem „Schluck" (Korn) servieren.

RESTAURANT BUTTERGASSE GMBH

Restaurant Buttergasse GmbH

Alter Markt 14
39104 Magdeburg

Telefon 03 91 - 5 44 66 61
Telefax 03 91 - 5 35 35 55

Hinter der modernen Glas- und Sandsteinfassade eines Neubaus am Alten Markt wartet eine Überraschung. Wer die Passage „Buttergasse" betritt und den kühlen, grauen „Fliesenweg" in den Keller nicht scheut, steht auf einmal mitten im historischen Gewölbe des Restaurants „Buttergasse". Erst vor kurzem wieder eröffnet, zeigt sich das architektonische „Unter-Tage-Kleinod" mit neuem Schick im alten Gemäuer. Die Einrichtung des riesigen Hauptgewölbes ist stilvoll. Kleine, elegante Punktstrahler, die angenehm gedämpftes Licht spenden, bequeme dunkelgrüne Lederbänke sowie gemütliches Holzmobiliar passt sich harmonisch den rustikalen Mauern an.
Diese Umfassungsmauern stammen wahrscheinlich aus dem letzten Drittel des 12. Jahrhunderts. Sie wurden damals als holzgedeckte Halle mit einer Rundpfeilerreihe in der Mittelachse errichtet. Da in den Jahren 1207 zwei Großbrände die Stadt heimsuchten, entschieden sich die einstigen Eigentümer an Stelle der feuergefährlichen Holzdecke das (bis heute erhaltene) Kreuzgratgewölbe einzubauen: Es entstanden insgesamt vier Hallenschiffe von je 4,20 Meter Scheitelhöhe. Auch das sich nördlich anschließende Tonnengewölbe ist wahrscheinlich zu dieser Zeit erbaut worden. Heute empfängt es als „Oberweseler Weinstube" (Lieblingswein von Kaiser Otto I.) seine Gäste.
Die historischen Räume wurden erst 1947 wieder entdeckt und beherbergten schon von 1969 bis 1991 ein Weinrestaurant. Auch heute spielt der Rebensaft in der „Buttergasse" eine wichtige Rolle. Die Weinkarte

ist äußerst umfangreich und bietet – neben Flaschenweinen – vor allem zahlreiche offene Schoppen von Saale und Unstrut sowie aus allen wichtigen Anbaugebieten der Welt an.

Dazu serviert Küchenchef Martin Sgonina mit Vorliebe deutsche Gerichte, die sich hochwertig in den Zutaten und kreativ arrangiert auf dem Teller zeigen. Die Speisekarte wechselt vierteljährlich und wird mit saisonalen Offerten bereichert. So gibt es im Sommer „Okraschka“, eine kalte Gurkensuppe mit frischen Kräutern und Joghurt, und auch die Altmärker Festtagssuppe (als Referenz an die Nachbarregion) darf

nicht fehlen. Von den Gästen gern gegessen werden auch deftige Speisen wie die „Kleine Schweinerei“, das sind Schweinekotelett und Kasslerlachs überzogen mit einer Zwiebelsoße, angerichtet mit Champignons und Kroketten. Dazu kommt allerlei Geflügeltes wie Stubbenküken, geschmort mit Austernsaitlingen und aufgetragen mit Oliven-Kartoffeln sowie Fischiges mit der Bachforelle frisch vom Hausfischer.

Das Team von der „Buttergasse“ verwöhnt seine Gäste aber nicht nur mit schmackhaften Kulinarien, es ist auch ein geselliger Gastgeber: So lädt es einmal im Monat freitags und samstags zum musikthematisch gestalteten Tanzabend für Leute im Alter zwischen 22 und 32. Darüber hinaus gibt es in den historischen Hallen aber auch mittelalterliche Spektakel zum Mitmachen und Schlemmen. Dann tummelt sich ein bunt-kostümiertes Schauspieler-Völkchen in den Gewölbetonnen und präsentiert dabei allerlei wahre und unwahre Geschichten rund um Magdeburg, während sich das Publikum an einem rustikalen 5-Gang-Menü labt.

Sauerbraten

Zutaten (4-5 Personen)

1,2 kg falsches Filet vom Rind
80 g Speck
100 g Möhren
100 g Sellerie
100 g Porree
2 Zwiebeln
125 ml Weißwein
125 ml Essig
Nelken
Pfeffer, Salz
Pfefferkörner
Lorbeerblatt
Zucker
Sultaninen oder Rosinen
Lebkuchen oder Pumpernickel

Zubereitung

Zuerst das Fleisch beizen: Dafür einen Sud bereiten aus einem Liter Wasser, Möhren, Zwiebeln, Sellerie und Porree. Den Sud aufkochen. Nelken, Pfefferkörner, Essig und Lorbeerblatt zugeben. Weitere 5 Min. köcheln. Dann vom Feuer nehmen und abkühlen lassen. Das Fleisch hineinlegen und kühl mindestens einen Tag durchziehen lassen. Danach das Fleisch herausnehmen, abtropfen lassen, anschließend trocken tupfen. Mit Salz und Pfeffer einreiben. Mit dem Speck das Fleisch gut spicken. Etwas Speck übrig behalten, auslassen und darin das Fleisch von allen Seiten schön braun braten. Das Fleisch herausnehmen und in das heiße Fett etwas Mehl geben, um eine Schwitze herzustellen. Mit Weißwein ablöschen. Den Beize-Sud dazugeben. Alles zusammen mindestens 1 Std. leise köcheln lassen. Der reduzierten Soße die Sultaninen und kleingebröselten Pumpernickel oder Lebkuchen hinzufügen. Dazu servieren wir Rotkohl und Semmelknödel.

RESTAURANT ST. IMMANUEL

Mit „himmlischem“ Vergnügen schlemmen – das gibt's nur im „St. Immanuel“. Magdeburgs reizvolles Glanzlicht liegt östlich der Elbe am Prester See mit direktem Blick auf die malerischen Auen des Flusses. Seit dem Jahr 2000 ist die um 1832 erbaute Dorfkirche als Treffpunkt von Freunden der gepflegten Gastlichkeit über die Landesgrenzen hinaus beliebt.
Ursprünglich im 12. Jahrhundert als romanisches Bauwerk errichtet, wurde die Kirche im 19. Jahrhundert baufällig und sollte durch einen Neubau ersetzt werden. Der preußische Architekt Friedrich Schinkel entwarf und plante ein Gotteshaus im neogotischen Stil. Der Turm dieses nach englischem Vorbild von 1829 bis 1832 errichteten Sakralbaus ist dabei offensichtlich den Domspitzen des Magdeburger Doms nachempfunden.
1832 wurde das Gebäude der Öffentlichkeit übergeben, im 2. Weltkrieg beschädigt und seit 1958 nicht mehr für Gottesdienste genutzt. Bis 1997 stand die Kirche leer, sollte dann aber nach Umbau und Rekonstruktion im Jahr 2000 wieder erlebbar gemacht werden und für jedermann offen stehen. So eröffnete im März des gleichen Jahres das Restaurant „St. Immanuel“ seine Pforten. Die gastliche Stätte entfaltet im ehemaligen Kirchenschiff einen ganz eigenen, unverwechselbaren Charme, verzaubert die Gäste und lässt sie einfach die Zeit vergessen. Wer den Kirchenraum durch die große Flügeltür betritt, ist sofort gefangen vom einzigartigen Ambiente. Durch die hohen Kirchenfenster flutet weich das Licht auf dunkel poliertes Eichenholzmobiliar, das in seiner Schlichtheit wunderbar in den feierlichen Raum passt. Im Sommer nehmen die Gäste am liebsten im weiträumigen Kirchgarten Platz, schauen den im Prester See staksenden Graureihern zu, lassen ihre Blicke verträumt in die Elbauen schweifen oder sitzen des Abends im Kerzenschein und am Lagerfeuer bei einem erstklassigen Wein. Immer wieder gesellen sich Radfahrer dazu, die auf dem direkt am Restaurant vorbei führenden Europäischen Radwanderweg unterwegs sind.

Kulinarisch verwöhnt werden die Gäste mit täglich frisch hausgebackenem Kuchen und Kräuterbroten sowie köstlichen Speisen aus der anspruchsvollen Küche des „St. Immanuel“. Auf der Speisekarte stehen vor allem saisonal geprägte Menüs (Gerichte können auch einzeln bestellt werden), die Bodenständigkeit und Raffinesse zugleich aufweisen. Wir haben uns – als Referenz an die Region – für „Kirschen mit Klump“ ent-

Restaurant St. Immanuel

Alt Prester 86
39114 Magdeburg

Telefon 01 72 - 3 05 40 02

schieden und die Wahl nicht bereut: Die aus Großmutters Rezeptbuch entlehnte süße Leckerei schmeckte wunderbar. Die Weinkarte ist – mit Expertenblick zusammengestellt – international und auserlesen. Auserlesen sind auch die ganzjährigen Events, mit denen „St. Immanuel“ den Besuchern unvergessliche Stunden in einer besonders stimmungsvollen Atmosphäre bereitet. So locken übers Jahr im Juli/August eine Sommernachtsparty zu Cocktails und Live-Musik, im September italienische Nächte mit Leckereien von Venetien bis Sizilien, das Oktoberfestspektakel „Die Bayern kommen“, und im Dezember wird unter dem Motto „Die Russen kommen“ russische Küche serviert.

Quartett vom Fisch an Tomatenrisotto

Zutaten (4 Personen)

300 g Fjordlachs
300 g Zanderfilet
300 g Seeteufel
300 g Wolfsbarsch
4 Riesengarnelen
1 große Zucchini
Butter, Mehl, Sahne
1/8 l Weißwein
Melonenbällchen
100 g Risottoreis
1 Zwiebel
1 Möhre
1 kleiner Sellerie
1/2 l Geflügelbrühe (heiß)
2 große Fleischtomaten
Salz, Pfeffer, Thymian, Zitronenthymian
Zitrone
Olivenöl

Zubereitung

Für das Quartett vom Fisch die Filets in gleich große Stücke schneiden, mit den Riesengarnelen in Butter anbraten und mit frischem Zitronenthymian, Salz und Pfeffer würzen. Zucchini in Scheiben schneiden, in Olivenöl anbraten und mit Thymian, Salz und Pfeffer würzen.
Für das Tomatenrisotto die Zwiebel und das Gemüse in Würfel schneiden. Die Zwiebelwürfel mit dem Risottoreis anbraten. Restliche Gemüsewürfel (Möhren, Sellerie) dazugeben. Immer so viel Geflügelbrühe aufgießen, wie vom Reis aufgesogen wird. Unter ständigem Rühren die gesamte Brühe nach und nach aufgießen. Nach zirka 20 Min. ist der Reis fertig gegart. Zum Schluss die gehäuteten, entkernten und gewürfelten Tomaten unterheben. Mit Salz und Pfeffer nach Geschmack würzen. Für die Sauce die Butter in einem Topf zergehen lassen, das Mehl einstäuben, mit Weißwein ablöschen, mit Sahne auffüllen. Zum Schluss die Melonenbällchen in der Sauce erwärmen. Den Fisch auf dem Tomatenrisotto anrichten, die Riesengarnelen anlegen, dann die Sauce anrichten und servieren.

LE COCHON

Im „Le Cochon“ gibt es weder „original italienische Pizza“ noch Nouvelle Cuisine mit winzigen Portionen zu riesigen Preisen. Das junge Küchenteam bereitet seinen Gästen vielmehr mit einfachen und klaren, rustikal-französischen Gerichten vom Lande angenehm überraschende Tafelfreuden. Die beiden Inhaber, Angelo Locorotondo und Korki Nimz, der gleichzeitig Küchenchef ist, verführen die Tafelnden in das Elsass, in die Provence, in die Normandie oder Bretagne. Die kulinarische Reise wird für alle Teilnehmer zur aufregenden Entdeckungsfahrt, auf der sie in Deutschland noch unbekanntes Terrain erobern.
So kennen zwar viele Weinliebhaber die leckeren Rebentropfen aus dem Rhonetal, Bourdeaux oder Burgund, haben aber oft keine Ahnung, wie man dort isst. Die Köche im „Le Cochon“ zeigen es ihnen auf wohlschmeckende Weise. Aus der Normandie

Le Cochon

Hegelstraße 39
39104 Magdeburg

Telefon 03 91 - 5 41 98 57

beispielsweise kommt die Hähnchenbrust mit Calvados-Äpfeln, aus dem Rhonetal stammen Champignons in Schnecken auf Rahmsoße und Kräuterbutter, aus der Provence die mit Rouille servierten, pürierten Fischsuppen, aus dem Elsass die Geflügelpasteten mit Backpflaumen, Schalottenkonfitüre und sauren Gurken. Ganz und gar ins Schwärmen geraten die Besucher – nachlesbar im Gästebuch – über die köstlichen Flammkuchen, die zum Beispiel mit

Schmand, Speck, Spinat und Roquefort belegt sind. Ein Erlebnis ist auch der auf Heu geräucherte Aal mit Kräuterschaum und provenzalischen Kartoffeln. Und der Crème Brûlée kann sowieso niemand widerstehen. Das findet auch der „Feinschmecker", der das Lokal schon mehrfach empfohlen hat. Die Gäste schreiben den Wirten „tres manifique" ins Buch.

Franzosen lieben vor allem Menüs. Und da die beiden Chefs frankophile Menschen sind, bieten auch sie verschiedene Speisefolgen an: kleine, große und vegetarische. Wer sich lieber selbst etwas zusammenstellen möchte, sollte mittags, von 11.30 bis 14.30 Uhr, im „Le Cochon" vorbeischauen: Dann gibt es ein Büfett mit verschieden eingelegten Gemüsen, überbackenen Gerichten, selbstgebackenem Baguette und allerlei kulinarischen Überraschungen. Für einen festen Preis darf jeder essen so viel er mag.

Gern folgen die Gäste auch den Einladungen zu Themenabenden, an denen auf einer „Tour de France" feine Speisen und Weine aus hierzulande noch wenig bekannten Regionen näher vorgestellt werden.

Stammgäste des Lokals freuen sich jedes Jahr erneut auf den Sommer und die gemütlichen Grillabende im „Le Cochon". In geselliger Runde unter freiem Himmel verspeist man dann Wolfsbarsch, Dorade, Spanferkel oder Lammkeulen. Eine freundliche Offerte macht das Team auch jenen, die eine Feierlichkeit zu Hause oder anderswo ausrichten wollen und sich dafür eine auserlesene, lukullische Umrahmung wünschen: Dann bringt der Koch die „französische Küche" einfach mit.

Schade eigentlich, denn im Lokal sitzt man sehr gemütlich: Auf schönem, urigen Holzgestühl, langen, stoffbezogenen Bänken und vor imposanten Spiegelwänden – eben so wie in Paris.

Œufs à la Bourguignonne
Eier in Rotwein

Zutaten (1 Person)

1 Ei
1 Bouquet garni (frischer Thymian, Basilikum, Rosmarin)
1/4 l Rotwein
1 Schalotte
frisch gemahlener Pfeffer
etwas Zucker
Mehlbutter zum Binden
(ca. 100 g weiche Butter, 80 g Mehl)
1–2 Scheiben Knoblauch
Salz
1 Scheibe geröstetes Weißbrot

Zubereitung

Den Wein, das Bouquet garni, in Scheiben geschnittene Schalotte, Knoblauch, Pfeffer und Zucker zum Kochen bringen und auf die Hälfte reduzieren lassen. Dann passieren und wieder aufsetzen. Das Ei im Fond ca. 3 Min. pochieren. Vorsichtig wieder herausnehmen und warm stellen.

Die Soße säubern und mit Salz und Pfeffer abschmecken. Mit Mehlbutter abbinden. Pochiertes Ei auf den Croûtons im tiefen Teller anrichten, mit der heißen Soße übergießen und servieren.

HOTEL GEHEIMER RAT

Auf unserer kulinarischen Entdeckungsreise stoßen wir immer wieder auf die Spuren Goethes. So auch in Magdeburg. Dort soll der sinnenfrohe Herr Geheimrat – wie so oft in seinem Leben – auf Liebespfaden unterwegs gewesen sein. Er hatte gehört, dass in Magdeburg die hübschesten Mädchen des Landes wohnen und suchte auf einem dreistündigen Kurztrip durch die Domstadt nach ihnen. Ob er fand, was er suchte, ist nicht überliefert. Dass ihm jedoch im Hotel „Geheimer Rat" ein angemessenes Quartier geboten worden wäre, ist für Ingo Rektorik unbestritten. Der junge Hoteldirektor steht dem kleinen, aber feinen Vier-Sterne-Haus vor, das in einer ruhigen Villenstraße inmitten eines Gründerzeitviertels gelegen ist und über 65 Zimmer sowie über einen Konferenzraum für 25 Personen verfügt. Der Straßenname (Goethestraße) war für die Eigentümer Anlass, ihre gastliche Herberge auf den Titel des Dichters zu taufen und sie im Ambiente der Goethezeit auszustatten.
So begrüßt schon im Entree die steinerne Büste des Johann Wolfgang den ankommenden Gast. Sorgfältig ausgesuchte Stilmöbel sind geschmackvoll im Foyer und in der Bibliothek platziert. Die gemütlich eingerichtete Literaturstube ist ein Glanzstück des Hotels: Fast sämtliche Werke des Dichterfürsten sind dort einzusehen. Wer nach Ruhe und geistiger Anregung zugleich sucht, kann sich niederlassen und in den zum Teil antiquarisch wertvollen Ausgaben blättern.
Südliches Flair bestimmt das Bistrorestaurant „La Cocagna", dessen Name soviel wie „Freude" bedeutet. Helle, pastellige Wandfarben, einfallsreich dekorierte Rundbogenfenster, großformatige Landschaftsmalereien und Stillleben, die dem Impressionismus entlehnt sind, sowie das elegante Holzmobiliar heben die Stimmung und erhöhen die Erwartung der Gäste auf eine schmackhafte Küche. Die zeigt sich mit italienischen Anklängen ebenfalls mediterran, bietet aber auch regionale Spezialitäten. Die Speisekarte ist wie die Weinkarte klein, aber edel bestückt. Ina Thomalla, kampferprobte Alleinherrscherin über die restauranteigene Küchenwelt, serviert unter dem Motto „Feine Speisen zum Wein" neben traditionell geprägten Gerichten wie Altmärker Hochzeitssuppe und Calbenser Zwiebelpfanne internationale Kreationen wie Foccacia mit Parmaschinken und Olivenöl und Lammrücken mit Sesam-Senf-Kruste sowie – als süßen Abschluss des lukullischen Abendmahles – Tartufo Bianco.

Hotel Geheimer Rat

Goethestraße 38
39108 Magdeburg

Telefon 03 91 - 7 38 03
Telefax 03 91 - 7 38 05 99

Das Entzücken der Besucher über Haus, Ambiente und Kochkunst schlägt sich im Gästebuch nieder. Neben den genannten Dingen wird darin auch das Servicepersonal gelobt. Ob eine aufgerissene Hosennaht wieder zugenäht oder ein Gläschen Wein um Mitternacht ans Bett gebracht wird – das 15-köpfige Team zeige – so ist zu lesen – in jeder Situation gleichbleibend hohe Gastgeberqualitäten. Wer es nicht glaubt, sollte sich selbst überzeugen. Zum Beispiel während eines vom Hotel arrangierten Wochenendausfluges in die 1200 Jahre alte Domstadt Magdeburg. Goethe wird auch dabei sein: Ingo Rektorik lässt den Dichterfürsten für Gruppen ab 15 Personen wieder auferstehen: während eines frivol-frechen Programms, das unter dem Namen „Weiberheld und Lebemann" Schauspiel und Kochkunst sinnlich vereint. Am nächsten Tag lockt eine Stadtrundfahrt und abends geht's ins Spielcasino. Solch ein unterhaltsamer Zeitvertreib hätte auch dem Geheimrat sehr gefallen.

Salat „Geheimer Rat"

Zutaten (5 Personen)

1 Kopf Lollo Rosso
1 Kopf Lollo Bianco
1/2 Eisbergsalat
2 Paprikaschoten
250 g Tomaten
1 Gurke
100 g Maiskörner
250 g Karotten
4 kleine Hähnchenbrustfilets
10 cl Soja-Sauce

Für das Dressing:

0,3 l Olivenöl
0,1 l Balsamico-Essig
1 kleine Zwiebel
Salz, Pfeffer
Kräuter

Zubereitung

Zunächst den Salat und das Gemüse waschen, Eisbergsalat in kleine Rauten schneiden, Paprika schälen und in Streifen schneiden, Tomaten achteln, die Gurke schälen, längs teilen und Halbmonde schneiden, Karotten schälen und in feine Streifen schneiden. Salatblätter kreisförmig auslegen. Eisbergsalat mit Paprika, Gurke, Mais und Karottenstreifen vermengen und auf dem Salatbett anrichten. Tomaten kreisförmig anrichten. Hähnchenbrustfilet in Streifen schneiden und in der Pfanne braten, anschließend kurz in Soja-Sauce schwenken.
Dressing über den Salat geben und die Hähnchenbruststreifen mit etwas Bratenfond über den Salat geben.
Für das Dressing Olivenöl mit dem Balsamico-Essig (Menge nach je Geschmack variabel) gut vermengen, Zwiebel in sehr feine Würfel schneiden und zugeben. Dressing mit Salz und Pfeffer sowie frischen Kräutern, z. B. Kräutern der Provence oder alternativ mit fertiger Salatkräutermischung abschmecken, alles gut durchrühren.

RESTAURANT DA CAPO IM HOTEL MARITIM

Wer einmal den Lieblingswein von Friedrich dem Großen probieren möchte, ist im Restaurant „Da Capo" im Magdeburger Hotel „Maritim" genau richtig. Welcher Wein es ist, fragen Sie? Ein Sancerre A.C., Domaine La Moussiere aus dem Centre Loire. Küchenchef Wilfried Kluge verrät auch gleich, was kulinarisch zum fürstlichen Rebentröpfchen passt, nämlich Krusten- und Schalentiere, Fischpasteten und Ziegenkäse. All das zaubern die Köche ganz nach Wunsch sofort auf die Teller – und dann kann sie losgehen, die Menüfolge à la Friedrich des Großen.

„À la" geht fast alles zu im „Da Capo". „À la carte" darf gewählt werden und „à la minute" stehen die Speisen auf dem Tisch. Was nicht etwa heißt, dass die Gerichte nach einer Minute fertig sind, sondern dass sie stets frisch zubereitet werden. Der Gast kann sogar dabei zuschauen, denn die Köche jonglieren mit Löffeln und Kellen, mit Töpfen und Pfannen in einer Schauküche im Restaurant. Dort brutzeln und garen sie – von mediterranen Einflüssen geprägt – internationale und regionale Spezialitäten, die vor allem eines sind: leicht, bekömmlich und, wie Küchenchef Kluge betont, „frischer als frisch".

Südlichen Länderküchen entlehnt ist zum Beispiel das Carpaccio vom Bonito-Thunfisch mit Parmesanchips und gewürfeltem Tomatengelee an einem bunten Salatstrauß in Basilikumvinaigrette oder ein Saltimbocca von Seeteufelmedaillons auf Safranschaum mit geschmortem Rucola-Tomatengemüse und Tintenfischrisotto. Ach, da wäre auch noch das leckere glasierte Perlhuhnsûpreme mit Wachtelbrustkern an geschmorten Mirabellen und einem Risotto von Trüffeln. Die regionalen Gerichte stehen den internationalen in nichts nach und sind besonders für Touristen und Geschäftsreisende, die Land und Leute kennenlernen wollen, eine beliebte Wahl. Wenn es die Jahreszeit erlaubt, probieren sie zum Beispiel gern die mit jungem Knoblauch gespickte Raute vom Havel-Zander auf sautierten Pfifferlingen in Kerbelrahm, serviert

Restaurant Da Capo
im Hotel Maritim

Otto-von-Guericke-Straße 87
39104 Magdeburg

Telefon 03 91 - 5 94 90
Telefax 03 91 - 5 94 99 90

mit violetten Kartoffeln oder auch gegrillte Milchlammkoteletts mit Pfefferminzbutter an geschmorten Artischocken und Strauchtomaten, umlegt mit grünen Nudelschleifen. Zur Standardkarte, die jeweils saisonal ausgerichtet wird, gesellen sich thematische Speisenangebote, die täglich neu dazukommen sowie wöchentlich wechselnde Menüs. Und, da der Gast – à la Friedrich des Großen – hier König ist, kommen die Köche an den Tisch, wo sie Nudelgerichte im ganzen Parmesanlaib wenden, Desserts flambieren, Fleisch tranchieren, Speisen anrichten und dabei ganz zwanglos darüber aufklären, was in der Welt der Kochkunst nützlich und schön ist. Dabei kann der interessierte auswärtige Gast auch erfahren, dass die Magdeburger gern „Schnippelsuppe“ essen. Da sind allerlei Wurzelgemüse aus der Börde drin, die in Speck angeschwitzt und mit Majoran, Salz, Pfeffer und Thymian bissfest gegart werden. Dazu kommen Gemüsebrühe und frische Küchenkräuter sowie kurz angebratene Halberstädter Würstchen. Wer öfter einmal im „Da Capo“ speist, erwischt die „Schnippelsuppe“ vielleicht als Tagesgericht. Schade eigentlich, dass dazu der Sancerre nicht passt. Aber ein Gläschen von Friedrichs Lieblingswein kann man sich ja im Anschluss als Abschluss gönnen.

Surf & Turf

Rosa gebratenes Rinderfilet im Duett mit Riesengarnelen, sautierten Pfifferlingen und jungen Bohnen an einer leichten Schalotten-Knoblauchsauce, serviert mit Kartoffelgratin.

Zutaten

4 Stück Rinderfiletsteaks á 180g
aus dem Mittelstück geschnitten
8 Stück Riesengarnelen mit Kopf
und Schale
20 g Olivenöl
250 g Schalotten
350 g dünne grüne Bohnen
100 g frischer junger Knoblauch
400 g geschälte Kartoffeln
250 ml süße Sahne
80 g Parmesankäse
4 Tomaten
400 g frische Pfifferlinge
60 g Speck (durchwachsen)
100 g Butter
1 Zitrone
Salz, Pfeffer aus der Mühle, Muskat

Zubereitung

Kartoffeln in Scheiben schneiden und mit der Sahne und dem geriebenen Parmesankäse sowie mit Salz und Muskat würzen, anschließend in eine gefettete Form geben und bei zirka 180 °C im Ofen garen. Schalotten in feine Würfel schneiden und goldgelb anschwitzen, dann die gewaschenen Pfifferlinge dazugeben und mit Salz und Pfeffer würzen. Grüne Bohnen putzen und in Salzwasser kochen, dann in kaltem Wasser abschrecken.
Rinderfiletsteaks mit dünnen Speckstreifen binden und in heißem Fett rosa braten. Riesengarnelen waschen und vom Schwanz das mittlere Segment entfernen (Kopf und Schwanzsegment stehen lassen), anschließend am Rücken aufschneiden und den Darm entfernen, mit dem Saft einer halben Zitrone beträufeln und in heißem Olivenöl braten. Auf einem vorgewärmten 32er Teller das ausgestochene Kartoffelgratin platzieren und die heißen grünen Bohnen davor arrangieren. Das rosa gebratene Filetsteak davor legen und mit den gebratenen Riesengarnelen garnieren. Mit angeschwenkten geviertelten Schalotten, angeschwenktem Knoblauch und einer leichten Fleischsauce vollenden und die sautierten Pfifferlinge links und rechts anlegen.

COLBITZER HEIDEBRAUEREI

Colbitzer Heidebrauerei

Brauereistraße 1
39326 Colbitz

Telefon 03 92 07 - 8 80
Telefax 03 92 07 - 8 81 50

Brauhandwerk und Biertrinken waren bisher vornehmlich Männerdomänen. Das hat sich seit einigen Jahren geändert. In Biergärten sieht man immer mehr Damen statt zum milden Rebentröpfchen zum kühlen Blonden greifen, und die Braukunst wird inzwischen auch von so mancher Frau beherrscht. Eine der wenigen „Bierköchinnen“ in Deutschland ist Birgit Diesing, Braumeisterin in der „Colbitzer Heidebrauerei“. Das Bier stellt auch sie nach altbewährter Tradition sowie nach deutschem Reinheitsgebot her: mit Malz, Hopfen, Hefe und Wasser. Doch mit dem Wasser, einem ganz besonderen „Saft“ in dieser Region, hat die Fachfrau einen Trumpf in der Hand. Die Güte des Colbitz-Letzlinger-Heide Trinkwassers verdient nämlich eine Silbermedaille: Es ist bundesweit das zweitbeste Wasser und verleiht den Colbitzer Bieren seinen außergewöhnlichen Geschmack. Gerade deshalb ist der gute Ruf des Unternehmens und seiner Gerstensäfte bis weit in den Umkreis von Magdeburg bekannt. Jährlich verlassen rund 35 000 Hektoliter des goldenen Getränks als „Colbitzer Heide-Pils“, „Colbitzer Heide-Bock“, „Colbitzer Heide-Schwarzbier“ und „Ritter Premium-Pils“ den Brauereihof. Eine Attraktion ist das „Guericke Bier“, das als Referenz an den großen Magdeburger Wissenschaftler gebraut wurde. Otto von Guericke war einst selbst Braumeister, nutzte aber seine Kenntnisse im Umgang mit Holz- und Kupferkesseln dann doch lieber für wissenschaftliche Versuche anderer Art.
Gegründet wurde die Brauerei bereits 1872 von Friedrich-Christoph Ritter. Bis 1959 blieb das Unternehmen im Familienbesitz. Ab 1959 nahm sich der DDR-Staat das Recht zur Beteiligung, bevor er 1972 das gesamte Unternehmen zu seinem Eigentum

(pardon: Volkseigentum) erklärte. Erst im Juni 1991 wurde die Colbitzer Brauerei an die Urenkel des Firmengründers, Barbara Schreiter und Klaus Niemer, zurückgegeben. Seitdem ist viel passiert. Die beiden Inhaber investierten knapp 17 Millionen Mark in neue technische Anlagen und Bauten und verwandelten damit die historische Brauerei in ein hochmodernes, vollautomatisches „Bierproduktionszentrum". In seiner originalen Hülle steht heute nur noch das Sudhaus. Und die ehemalige Ritter'sche Villa: Sie dient – mit komfortablen Büros, einer wohnlichen Verkostungsstube und schönem Wintergarten – als Verwaltungssitz für Mitarbeiter und Geschäftsführung. Darum kümmert sich nach dem Tod von Klaus Niemer Christian August. Gemeinsam mit seiner 14-köpfigen Mannschaft sorgt er dafür, dass die charaktervollen, geschmacksintensiven Biere überall dort eingegossen werden können, wo sie gewünscht sind, zum Beispiel im Brauereigasthof „Heidequell". Aber die Brauer stecken sich noch höhere Ziele: Über den regionalen Markt hinaus soll „Colbitzer" in allen Varianten bald auch in weiteren deutschen Landstrichen zu haben sein.
Um den Bekanntheitsgrad zu erhöhen und neugierige Menschen hinter die Kulissen der Bierproduktion schauen zu lassen, veranstaltet die Heidebrauerei nach Voranmeldung Führungen durch das High-Tech-Unternehmen und Bierverkostungen. Die Teilnehmer können dabei auch einen Blick in das im Entstehen begriffene Brauereimuseum werfen. Große Freude kommt bei den Mitarbeitern auf, wenn darunter ein Besucher ist, der auf seinem Dachboden alte Brauerei-Dokumente oder Utensilien gefunden hat und sie dem Museum zur Verfügung stellt.
Neben hoher Braukunst und Museumspflege zeichnet sich die Heidebrauerei aber auch durch ihr soziales Engagement aus. Nach dem Tod von Klaus Niemer wurde ein gleichnamiger Fonds gegründet, aus dessen Topf sportliche und kulturelle Projekte der Region finanziell gefördert werden. Und damit der Fördertopf auch stets gut gefüllt ist, findet jeden Sommer ein großes Hoffest statt, mit Musik, Spiel und Spaß und allen Vereinen, die sich über eine Spende der Heidebrauerei freuen konnten. Ein richtiger Brauer belässt es freilich nicht bei einem Fest im Jahr, und so wird an jedem zweiten Septemberwochenende während des Colbitzer Heimatfestes der traditionelle Bockbieranstich vollzogen. Dabei werden an zwei Tagen rund 150 Fässer Bockbier getrunken. Wohl bekomm's!

HOTEL UND RESTAURANT AUGUSTUSGABE

Hotel und Restaurant Augustusgabe im Kunsthof Barby

Brauhausstraße 24
39249 Barby

Telefon 03 92 98 - 6 85 10
Telefax 03 92 98 - 6 85 20

Augustusgabe, ein ehemaliges Rittergut, liegt zauberhaft versteckt im landschaftlich wunderschönen Elbe-Saale-Winkel. Herzog August von Sachsen-Weißenfels erwarb 1665 das Anwesen und überreichte es seiner Gemahlin als Morgengabe. (Wir haben uns ob dieser Tatsache gefragt, was die schon morgens so reich Beschenkte wohl erst am Abend auf dem Gabentisch vorgefunden haben mag: ein Schloss, ein Land, ein ganzes Volk?) Was die Gattin des großzügigen Herzogs jedenfalls nicht mehr miterlebte, war die Erweiterung des Hofes. 1754 wurde ein Barockhaus errichtet, das bis heute erhalten geblieben ist. 1912 erwarb der Urgroßvater der Familie Zenker Haus und Hof samt Ländereien.
Über das 30 000 Quadratmeter große, grüne Landidyll tuckert ein Rasentraktor. Gelenkt wird er von Christoph Zenker, dem sechsjährigen Sohn von Katharina Zenker, der heutigen Hofinhaberin. Christoph hat artig seine Hausaufgaben gemacht und darf nun mit seinem motorisierten Gefährt die Wiesen mähen. Wir folgen der breiten Reifenspur und gelangen so auf einen Rundgang über das Gelände. Es ist ein von geschickten Händen gestalteter Ort, wo Historie, Komfort und Gastlichkeit sich harmonisch vereinen. Die historische Architektur wurde fachmännisch saniert. Hofgarten und Wiesenpark haben sich in verwunschene, dicht und bunt bepflanzte, von Streuobstwiesen und Kräutergarten umschlossene Oasen verwandelt. Die Scheune beherbergt heute einen hohen, lichten Festsaal im Landhausstil. In kuscheligen Hotelzimmern, Ferienwohnungen oder – der Natur ganz nah – im Heuhotel betten müde Gäste ihr Haupt zur Ruhe. Pferde wiehern, Schweine grunzen, Hühner gackern, Ziegen meckern. Wandertouren per pedes oder mit dem Fahrrad führen vom Hof ausgehend an den Elbauen entlang in die reizvolle Bördelandschaft.
Katharina Zenker ist eigentlich Keramikerin und mit ihrem ebenfalls kunstliebenden Vater die kreative Seele des geselligen Hauses. Mit künstlerischem Blick haben die charmanten Gastgeber nicht nur die Scheune, sondern auch das Restaurant mit Wintergarten und den historischen Bierkeller ausgestattet. Dort lassen sich die Gäste kulinarisch auf das Allerfeinste verwöhnen. Küchenchef Andreas Eckart wirbelt in seinem kleinen Reich zwischen Herd und Arbeitstisch beständig hin und her. Er hat sich einer leichten Küche verschrieben, die regionale Rezepturen mit südländisch-modernen Trends innovativ verbindet. Fertigprodukte sind aus der Küche verbannt,

es kommt nur Frisches auf den Tisch. Wer wissen will, wie Andreas Eckart beispielsweise Sachsen-Anhalts Nationalgericht „Himmel und Erde“ zubereitet und wie es schmeckt, besucht eines seiner Kochseminare. Wir haben uns für ein mit Kapern, Zitronen und Tomaten gebratenes Schweinesteak an Weißweinrisotto und toskanischem Gemüse entschieden und waren hochzufrieden. Die Entenbrust serviert der Küchenchef nicht mit Rotkohl und Klößen, sondern bettet sie auf Orangensauce, Zucchinipüree und Tagliatelle. Das Wildlachs-

steak überrascht in der Liaison mit Kürbis-Mus. Aber auch das kann Andreas Eckart: Richtet der Koch ein historisches 7-Gang-Menü aus, dann stehen im rustikalen Bierkeller so deftige Speisen wie Kerbelrahmsuppe im Brotlaib oder Schweinekrustenbraten in Biersoße auf dem Tisch. Dazu gibt's Gerstensaft. Weinliebhaber können aus einer kenntnisreich zusammengestellten Weinkarte wählen. Das bietet sich vor allem bei einem Candle-Light-Dinner an. Dann zaubert der Koch ein Überraschungsmenü und kredenzt dazu die passenden Stimmungsheber. Besser kann es der Gattin von Herzog August auch nicht ergangen sein.

Schweinerückensteak mit Zitronen, Kapern und Tomaten gebraten, mit Weißweinrisotto und toskanischem Gemüse

Zutaten (4 Personen)

4 Schweinerückensteaks à 180 g
Olivenöl zum Braten
1 El Kapern
1 unbehandelte Zitrone
2 Freilandtomaten
Pfeffer, Salz
1 rote, 1 gelbe Paprika
2 mittlere Zwiebeln
2 Knoblauchzehen
2 Zucchini
1 Aubergine
2 Möhren
1 kl. Stk. Muskatkürbis
gehackte Blattpetersilie
1 Rosmarinzweig
1 1/2 Tasse Arborio Risotto
1 Lorbeerblatt
500 ml Gemüsebrühe
125 ml trockener Weißwein
2 cl Weißweinessig
50 g Butter
80 g geriebener Parmesan

Zubereitung

Für das Risotto 1 fein gehackte Zwiebel und 1 Knoblauchzehe in Olivenöl glasig anschwitzen. Pfeffer und Salz dazugeben und mit Weißwein ablöschen. Zirka 20 Min. (bissfest) unter Zugabe der Gemüsebrühe und des Lorbeerblatts köcheln lassen. Mit Weißweinessig abschmecken. Den Parmesan zum Abbinden unterheben und Butter zugeben.
Das Gemüse putzen und in Rauten schneiden. Paprika, Möhren, 1 fein gehackte Zwiebel und Zucchini 2–3 Min. in etwas Öl andünsten. Danach 1 fein gehackte Knoblauchzehe sowie Muskatkürbis, Aubergine zugeben und bissfest dünsten lassen. Zum Schluss die Kräuter unterheben.
Die Steaks kräftig würzen und von beiden Seiten 2–3 Min. anbraten. Kapern und in Würfel geschnittene Zitrone und Tomaten mit in die Pfanne geben. Dann für 10 Min. bei 160 °C im Backofen weiter ziehen lassen.

BURGER KNÄCKE

Burger Knäcke

Niegripper Chaussee 7
39288 Burg

Telefon 0 39 21 - 92 30
Telefax 0 39 21 - 92 31 60

Burger Knäcke lässt es knacken. Schon seit knapp 75 Jahren steht das knusprige, gesunde Fladenbrot aus Burg bei vielen Menschen auf dem täglichen Speiseplan. Entdeckt hat es der promovierte Ernährungswissenschaftler Wilhelm Kraft. Er stieß in den zwanziger Jahren während einer Skandinavienreise auf die bis dahin in Deutschland unbekannte Brotform. Das nordische Knäckebrot schmeckte ihm und auch in ernährungsphysiologischer Hinsicht fand er die Scheiben hervorragend. Was lag da näher, als das Brot auch in Deutschland bekannt zu machen?

1931 gründete er in Burg die „Ersten Deutschen Knäckebrotwerke Dr. Wilhelm Kraft". Der Standort war klug gewählt, befindet sich doch Burg in einer der größten deutschen Kornkammern, der Magdeburger Börde. Damit waren die Wege zwischen Getreide und fertigem Knäckebrot so kurz, wie sie sich der Firmengründer wünschte. Wie viele andere Privatunternehmen auch wurde der Betrieb 1948 volkseigen. Unter dem Namen VEB Burger Knäckewerke produzierte er neben Knäckebrot später auch Zwieback, Spekulatius, Butter- und Sportkekse, Creme- und Erfrischungswaffeln, an die sich viele von uns noch erinnern werden. Bis zum Jahr 1989 bleibt Burger der einzige Knäckebrothersteller der DDR. 40 Millionen Packungen verließen damals jährlich die Firma.

Die wechselvolle Unternehmensgeschichte nach der Wende endet 2001 mit der Aufnahme in die Brandt-Gruppe. Die Mitarbeiter von Burger agieren innerhalb der Gruppe selbstständig und haben es mit viel Enga-

gement und harter Arbeit geschafft, ihr traditionelles Knäckebrot wieder als „ein knackiges Stück Heimat“ zu etablieren. Hergestellt werden die Knusperscheiben aus Roggenvollkornteig mit dem traditionellen hefefreien Eisbrotverfahren in acht Geschmackssorten. Delikatesse, Urtyp, Sesam, Ballaststoff, Kümmel, Dinkel oder Milch – die Gaumenfreuden sind verschieden, doch alle gesund. Dies gilt auch für Burger Bio-Knäcke (Mehrkorn, Roggen, Sesam), dessen Rohstoffe aus rein ökologisch angebauten Zutaten bestehen. Das Gesunde am Knäckebrot steckt in dessen Inhaltsstoffen: Hochwertiges Eiweiß, wertvolle Kohlenhydrate, viele Ballaststoffe, wenig Fett und eine Schatzkammer an Vitaminen und Mineralstoffen sind die von Knäckebrotfans hochgeschätzten ernährungsphysiologischen Pluspunkte.
Wer die flachen Scheiben gern isst, weiß auch, dass sie bis zu einem Jahr haltbar sind. Dafür sorgen nicht etwa Konservierungsstoffe (die sind nämlich gar nicht drin), sondern das Herstellungsverfahren und die geringe Restfeuchte in den Broten. Ebenso konservierungsmittelfrei ist das

zweite Produkt von Burger, das von Kindern und Erwachsenen gleichermaßen geliebt wird: Zwieback und Bio-Zwieback – das zwie-gebackene Hefeteiggebäck. Die Knusperscheiben sind eine gesunde Alternative zu Toastbrot oder Brötchen und schmecken – süß oder herzhaft belegt – zum Frühstück genauso wie zum Abendbrot.

Nicht einmal während eines Aufenthalts im Ausland muss man auf Burger Zwieback oder Knäckebrot verzichten: Das krosse Gebäck ist heute bereits an vielen Stellen der Welt zu haben – ob in Dänemark oder Russland, Spanien oder Island, Großbritannien oder Kuweit.
In den vergangenen zehn Jahren hat Burger knapp 250 Millionen Packungen in Deutschland und alle Herren Länder verkauft. Würde man die einzelnen Scheiben aneinander reihen, hätte das Unternehmen eine 770 000 Kilometer lange Knäckebrotspur auf dem Erdball gelegt.
Wir sind der Spur schon als Kinder gefolgt, bei den Großeltern am Frühstückstisch: Da haben wir eine Scheibe Burger Knäcke mit Butter bestrichen und (wie es in Sachsen üblich ist) in den heißen Kakao „geditscht“ – ein bis heute unvergessenes Geschmackserlebnis.

LANDGASTHOF ZUR ERHOLUNG

Landgasthof Zur Erholung

Möserstraße 27
39291 Lostau

Telefon 03 92 22 - 90 10
Telefax 03 92 22 - 9 01 16

Guten Morgen, krächzt Max Erwin und äugt auf die ältere Dame, die da vor ihm steht. Seine Busenfreundin Erna ist weniger freundlich und kräht: „Alte Schrulle!". Doch keiner im „Landgasthof Lostau" nimmt ihr das übel. Die neun Jahre alte Graupapageien-Dame ist nämlich nicht etwa schlecht erzogen, sondern einfach nur lerneifrig.
Und so zeigt sie, was ihr die Landgasthof-Besucher im Laufe der Zeit beigebracht haben.
Schön haben sie es hier, die beiden grau gefiederten Rotschnäbler. Sie wohnen in einer Voliere inmitten des romantischen Innenhofes, der in ein wahres Pflanzenmeer getaucht ist und so den Landgasthof „Zur Erholung" schmückt. Haus und Hof sind mit dichten, grünen Ranken und prachtvoll bunten Blumen bewachsen, deren Vielfalt und Üppigkeit geschickte Gärtnerhände verraten. Renate Walter blickt mit Stolz auf das ländliche Idyll. Sie übernahm in der Wendezeit den Gasthof, der seit mehr als 130 Jahren im Familienbesitz ist. Das vermutlich 1851 erbaute Haus wurde 1872 von ihren Urgroßeltern Wilhelmine und Johann Andreas Rühmland gekauft. 1890 baute das Gastwirtsehepaar einen Saal an und errichtete 1907 eine Scheune, die nun – nach liebevoller Sanierung – behagliche Hotelzimmer beherbergt. An allen Orten erinnern heute optisch wirkungsvoll platzierte, urgroßväterliche Utensilien wie Landwirtschaftsgeräte und Haushaltszubehör an das ländliche Leben im vergangenen Jahrhundert. Wer sich aufmerksam im Gasthof, im Saal oder in der Hotel-Scheune umschaut, kann auf diese Weise ein Stück Familiengeschichte nacherleben.
Die Kapitel schreiben nun in vierter Generation Renate Walter und ihr Mann, Wolfgang Turnau, fort. Sie führen das im länd-

lichen Stil eingerichtete Anwesen mit viel Liebe zum Beruf in einer familiären Atmosphäre, die Sommerfrischlern, Geschäftsleuten und Einheimischen Geborgenheit vermitteln soll. Darüber hinaus verwöhnt das Küchenteam die Gäste mit kulinarischen Offerten, für deren Qualität es von Gastronomieexperten bereits mehrfach ausgezeichnet wurde. Gekocht wird eine leichte, deutsche Küche, die Liebhaber deftiger Spezialitäten ebenso begeistert wie Gourmets, die mehr Wert auf kulinarische „Zwischentöne" legen. Ob kräftig gewürzte Gulaschsuppe oder Lachsfilet auf schwarzer und weißer Trüffel-Tagliatelle mit Blattspinat und Pinienkernen – alle Speisen kommen à la minute und nett angerichtet auf den Tisch. Gäste von außerhalb möchten oft wissen, wie in der Börde gegessen wird und greifen deshalb gern zur Lostauer Landhauspfanne, das sind geschmorte Filetstreifen von Rind und Schwein mit frischen Pfifferlingen, Zwiebeln, Morcheln und Brat- oder Ofenkartoffeln. Die Hausspezialität aber, so sagt Renate Walter, sei das Pot au feu von Edelfischen, mit Riesengarnelen und Filets von Edelfischen an Seegras und in pikantem Fischsud. Als süßen Abschluss empfiehlt sie eine Crème Brûlée, Sesamparfait oder Kartoffelpuffer.

Ambiente und Küche sind besonders gefragt von Feiergesellschaften, die den Landgasthof „Zur Erholung" immer wieder gern als gemütlichen Veranstaltungsort für ihre Feste wählen. Ebenso beliebt sind Renate Walters Kochkurse. Dabei lernen die Teilnehmer beispielsweise, wie man Schalen- und Krustentiere zubereitet und einen Hummer „Knigge-gerecht" isst.

Ein Knigge-Kurs könnte übrigens auch Erna nicht schaden, die gerade „Hast du schon bezahlt?", über den Hof krakeelt.

Fischtopf nach Art des Hauses

Zutaten (4 Personen)

1 l Fischfond
200 g Lachsfilet
200 g Heilbutt
200 g Zanderfilet
300 g Riesengarnelen
1 Porreestange
1–2 Möhren
1 kleine Sellerieknolle
200 g Seegras
Safranfäden
12 Cherrytomaten
Tabasco, Salz
etwas Sherry

Zubereitung

Möhren und Sellerie putzen, in schmale Streifen schneiden und im Fischfond garen. Riesengarnelen vom Panzer befreien und den Darm entfernen, säubern und in den Fischfond geben. Die Fischfilets säubern und in kleine Stücke schneiden, im Sud pochieren. Den gereinigten und zu Ringen sehr dünn geschnittenen Porree, die blanchierten und gehäuteten Tomaten sowie das gewaschene Seegras zuletzt dazugeben. Mit Safran, Tabasco, Salz und etwas trockenem Sherry abschmecken. Man kann dazu Baguette und Kräuter Olivenölmischung, aber auch Reis oder Kartoffelspalten reichen.

Lutherstadt Wittenberg

Luther-Hochzeit in Wittenberg

Luther-Hochzeit in Wittenberg

Hier ist's, schreibt Goethe im Mai 1778 an Freifrau von Stein „jetzt unendlich schön, mich hat's gestern abend, wie wir durch die Seen, Kanäle und Wäldchen schlichen, sehr gerührt, wie die Götter dem Fürsten erlaubt haben, einen Traum zu erschaffen.“ Was den Herrn Geheimrat vor Jahrhunderten so ins Schwärmen geraten ließ, entzückt bis heute Gondelfahrer und lustwandelnde Spaziergänger: das Dessau-Wörlitzer Gartenreich mit seinen Tempeln, Grotten, Klippen und Plastiken, mit seinen geschwungenen Wasserläufen und Seen. Fürst Leopold III. Friedrich Franz, der „Erfinder“ dieses Gartenparadieses, sammelte auf seinen England-Reisen Anregungen für das Vorhaben und ließ ab 1764 einen Landschaftspark nach englischem Vorbild anlegen. Heute gehört das Gartenreich – als UNESCO-Weltkulturerbe – zu einem der wichtigsten touristischen Trümpfe der Region Anhalt. Der Landstrich erlangte aber lange vorher schon Berühmtheit, denn in ihm lebte ein Mann, der die mittelalterliche Weltordnung in ihren Grundfesten erschüttern sollte.

Martin Luther schlug am 31. Oktober 1517 an die Tür der Wittenberger Schlosskirche 95 Thesen wider den Ablasshandel. Die Kunde einer Reformation der Kirche verbreitete sich von der ehemaligen kurfüstlichen Residenzstadt ausgehend in Windeseile um die Welt und hallt bis heute nach. Jahr für Jahr zieht es historisch und kulturgeschichtlich Interessierte in die Lutherstädte Wittenberg, Eisleben (Geburts- und Sterbeort) und Mansfeld, wo sie auf den Spuren des großen Reformators wandeln.

Aber nicht nur Luther und der Fürst haben mit ihren außergewöhnlichen Ideen die Region geprägt und sie damit zum Anziehungspunkt für Welttouristen gemacht. Auch Johann Sebastian Bach hat seine Fans in aller Herren Länder, die dem genialen Musiker bis nach Köthen folgen – in eine schöne Stadt und Entstehungsort der Brandenburgischen Konzerte. Damit ist der Reisende aber noch längst nicht an den Grenzen des Ideen-Reiches Anhalt-Wittenberg angekommen. Um diese auszuloten, sollte er einen Abstecher nach Dessau machen.

Köthen

Köthen

Wörlitz

An der Elbe

An der Elbe

Von dort aus hat in den zwanziger Jahren die Künstler-Avantgarde am Bauhaus mit ihren bahnbrechenden Werken die Kunst des 20. Jahrhunderts nachhaltig beeinflusst. Diese und alle anderen Schauplätze visionärer Herrscher, Denker und Künstler stehen heute (in Anhalt-Wittenberg auf engstem Raum und in großer Zahl) unter dem Schutz der UNESCO und sind noch im Original zu erleben.
Erlebnisreich gestaltet sich eine Fahrt entlang der eindrucksvollen Schlösser und Burgen, romanischen Kirchen und mittelalterlichen und barocken Stadtanlagen. Nicht zuletzt beherbergt die Region außergewöhnliche technische Denkmale wie die Eisenstadt Ferropolis, den Kupferhammer Thießen oder das Filmmuseum in Wolfen. Auch die Natur geizt in Anhalt nicht mit ihren Reizen. In den Wäldern des Naturparks Dübener Heide und des Fläming finden Wanderer gute Luft und sattes Grün; in den Auen von Saale, Elbe und Mulde tummeln sich Biber, Störche und Fischadler, während im Naturpark „Unteres Saaletal" ganze Graureiherkolonien zu Hause sind und an den Gewässern der Goitzsche zehntausende nordeuropäische Wildgänse überwintern.
Von ihrer sonnigsten Seite zeigen sich die Anhaltiner, wenn sie mit Gästen von überall her feiern. Dann lauscht man gemeinsam einem Seekonzert in Wörlitz, besucht das Kurt-Weill-Fest, vergnügt sich auf dem Spargelfest und Bollenmarkt in Zerbst,

Spargelfest in Zerbst

Mühlbeck

Mühlbeck

isst sich in Plötzkau auf dem Pflaumenkuchenmarkt satt oder ist staunender Zaungast bei „Luthers Hochzeit“ in Wittenberg. Dabei wird auch kräftig aufgetafelt. Vom Kirchenmann Luther ist überliefert, dass er eine einfache Küche bevorzugte, kulinarischen Raffinessen aber nicht abgeneigt war. So verspeiste er mit Vorliebe mit Safran gefärbte Eiersuppen, Eierkuchen und Schweinekeulen und mit Pflaumen, Rosinen, Pistazien oder roten Rüben gefülltes Geflügel. Das Volk dagegen verzichtete montags, mittwochs und freitags auf Fleisch und gab sich mit Hülsenfrüchten, Mohrrüben, Kohl oder Rüben zufrieden. Dienstags, donnerstags und sonntags aß man Rauch- und Pökelfleisch sowie „Klump“. Beliebte Beilagen waren auch Sauerkraut und Kartoffeln (seit Ende des 18. Jahrhunderts). Zu Weihnachten stand Braunkohl auf der Festtafel und zu Silvester Heringssalat. Karfreitag begnügten sich die Anhalter mit Mehl- und Eierspeisen, während am Martinstag eine Gans in die Pfanne wanderte. Heute ist frischer Spargel von Feldern um Zerbst oder des Jessener Landes eine Spezialität der anhaltischen Küche. Überraschende Gaumenfreuden bereiten aber auch deftiges Bernburger Zwiebelfleisch, Milchreis mit Zucker, Zimt und Bratwurst, Köthener Schusterpfanne sowie Original Dessauer Speckkuchen – harmonisch abgerundet mit einem Wittenberger Lutherbier oder einem Schlückchen vom Jessener Wein.

Dessau, Schloss Luisium

Wörlitz

Auf unserer kulinarischen Entdeckungsreise durch Sachsen-Anhalt bot sich – nach köstlichen Gaumenfreuden und vielen neuen Bekanntschaften – ein erholsamer Zwischenstopp an. Wir suchten nach Ruhe und fanden im Anhaltischen die Poesie der stillen Gärten. Die Gartenkunst in dieser Region hat eine lange Tradition.
Weltbekanntes Herzstück ist das Dessau-Wörlitzer Gartenreich, das sich über 150 Quadratkilometer erstreckt und europaweit seinesgleichen sucht. Die sanften Flussläufe von Elbe und Mulde sowie deren charakteristische Auenlandschaft mit urwüchsigen Wäldern, weitläufigen Wiesen, uralten Eichen und verträumten Gewässern bilden eine stimmungsvolle Landschaft, die Menschen aus aller Welt anrührt. Schöne Schlösser, bunt bewachsene Parkoasen und prächtige Alleen, verwunschen wirkende Skulpturen und stille Winkel mit kleinen Kapellen laden den Vorüberflanierenden zum Verweilen und Betrachten ein.
Das schon im 18. Jahrhundert als Sensation geltende, von Fürst Leopold III. Friedrich Franz von Anhalt-Dessau (1740–1817) im Stil der Aufklärung angelegte Sinnesparadies verbindet mehrere Gärten und Schlösser, Elbauen und Alleen durch Sichtachsen auf einzigartige Weise und verleiht ihm so eine unendliche Weite und Harmonie. Grund genug für die UNESCO, das Gartenreich im Jahr 2000 zum Weltkulturerbe zu erheben.
Anregungen für die in Wörlitz angelegten Gartenanlagen fand der reformfreudige Fürst auf seinen Reisen durch England. Die Gärten dort beeindruckten nicht nur ihn, auch sein mitreisender Architekt, Friedrich Wilhelm von Erdmannsdorff, zeigte sich begeistert. Wieder heimgekehrt, verzauberten sie das kleine Land Anhalt-Dessau in ein „englisches" Gartenreich.

Dessen Zentrum ist der Wörlitzer Park, der über einen besonderen Reichtum an gartenkünstlerischen und architektonischen Schätzen jener Zeit verfügt. Auf dem Weg in die Bauhausstadt Dessau fädeln sich kleinere, aber nicht weniger

Wörlitz

schöne Landschaftsgarten-Perlen wie an einer Kette auf. Neben dem Kühnauer Park und dem Beckerbruch ist auch der Georgengarten mit seinem klassizistischen Schloss ein Ort der Entdeckung. 2000 Werke aus anhaltinischen Fürstenhäusern, Gemälde der Dürerzeit und die Hauptwerke von Lucas Cranach sind dort zu bestaunen. Wir statteten auch dem Schlosspark in Oranienbaum einen Besuch ab und erfuhren auf unserem Wandelgang, dass Landesfürstin Henriette Katharina, eine oranische

Ferropolis bei Gräfenhainichen

Dessau

Meisterhaus, Dessau

Prinzessin, ihn im 17. Jahrhundert nach niederländischem Vorbild anlegen ließ. Ihr Urenkel Fürst Franz verwandelte den Park hundert Jahre später in den ersten englisch-chinesischen Garten (und einzig erhaltenen in Deutschland) mit Pagode, chinesischem Haus und wasserüberspannenden Brücken.
Ganz verzaubert von dessen Schönheit lassen wir nicht nach in unserem Entdeckungseifer und pilgern an den Rand der Stadt Dessau zum Luisium. Auch dort empfängt uns ein englischer Garten und das romantische Luisium-Schlösschen. Das im klassizistischen Stil errichtete Refugium der Luise von Anhalt-Dessau gilt als Meisterwerk des Architekten Erdmannsdorff und besitzt europäischen Rang.
Nach so viel anmutiger Schönheit und stiller Poesie haben wir Lust bekommen auf Spaß und Abenteuer. Beides finden

Dessau

wir im barocken Irrgarten im ehemaligen Schlosspark Altjeßnitz. Er ist einer der schönsten und größten Irrgärten Europas und gleichzeitig eine mit riesigen Hainbuchen bepflanzte, grüne Falle für allzu selbstbewusste Wegesucher. 250 verschiedene Laufstrecken durch das Labyrinth narren oberflächliche Maulhelden, die stets glauben, dass sie auf dem richtigen Pfad sind. Doch nur ein einziger Weg führt zum Ziel und den findet man nur mit sensibler Pfadfindernase.

Dessau

RESTAURANT KORNHAUS

An der Elbe schönem Lauf, ist das „Kornhaus" eine kleine Insel des Glücks schreibt ein Besucher den Gastronomen Roswitha und Ulrich Heilmann ins Gästebuch. Und Recht hat er: Das „Kornhaus" ist eine Reise nach Dessau wert, weil es Erlebnis, Erkenntnis und Genuss auf einzigartige Weise verbindet. Begrüßt wird der Ankömmling von einem Stillleben: Unterhalb der Terrasse des „Kornhaus" schmiegt sich die Elbe wie ein in die Landschaft geworfenes, taubenblaues Tuch in ihr kurvenreiches Bett. Überreizte Großstädtersinne beruhigen sich an diesem stillen Plätzchen im Nu und begreifen ebenso rasch, warum dieser Ort mittlerweile zum geschützten Biosphärenreservat Mittlere Elbe gehört. Carl Fieger muss das alles vorausgesehen haben. Der zum Bauhaus-Atelier von Walter Gropius gehörende Künstler nahm sich in den 20er Jahren des Elbufers an und konzipierte ein Gebäude, das sich als Ausflugslokal architektonisch perfekt in die vorgegebene Auenlandschaft des Wörlitzer Gartenreiches einfügen sollte. 1994 wurde das Haus in Anlehnung an das Bauhaus-Original saniert. Dabei erstand auch das Restaurant mit dem Gunta-Stölzel-Saal, dem Grete-Reichhardt-Zimmer und der großen Sommerterrasse wieder.

Seit 1996 wirbeln die Pächter des Hauses, Roswitha und Ulrich Heilmann, mit 18 Mitarbeitern durch die Räume der Weltkulturerbe-Stätte, um jeden Wunsch des Gastes zu erfüllen. In der inneren und äußeren Gestaltung weitgehend schmucklos,

Restaurant Kornhaus

Kornhausstraße 146
06846 Dessau

Telefon 03 40 - 6 40 41 0
Telefax 03 40 - 6 40 41 11

wirkt das Haus durch Material und Form. Das monolithische Stahlbetonskelett und vor allem die für das Bauhaus typische Inneneinrichtung sowie die durchdachte Funktionalität machen das „Kornhaus" zu einem Anziehungspunkt für Architekturinteressierte. Diese nehmen Platz auf der Terrasse, im Wintergarten oder Restaurant und fachsimpeln über die stilvolle Ausstattung: Thonet-Stühle, Tapeten, Bilder, Blumenvasen bis hin zu Teegeschirr und Garderobenständern – alles harmoniert miteinander im Design des Bauhauses der 20er und 30er Jahre.
Nach soviel Erlebnis und Erkenntnis fehlt eigentlich nur noch ein angemessenes Mahl. Die elegant gestaltete Speisekarte zeigt eine enorme Vielfalt: Regionale Küche findet sich neben internationaler, Historisches neben Modernem, Suppen neben Vegetarischem, Süßes neben Herzhaftem. Auf saisonal angebotene Produkte aus Sachsen-Anhalt und frische Zubereitung legen die Hausherren größten Wert. Wer wie die Sachsen-Anhaltiner speisen will, wählt als Vorspeise eine Hochzeitssuppe. Ein typischer Hauptgang könnten Kalbfleischstreifen sein, wie Otto III. sie gern aß, mit Champignons in Sahnesoße an Kartoffelrösti oder aber Beamtenstippe und als Nachtisch Grießflammerie.
Die Heilmanns haben zudem in alten Rezeptbüchern gegraben: Dabei fanden sich historische Gerichte nach Mazdaznan: Item, ein Bauhauskünstler, hatte sich mit dieser gesunden Ernährung aus dem persischen Mittelalter beschäftigt. Das „Kornhaus" folgt seiner Kochtradition und offeriert ein leichtes „Bauhaus-Menü": Salat an einer Tunke aus Tomaten- und Gemüsesaft, Knoblauch und Wein, danach die Linsen-Symphonie mit Karotten, Sahne und Kartoffeln, abgerundet mit einem Apfelsinen-Bananen-Salat und Malzkaffee.
Dazu werden Weine gereicht, die vornehmlich aus dem Saale-Unstrut-Gebiet und Jessen, aber auch aus internationalen Weinbauregionen stammen.

Reisbrei mit Bratwurscht

Zutaten

Langkornreis
Milch
Zucker
geräucherte Bratwurst
Butter
Zimtzucker

Zubereitung

Den gewaschenen Langkornreis mit reichlich Milch kochen. Kurz bevor der Reis gar ist, Zucker hinzufügen. Die geräucherte Bratwurst schräg in Scheiben schneiden und in einer Pfanne kurz anbraten. Die Scheiben in S-Form auf den im Suppenteller angerichteten Reisbrei geben. Parallel dazu etwas Butter in einem Topf braun werden lassen und über den Reis geben. Mit Zimtzucker bestreuen. Guten Appetit!

PÄCHTERHAUS

Wolfgang Mädel steht als bislang letzter in einer langen Reihe von Pächtern des 1743 erbauten Hauses „Pächterhaus“ in Dessau-Ziebigk. Der erfahrene Gastwirt hat aber – anders als alle anderen vor ihm – Haus und Hof mit Herz und Geschick „in Besitz genommen“, in dem er kulinarisch anspruchsvolle Speisen kredenzt, mit elegantem Interieur die Räume belebt und eine familiäre Atmosphäre schafft, die von den Gästen nur zu gern angenommen wird.
Das geschichtsträchtige „Pächterhaus“ verwandelte sich unter der Ägide des ehemaligen Leipzigers in eine Oase für Ruhe, Stil und Genuss suchende Alltagflüchtlinge. Begründet hatte den Ort einst Fürst Leopold. Der hohe Herr erwarb im Jahr 1708 den größten Teil des Ziebigker Marktes und ließ dort 34 Jahre später ein Freigut errichten. Für den Pächter des Gutes wurde ein Fachwerkhaus mit heruntergezogenem Dach gebaut. Pächter und Eigentümer wechselten über die Jahrhunderte häufig, ehe es im Jahr 2000 – nach detailgetreuer Sanierung – mit ganz neuem Leben erfüllt wurde. Damit die Historie nicht vergessen wird, begrüßt im Entree der „alte Dessauer“ die Gäste und scheint zu sagen: „Geht nur hinein, Euch erwartet von allem nur das Beste!“ Und Recht hätte der verblichene Fürst: Küche und Ambiente sind vorzüglich und die Gäste werden von Katrin und Wolfgang Mädel mit charmanter Gastfreundlichkeit empfangen.
Wolfgang Mädel ist der Patron des Hauses und bestimmt als Küchenchef das Kochkonzept im „Pächterhaus“, das nicht nur in Dessau als „kulinarisches Juwel“ gilt, sondern auch in allen bedeutenden Gastronomieführern Deutschlands für seine feinen Speisen ausgezeichnet wurde. Großen Wert legt der Hausherr auf traditionelle Kochkunst, die bei ihm mit modernen Einflüssen aus aller Welt gespickt und mit einer großen Portion Kreativität perfektioniert wird. So werden saisonal frische Zutaten aus der Region kombiniert mit feinen Gewürzen

Pächterhaus

Kirchstraße 1
06846 Dessau-Ziebigk

Telefon 03 40 - 6 50 14 47
Telefax 03 40 - 6 50 14 48

Ruhetag: Montag

und auserlesenen Produkten aus aller Herren Länder. Diese Lust am kulinarischen Weltspaziergang schlägt sich beispielsweise nieder in vegetarischen Spinatknödeln mit Parmesan und Austernpilzen oder einem süßen, mit Zucker besponnenem Lebkuchentiramisu. In Sommer und Winter bei den Gästen gleichermaßen beliebt sind leckere Fleischgerichte wie gefüllter Kalbstafelspitz mit grüner Soße und Spitzkohllauchgemüse, aber auch Fischgerichte wie in Meerrettich gedünstetes Zanderfilet mit Roten Beten und Schmelzkartoffeln. Nicht zu vergessen die köstlichen Suppen und den Gaumen verwöhnende Desserts.

Die Leibspeisen genießt man in schönster Umgebung. Die Gäste können ihren Lieblingsplatz wählen in drei mit feinem Holzmobiliar stilvoll eingerichteten und farblich an den Klassizismus angelehnten Gutsstuben. Künstlerische Stiche an den Wänden lassen sie in das alte Dessauer Stadtbild eintauchen, während der Koch das Bestellte frisch zubereitet. Für besondere Anlässe hält die Moritzstube mit Galerie ihre Türen offen, und im Sommer ist der romantische Garten ein schöner Treffpunkt für fröhlich-entspannte Feierabende. Für Liebhaber eines guten Weines stehen ausgewählte Tröpfchen bereit und im Weinregal mit Fachliteratur und unterhaltsamen Reiseberichten darf auch gestöbert werden.

Kalbstafelspitz gefüllt mit getrockneten Tomaten auf Spitzkohl-Lauchgemüse, dazu grüne Soße

Zutaten (4 Personen)

1 St. Kalbstafelspitz (800 g vom Metzger)
80 g getrocknete Tomaten
Zwiebeln
Möhren
Sellerie
Piment
Lorbeer
Pfeffer, Salz
1/2 Spitzkohl
1-2 Stangen Lauch
50 g halbfetter Speck
Muskatnuss
insges. 20 g Kerbel, Petersilie, Estragon, Basilikum, Schnittlauch
1/4 l Kalbsbrühe
1/4 l Küchensahne
Mehlbutter

Zubereitung

Für das Spitzkohlgemüse den Spitzkohl und Lauch putzen, waschen und in Streifen schneiden. Feingewürfelten Speck anbraten, etwas Kalbsbrühe dazugeben, Kohl und Lauch darin 2-3 Min. schwenken, bis keine Flüssigkeit mehr vorhanden ist. Mit Muskat und Salz würzen.

Für die grüne Soße Kerbel, Petersilie, Estragon, Basilikum und Schnittlauch zupfen und fein hacken. Mit restlicher Kalbsbrühe und der Küchensahne aufmixen, erhitzen und mit Mehlbutter leicht binden, dann abschmecken.

Das Fleisch seitlich mit langem Messer einschneiden, gleichmäßig getrocknete Tomaten einschieben und den Einschnitt mit einem Holzspieß verschließen. Den Kalbstafelspitz in kochende, abgeschmeckte Brühe geben (Fleischporen schließen sich sofort und das Fleisch bleibt saftig). Zirka 1 1/2 Std. bei offenem Topf leicht köcheln, zum Schluss Brühe nochmals kräftig abschmecken. Das Fleisch aus der Brühe nehmen und in 8 gleich große Scheiben schneiden. Je zwei Scheiben pro Person an das Spitzkohl-Lauchgemüse legen und mit wenig Soße bedecken (Soße lieber separat reichen). Dazu passen Schwenkkartoffeln oder Semmelknödel.

RESTAURANT, CAFÉ UND GARTENLOKAL GRÜNER BAUM

Restaurant, Café und
Gartenlokal Grüner Baum

Neuer Wall 103a
06786 Wörlitz

Telefon 03 49 05 - 2 17 03
Telefax 03 49 05 - 2 17 03

Mit mehr als 250 Jahre ist die Traditionsgaststätte „Grüner Baum" das älteste Restaurant am Eingangsbereich des Wörlitzer Parks. Lange bevor Fürst Franz von Anhalt Dessau den größten Landschaftspark nach englischem Vorbild auf europäischem Festland anlegte, sind im Gasthaus „Grüner Baum" schon Gerichte zubereitet und Gäste bewirtet worden. Das hohe Alter sieht man dem denkmalgeschützten Haus freilich nicht an, wurde es doch schon vor Jahren mit viel Sinn fürs historische Detail saniert. Dafür sorgten die Böttchers, die das Anwesen seit jeher zu ihrem Familienbesitz zählen. Mit besonderem Stolz verweisen Vater Günter sowie die Söhne Ralf und Harald auf das anhaltisch-fürstliche Wappen über der Haustür, das ihren Vorfahren einst mit dem Titel „Hoflieferant des Fürsten Franz von Anhalt Dessau" verliehen worden war. Fürsten gibt es zwar heute in deutschen Landen nicht mehr, aber dem Titel fühlen sich die Böttchers trotzdem verpflichtet. Das spiegelt sich – neben der historisierenden Einrichtung des Restaurants mit Kaminzimmer, Fürst-Franz-Saal und Grünem

Salon – besonders in ihren kulinarischen Offerten wieder: Im „Grünen Baum" verlassen vor allem regional überlieferte, anhaltische Spezialitäten und nach Originalrezepturen der herzoglichen Küche zubereitete Gerichte das Reich der Köche.
Wir beginnen mit dem Gourmetsalatteller „Wörlitzer Elbauen", einer bunten Variation von marktfrischen Blatt- und längst vergessenen Ackersalaten der Saison, knackigem Gemüse, fein angerichtet auf Trüffelöl, mit Mozarella und hauchzarten Räucherlendenscheiben, die nach alter Bauernrezeptur vom Landfleischer zubereitet werden. Keine Sorge, wenn sich Ihnen vom Salatteller lange „Rattenschwänze" entgegen recken: Das ist eine vor 200 Jahren letztmalig angebaute Schotenart, die die Böttchers wieder entdeckt und im eigenen Garten neu gezogen haben. Eine Empfehlung wert ist auch der original anhaltische Festtagsbraten.

Dafür wird ein Rinderbraten fein gebeizt in einer Marinade aus dunklem Wittenberger Lutherbier, ausgewählten Gewürzen, Hagebutten und Rosinen, danach geschmort und in reichlich eigener Soße mit Apfelrotkraut und Kartoffelklößen serviert. Was Anhaltiner und Touristen auf der Suche nach einheimischen Spezialitäten gleichermaßen mögen, sind Wildgerichte mit süßer Komponente. So serviert denn auch Ralf Böttcher einen regional-typischen Wildschweinbraten, den er „Förster Wöpke" nennt. Dahinter verbergen sich deftige Bratenstücke vom Wildschwein, rustikal gegart im Wurzelgemüsesud, an einem Spiegel von Quittenrahmsoße mit Waldpilzen, Kartof-

felklößen, Apfelrotkohl und Preiselbeerbirne.
Fischkreationen und vegetarische Gerichte sind für jene Gäste gedacht, die kein Fleisch mögen, aber trotzdem gut essen möchten. Auch die Getränkekarte nimmt Bezug auf die Region. Die bei allen Gästen sehr beliebten Weine sowie Sekt liefern Winzer aus Jessen-Elster, dem nördlichsten Weingut Deutschlands. Das Bier kommt unter anderem aus der Lutherstadt Wittenberg. Das Dessert – von Kaffee über Kuchen und Eis – kann man im Restaurant einnehmen, im Sommer allerdings sitzt es sich viel schöner im hauseigenen Gartenlokal, das gleichzeitig das größte in Wörlitz ist und dem ein italienisches Eiscafé angeschlossen ist. Uralte, knorrige Bäume spenden dort auch an heißen Tagen genügend Schatten für Vater, Mutter, Kind und Hund.

Gourmetsalat „Wörlitzer Elbaue"

Zutaten (je nach Saison)

Blätter von Sauerampfer, Löwenzahn, Lollo Rosso, Feldsalat, Eisbergsalat, Paprika, Gurke, Tomaten, 1 Stengel Johannisbeeren, Rattenschwänze, Mozarella, Räucherlendenfilet, Trüffelöl

Für das Dressing

Öl, Weinessig, Petersilie, Blattpetersilie Schnittlauch, Kresse, Kresseblüten Orangenscheiben, Croûtons, geröstete Pinienkerne

Zubereitung

Die Salate und Ackerkräuter in kleine Blätter zupfen. Paprika, Gurke und Tomaten würfeln. Räucherlende und Mozarella in zarte Scheiben schneiden. Alles mit Holzlöffeln in einer Schüssel mit dem Trüffelöl vermengen. Für das Dressing Öl, Weinessig, klein gehackte Petersilie und Blattpetersilie, Schnittlauch und Kresse vermischen und unter den Salat heben. Mit Croûtons und gerösteten Pinienkernen bestreuen und mit Kresseblüten garnieren.

RINGHOTEL ZUM STEIN

1914 erfüllte sich Ewald Pirl einen Traum. Er gab seine Stellung als Oberkellner im legendären Berliner Hotel „Adlon“ auf und eröffnete im schönen Städtchen Wörlitz sein eigenes Gasthaus, in das er zu feinem Essen einlud. Die gastliche Stätte war – inmitten der traumhaften Landschaft – ein beliebtes Ausflugsziel, doch die Besucher wünschten sich mehr Geselligkeit und die Möglichkeit zu längeren Aufenthalten in der kulturgeschichtsträchtigen Region.

So erweiterte Ewald Pirl 1933 sein Haus um eine Tanzdiele „mit feenhafter Beleuchtung“ und „kleine, gut durchlüftete Fremdenzimmer“ für die erholsame Nachtruhe. Damit war der Grundstein gelegt für das heutige Ringhotel „Zum Stein“.
Jetzt führen Enkel und Urenkel das Haus in dritter und vierter Generation ebenso familiär und herzlich, wie es der Urgroßvater vor Jahrzehnten tat. Sie bauen dabei auf jene vier Werte, mit denen ihr Vorfahre den typischen Charakter des Hotels über die Zeit gezeichnet hat: Gastfreundschaft, Geselligkeit, Gaumenfreuden und angenehmes Ambiente. All das findet der anspruchsvolle Gast vor, wenn er im Ringhotel „Zum Stein“ einkehrt.
Aus den urgroßväterlichen, kleinen Fremdenzimmern wurden nach Um- und Ausbauten in den neunziger Jahren allerdings komfortable Rückzugsräume und Suiten. Das Restaurant mit Bierbar und Gärtnerstube sowie der Erdmannsdorffsalon für Feierlichkeiten zeigen sich nun im eleganten Landhausstil. Ein lichtdurchfluteter Tagungs- und Seminarbereich bietet den Nutzern neben modernster Technik in zehn verschiedenen Räumlichkeiten enorme Flexibilität. Und in der römischen Bade- und Saunalandschaft mit Laconium, Tepidarium, Caledarium, finnischer Trockensauna und Steingrotte mit Blüten-Whirlpool darf dann der Geist gänzlich frei schweben und der Körper lustvoll genießen. Lustvollen Genuss verspricht auch die

Ringhotel Zum Stein

Erdmannsdorffstraße 228
06786 Wörlitz

Telefon 03 49 05 - 5 00
Telefax 03 49 05 - 5 01 99

Restaurantküche ihren Gästen. Küchenchef Sören Bahn bietet auf der Speisekarte vornehmlich aus heimischen Produkten zubereitete regionale Spezialitäten, denen allerdings eine kreative Verfeinerung mehr Leichtigkeit verleiht. Ein Beispiel sind gebratene Entenbrusttranchen an Linsensalat mit Preiselbeerpfeffersauce, Salatbouquet und Baguette oder geeiste Gurkensuppe, die der Koch mit Shrimps serviert. Mitunter bleibt typisch Anhaltinisches aber auch das, was es ist: So schmecken beispielsweise die Quarkkäulchen mit Schattenmorellen auf Vanillesauce und Schlagsahne genauso, wie sie vor Jahrzehnten die Großmütter gemacht haben. Internationaler wird es mit Chateaubriand, einem doppelten Filetsteak mit Kräuterbutter „Café de Paris", Orangenpfeffer- und Burgundersauce, Grilltomate, gebackenem Blumenkohl, Pommes frites und Kartoffelplätzchen. Dazu passen die Weine aus dem Saale-Unstrut-Weinanbaugebiet, die in großer Auswahl neben internationalen Rebentropfen stehen. Gaumenfreuden und Geselligkeit gehören für Familie Pirl zusammen. Und so laden sie mehrmals im Jahr ihre Gäste zu „Natur, Kunst und feinen Speisen" ins Wörlitzer Gartenreich ein. Dann schippern die Teilnehmer zum Beispiel in festlich eingedeckten Gondeln durch die Seen und Kanäle des Parks, lauschen der Kammermusik und schlemmen am Gondelbuffet. Oder sie unternehmen im Winter eine Fackelwanderung, sitzen mit Feuerzangenbowle am Kamin und backen am Lagerfeuer Knüppelkuchen.

Entenbrust, rosa gebraten auf Johannisbeerrotkraut

Zutaten (4 Personen)

Für die Entenbrust

4 Entenbrüste (weiblich)
Salz
Pfeffer aus der Mühle
Rosmarin
Thymian
Majoran
300 ml Geflügelfond

Für das Johannisbeerrotkraut

800 g Rotkraut in Streifen
Gänseschmalz
100 g Zwiebeln
100 g Zucker
Essig
Gewürzsäckchen (Lorbeer, Nelken, Pfefferkörner)
20 g Stärke zum Binden
frische oder TK-Johannisbeeren

Zubereitung

Die Entenbrüste waschen, trockentupfen und in Salz, Pfeffer aus der Mühle, Beifuß, Thymian, Majoran und Rosmarin einlegen. Dort bleiben sie zwei Tage. Dann die Entenbrüste erneut waschen und trockentupfen. Auf der Hautseite gitterförmig einschneiden. Im heißen Fett zirka 15 Min. von beiden Seiten braten, Hautseite als zweites, da diese kross werden soll. Die Entenbrüste aus der Pfanne nehmen und in Alufolie warm stellen. Die Brust sollte man 5 Min. ruhen lassen, damit kein Bratensaft mehr austritt. Den Bratensaft mit Geflügelfond auffüllen und aufkochen lassen. Mit Salz, Pfeffer und den anderen Gewürzen abschmecken und anschließend durch ein Sieb passieren. Eine leichte Bindung erhält man durch Kartoffelstärke.

Für das Johannisbeerrotkraut das Rotkraut putzen und in Streifen schneiden, danach mit Zucker, Salz, Essig etwa 1 Std. marinieren. Schmalz im Topf erhitzen und die Zwiebeln darin glasig anschwitzen. Das marinierte Rotkraut dazugeben und im eigenen Saft dünsten. Den Gewürzbeutel dazugeben. Wenn das Rotkraut fertig gegart ist, wird es mit ein wenig Stärke gebunden. Zum Schluss die Johannisbeeren unterheben.

PARKRESTAURANT VOGELHERD

Parkrestaurant Vogelherd

Lindauer Straße 78
39261 Zerbst

Telefon 0 39 23 - 78 04 44
Telefax 0 39 23 - 78 04 47

Es war ein kleines Wald- und Sumpfgebiet in der Nähe von Strinum, das der etwas kränkliche Seniorchef der Gold- und Silberdrahtmanufaktur Christoph Andreas Ayrer bei seinen Wanderungen durch die Feldmark nordöstlich von Zerbst um die Wende vom 17. zum 18. Jahrhundert entdeckte. Für wenige Taler erwarb er das Recht, dort den Vogelfang betreiben zu können und ein kleines Häuschen zu bauen. Ayrer nutzte die landesfürstliche Zustimmung weidlich aus und errichtete mehr als ein Häuslein. Soweit zum überlieferten ersten Kapitel des Parkrestaurants „Vogelherd“, das in den Jahrhunderten danach eine spannende Geschichte und zahlreiche Umbauten erfuhr. Doch das versteckt hinter Bäumen, mitten im Wald liegende verwunschene Kleinod trotzte allen Besitzerwechseln und zeigt sich seit 1987, nach einer Rekonstruktion durch die Inhaber Ronald und Gabriele Erdmann so schön wie eh und je. Das Gastronomen-Paar setzt damit das 1967 beendete Lebenswerk von Großvater Adolf Michaelis fort und gedenkt dabei stets auch des gleichnamigen Ururgroßvaters, der den „Vogelherd“ 1852 für 5 500 Taler erworben hatte und als Gasthaus betreiben ließ. Dessen Sohn Friedrich übernahm 1860 das elterliche Grundstück und ließ seinem kunstgärtnerischen Können freien Lauf. Diese Gene muss auch Ronald Erdmann in sich tragen, denn der gepflegte Garten um den „Vogelherd“ ist auch heute noch wunderschön. 300 Jahre alte Buchen spenden Schatten und im Teich ziehen wie Jahrhunderte zuvor Fische ihre Bahn. Vogelgesang, Wassergeplätscher und Blätterrauschen – das sind die einzigen Geräusche, die hier zu hören sind.

Was Haus und Garten von außen versprechen, hält auch das Innere. Die Atmosphäre im Restaurant mit Kaminzimmer ist – fernab jeglicher Biederkeit – behaglich. Das Interieur verleiht dem Raum mit kunstvollen Holztäfelungen, großformatigem Landschaftsgemälde, Kronleuchtern und feinen

Stoffen eine unaufdringliche Eleganz. Antiquierte Vogelkäfige nehmen Bezug zur Geschichte des Hauses.
Ein neues Kapitel in der Hausgeschichte haben die Erdmanns mit ihrer Küche geschrieben. Wer im Internet nach dem Parkrestaurant sucht, wird keine eigene Adresse finden. Dafür aber blättern sich zahlreiche andere Web-Seiten auf, die sämtlich von der Kochkunst im Vogelherd schwärmen. Ob Gault Millau, ob Feinschmecker oder Metternich – alle heimlichen Tester waren unheimlich begeistert und vergaben hohe Preise für Speisen und Weinauswahl. Ronald Erdmann selbst beschreibt – wie immer still und bescheiden – die Küche als „fein und abwechslungsreich". Saisonale Gerichte und bodenständige Spezialitäten aus Rohstoffen der Region „modernisiert" Küchenchefin Gabriele Erdmann so kunstvoll und schmackhaft, dass die Gäste entzückt sind. So wird auf der idyllischen Gartenterrasse oder im Restaurant ein Frischlingsrücken nicht mit einfachem Bratenfond, sondern mit Waldkirschsoße serviert.

Und die Zerbster Leber bekommt statt Zwiebeln eine Akazienhonigsoße auf den „Rücken". Die Köchin lässt sich auch gern vom Ausland inspirieren. So hat sie aus der Toskana die Torte von Grillgemüse und Ziegenfrischkäse mit feinen Salatspitzen und Rucolapesto mitgebracht. Und selbst den Kindergerichten widmet man sich im „Vogelherd" mit Liebe: Statt Pommes, Majo und Würstchen gibt es zum Beispiel ein kleines Schweinefilet in der Eihülle mit Blumenkohl und Kartoffelnudeln oder Grießbrei mit Früchten. Die Weinkarte besticht ebenfalls: mit einer Vielfalt von mehr als 100 Weinen aus Deutschland und der Welt.

Lammkarree in Schalottenkruste

Zutaten (4 Personen)

4 Lammkarreestücke à 120 g
(3 Rippenknochen)
2 El Öl
1/4 l Lammsauce
1 Thymianzweig
1 Rosmarinzweig
Pfeffer aus der Mühle, Salz
100 g Schalotten
1 Knoblauchzehe
50 g Butter
1 Eigelb
1 Tl Pommey-Senf
30 g Weißbrot

Zubereitung

Die Lammkarreestücke von den Sehnen befreien, die Rippenknochen freilegen, putzen, salzen, pfeffern und in etwas Öl in einer heißen Pfanne rundherum anbraten. Für die Schalottenkruste die feingehackten Schalotten und die Knoblauchzehe in Butter kurz anbraten und auskühlen lassen. Die Butter schaumig schlagen, das Eigelb langsam zugeben. Schalotten, geriebenes Weißbrot und Senf verrühren. Mit Salz und Pfeffer abschmecken.
Die Schalottenmasse auf die vorgebratenen Fleischstücke geben, dann im heißen Backofen zirka 8-10 Min. braten.
Die Lammsauce mit Rosmarin und Thymian abschmecken. Lammkarree in Schalottenkruste auf vorgewärmten Tellern anrichten. Mit der Sauce umgießen. Dazu empfehlen wir Brechbohnen, Kirschtomaten und Kartoffelkräuterroulade oder Kartoffelgratin.

FORELLENHOF THIEßEN

Ob mit oder ohne Angel – bei Frank Ehrmann ist jeder willkommen. Der Diplom-Fischerei-Ingenieur ist Herr über einen Forellenhof, zu dem ein 5 000 Quadratmeter großer, mitten im Wald gelegener Angelteich gehört. Der Mann mit der komplizierten Berufsbezeichnung ist ein freundlicher Mensch, der jeden Besucher mit einem verschmitzten Lächeln begrüßt. Er drückt selbst dann ein Auge zu, als sich unangemeldet eine Gruppe Senioren nähert, bewaffnet mit allerlei Angelzubehör, Klappstühlen und Fischfutter. Sie darf Platz nehmen am Ufer des Teiches und ihre Angeln auswerfen. Die Sonne steht hoch, der Tag ist noch lang, die Senioren schauen gespannt aufs Wasser und warten auf leichtsinnige Karpfen, Aale, Zander und Forellen.

Für Frank Ehrmann dagegen gibt es noch viel zu tun. In seiner riesigen Fischzuchthalle tummeln sich 80 000 kleine und große Forellen in 25 Wasserbecken, die jeweils zehn Meter lang und zwei Meter breit sind. Darin wuseln die glänzenden Schuppentiere hin und her, dass die Wasseroberfläche brodelt und dabei glitzert wie eine Grube voller Silbertaler. Alles wartet auf die tägliche Ration Pellets. Die kleinen, nur zehn Gramm schweren Forellenbabys dürfen viermal am Tag „an den Tisch". Ausgewachsene Forellen bekommen nur eine Mahlzeit, während sich der Speise- und Gartenteichfisch Stör gleich am Laufband bedienen kann.

Die großzügig angelegten Becken werden mit dem Wasser der nahe gelegenen „Rossel" gespeist, dem regelmäßig Sauerstoff zuge-

Forellenhof Thießen

Mönchholz 3
06862 Thießen

Telefon 03 49 07 - 2 04 55
Telefax 03 49 07 - 2 06 82

Ruhetag: Montag

führt wird. Ideale Bedingungen also, um aus kleinen Fischen große werden zu lassen. Seine Zöglinge verarbeitet Frank Ehrmann nach der Wachstumsphase zu allerlei leckeren Köstlichkeiten. Aus frisch geschlachteten Forellen löst der Fischexperte Filets, die in verschieden gewürzten Marinaden zu „Avignon"- und „Bombay"-Häppchen werden und zu Hause in die Pfanne wandern. Diese schmackhaften Leckereien teilen sich den Platz in der Fischtheke mit vorgebratenen und geräucherten Filets, mit Forellen-, Lachs-, Garnelen- und

Heringssalaten, Matjes, Rollmöpsen, gefüllten Makrelenfilets und Lachsforellenkaviar. Je nach Saison hält der Forellenhof – neben Forellen, Aalen und Welsen – auch Karpfen, Hechte und Zander lebend bereit. Fast alles, was es bei Frank Ehrmann zu kaufen gibt, ist nach eigenen Rezepten und von Hand zubereitet. Besonders beliebt sind die vom Meister auf Holz geräucherten, ganzen Lachsforellen, Aale, Welse und Störe. Absolute Krönung aber sind die hausgemachten Bratheringfilets, deren liebliche Marinaden-Rezeptur vom Forellenhof wie ein Augapfel gehütet wird. Zweieinhalb Tonnen dieser Spezialität gehen jedes Jahr über den Thekentisch. Nicht wenig davon wandert vor allem dann in die Einkaufsbeutel, wenn Frank Ehrmann jedes Jahr im Mai zur Hausmesse einlädt. Dann heißt es außerdem: „Essen Sie Forelle satt!" Für knapp zehn Euro darf man soviel Forellenspeisen genießen, wie man schafft: Forellensalate, gebratenes Filet, Geschnetzeltes in Variationen, Forelle in Folie gedünstet und natürlich geräuchert. Und auch im Oktober wird der Thießener Forellenhof zum Tummelplatz von Fischliebhabern. Dann steigt das „Kleine Fischerfest", bei dem ebenfalls die Forelle im Mittelpunkt steht: als gebratenes Filet, als Fischsuppe, im Silbermantel, als Forellentörtchen und Schwedenhappen. Appetit holen können sich die Besucher beim Abfischen des Teiches. Dort warten Aal, Zander, Karpfen, Forellen und Welse – „so groß wie Frank Ehrmann" – auf geschickte Hobbyfischer. Kleine Quizspiele rund ums Thema Fisch umrahmen das Fest. Und einkaufen kann man natürlich auch alles, was die Theke hergibt. Übrigens: Der Forellenhof bietet im gesamten Raum Dessau seinen Fischplattenservice an: Für Familien- oder Firmenfeiern eine gute Gelegenheit, ihr Festbüfett mit einer gesunden und variantenreichen Speise zu ergänzen.

WILDGEFLÜGEL-FASANERIE

Wildgeflügel-Fasanerie

Wendgräbener Chaussee 2
39279 Wendgräben bei Loburg

Telefon 03 92 45 - 27 68
Telefax 03 92 45 - 9 19 42

Dutzende von Wachteln brausen im rasanten Flug durch die Voliere, dass es brummt wie eine Hubschrauber-Armada. Aufgeregte Fasanenweibchen recken die Hälse und rennen über die Wiese, aufrecht und linkisch wie eine Schar älterer Damen im zu engen Korsett. Neugierige Gänse reißen erst frech die Schnäbel auf und folgen dann doch brav aufs Wort, wenn der Hirte aller Vögel, Joachim Mommert, „Wille, wille, wille“ ruft. Perlhühner tun so, als rupfen sie Gras, äugen dabei aber misstrauisch auf jeden seiner Schritte. Die Wildenten haben sich gleich ins dichte Buschwerk verzogen. Der Pfau trompetet, was das Zeug hält. Die Fasanerie in Wendgräben, als 4,5 Hektar große umzäunte Lichtung mitten im Wald gelegen, ist ein Paradies für lauter glückliche, gefiederte Flügeltiere.
Nicht, dass jetzt Langfinger auf falsche Gedanken kommen! Es gibt keine Chance, an den drei riesigen Wachhunden oder an Pferd Bobby vorbeizukommen. Außerdem sorgen Stromleitungen dafür, dass sich hier keiner – auch Fuchs und Marder nicht – ungefragt bedient.

Bedient aber werden die Besucher von Joachim Mommert. Er ist der Herr über die gesamte Vogelschar, züchtet und verkauft sein Flügelvolk als Speise für den Kochtopf oder als Eierspender, als lebende Gartengenossen oder zur Züchtung für Hobbyhalter.
Nach einer Zeit des glücklichen In-den-Tag-Lebens in Wendgräben werden fast alle Fasane in die freie Natur ausgewildert

und wandern Wachtelmännchen, Perlhühner, Wildenten und Weihnachtsgänse in die Pfanne der Käufer. Die Wachteldamen sind fürs Legen der Eier verantwortlich, aus denen Joachim Mommert in Kooperation mit entsprechenden Fachleuten allerlei kleine Köstlichkeiten zaubert, die freitags und samstags im Verkaufsbüdchen am Eingang der Fasanerie zu erwerben sind. Da gibt es den dicken, gelben und süffigen Wachteleierlikör und Wachteleierpralinen, die auf der Zunge zergehen. Weniger Kalorien haben die leckeren und mit vielen biowirksamen Inhaltsstoffen versehenen gesunden Wachteleier, die – als Spiegelei gebraten – knapp auf einen Esslöffel passen. In der Eistruhe lagern bratfertige Fasane, Wachteln und Räucherwachteln, Perlhühner und Wildstockenten. Gesunde, biologische Kost – wie Joachim Mommert betont und listet auf, dass beispielsweise ein Wachtelei gegenüber dem herkömmlichen Hühnerei über wesentlich mehr Vitamin B1, B2 und Eisen verfügt. Mehr als 25 Jahre Erfahrung hat Vogelwirt Joachim Mommert – gerade in der Wachtelzucht – aufzuweisen und ist seit 1992 Inhaber der Fasanerie. Damit alles reibungslos läuft und die Vogelschar sich wohlfühlt und gedeiht, muss er einen strengen Tagesablauf einhalten. 4.30 Uhr heißt es: aufstehen und Tiere füttern. Dann lauern auch schon Pferd Bobby und die Hunde erwartungsvoll am Tor und holen sich ihr Lob für die aufmerksame Nachtwache ab. Kükenaufzucht, Zäune flicken, Pflanzen schneiden, Unterkünfte richten, nach dem Rechten sehen – die Sommertage vergehen für Joachim Mommert wie im Fluge. Im Winter geht es in der Fasanerie ruhiger zu. Dann hat der Landwirt auch endlich einmal Zeit, sich zu setzen und dem Schnarren und Golzen, dem Pfeifen und Flirren zu lauschen, den vielen Vogelsprachen, die das ganze Jahr über durch den Wendgräbener Wald schallen.

Wachteleiercocktail mit Kressemayonnaise

Zutaten (1 Person)

2 Wachteleier
1 große, geschälte Tomate
50 g Kresse
25 g Quark
25 g Mayonnaise
Salz, Pfeffer, Zucker, Zitrone

Zubereitung

Die Eier 5 Min. kochen, abschrecken, pellen. Eier vierteln, Tomate entkernen, würfeln und würzen. Quark und Mayonnaise vermengen und würzen. Kresse waschen und abtropfen lassen. Danach Kresse und Quark-Mayonnaise-Mischung im Mixer pürieren. Die Tomatenwürfel in ein dekoratives Wein- oder Sektglas füllen. Darauf die Wachteleier verteilen und alles mit Kressemayonnaise bedecken. Mit Minzeblättern oder Petersilie garnieren.

IMKEREI PRUẞ

Eckhard Pruß ist ein Herr mit 60 eigenen Völkern. Nur sind seine bienenfleißigen Untertanen keine Zweibeiner, sondern gelb gestreifte Flügeltiere, die, wenn man ihnen vor der Nase herum wedelt, ganz schön sauer werden können. Dabei haben die Stachel bewehrten Nutztiere doch den ganzen Tag damit zu tun, lauter süße Sachen einzusammeln. Bei der Arbeit hilft ihnen Imker Pruß. Heute geht's ins Sonnenblumenfeld. Der Bienenwagen wird angekoppelt und holpert über den Acker. Kaum angekommen, schwärmen die hungrigen Insekten auch schon aus, hinein in die gelben, runden Köpfe der meterhohen Sonnenblumen. Das gibt eine reiche Ernte, denkt Imker Pruß und sieht sich schon an der Honigschleuder stehen, aus der dann der süße Blumennektar in die Gläser rinnen wird.

Eckhard Pruß ist mit Bienen groß geworden. Schon als kleiner Bursche von 4 Jahren schloss er Freundschaft mit dem summenden Arbeitsvolk, das damals seinen Eltern gehörte. Nach der Wende machte er sein Hobby zum Beruf und wurde Imker. Seit einem Jahr zieht er als selbstständiger Honigmacher mit drei Bienenwagen von Ort zu Ort. Die Reise beginnt im Frühjahr auf Obstplantagen und Löwenzahnwiesen. Im Mai geht's in den Raps und von dort in die Akazienwälder. Dann wartet auch schon die Feldblüte mit Kornblumen, Klee und Wicke auf die summenden Jäger und Sammler. Zuletzt rumpelt der Bienenwagen in den

Imkerei Pruß

Polenzkoer Weg 14a
39264 Dobritz

Telefon 03 92 48 - 207
Telefax 03 92 48 - 207

Lindenwald und aufs Sonnenblumenfeld. Wenn dann die Bienen mit ihren zitronengelben oder orangefarbigen Blütenstaub-Rucksäckchen, die an den Beinchen hängen, heimkehren, sieht der Imker gleich, welchen Honig sie nach Hause getragen haben. Nämlich reinen Sortenhonig. Den mögen die Leute besonders, sagt er. Aber sie greifen auch gern zur Mischung. Die zaubert Eckhard Pruß aus jenen Honigwaben hervor, die in seinem kleinen Bienenstand im Garten hinterm Haus wachsen. Die Bewohner dort naschen nämlich auf ihren Rundflügen von allem, was um sie herum blüht und gedeiht: von Blumen, Bäumen und anderen Pflanzen.

Ist die Honigernte vorbei, die Schleuder abgestellt und der Keller mit Honiggläsern gefüllt, dürfen die Bienen den ganzen Winter ausruhen. Dann machen sie „Siesta“ in ihren Wagen, knabbern ab und zu am Futterteig und den Honigresten und warten auf das kommende Frühjahr. Eckhard Pruß aber hat keine Zeit zum Verschnaufen. Er hat mit dem Honig auch Wachs „geerntet“, das er über die Wintermonate zu Kerzen formt. Diese sind hübsch verziert und passen – je nach Dekor – auf den Weihnachts- oder Ostertisch. Ist das Kunsthandwerk getan, müssen auch die Wohnstuben der Bienen fachmännisch renoviert werden. Dafür schneidet Imker Pruß aus Holzstäben neue Rahmen für die Waben zu, verdrahtet sie und lötet neue Wachsplatten ein. Das alles erledigt der Bienenherr mit viel Lust und Liebe, aber nichts davon macht ihm so viel Freude wie das Markttreiben. Sommer wie winters fährt der Imker quer durch die Lande und hält auf Erntedankfesten, Bauernmärkten oder am Weihnachtsstand seine Honigwaren feil: Kerzen, Honig, Met, Seifen, Shampoos, Duschgel, Cremes und Masken, Lippenbalsam mit wundheilendem Propolis und Abi Royal, ein Zelltonikum mit dem Bienenprodukt Gelee Royal, das besonders von der Damenwelt geordert wird, weil es jung und schön erhalten soll. Die Herren der Schöpfung greifen da lieber zum „Ostpreußischen Bärenfang“, einem Honiglikör, der zwar nicht schöner macht, aber dafür sehr süffig ist. Ist Eckard Pruß gerade nicht als Markthändler unterwegs und schleudert auch keinen Honig, kann es sein, dass er als Organisator seines eigenen Hoffestes oder Adventsmarktes alle Hände voll zu tun hat. Dann muss er nämlich alles vorbereiten für Besucher, die mehrmals im Jahr seinen Hof bevölkern. Die wollen dann im Verkaufsraum nach allerlei Schönem und Nützlichem aus Honig stöbern, die frechen Karpfen im Teich füttern oder den Bienen im Schaukasten zusehen. Und wenn sie den kleinen, fleißigen Erdenbewohnern dann nicht zu dicht vor der Nase herum wedeln, muss Eckhard Pruß auch gar nicht erst sein Räucherwerkzeug hervorholen.

OBSTKELTEREI GERNERT

Von Mai bis November hat Familie Gernert alle Hände voll zu tun. Wenn das Wetter das Jahr über mitspielt und die Ernte gut ausfällt. Dann bringen Hobbygärtner im Mai jede Menge Rhabarber, im Juni trudeln Erdbeeren, Johannis- und Stachelbeeren ein, in den Sommermonaten Juli und August sind die Sauerkirschen dran, und später treffen Berge von Äpfeln, Birnen und Quitten auf dem Hof der Zörbiger Obstkelterei ein.

Aus all diesen Früchten zaubert Anja Görg die in der Region sehr begehrten Säfte, Nektare und Obstweine. Am liebsten greifen die Kunden der Obstkelterei dabei zum „Wörlitzer Apfeltraum" – einem naturtrüben Saft, der aus Äpfeln gekeltert ist, die auf den Streuobstwiesen des Dessauer-Wörlitzer Gartenreiches gereift sind. Auch die hauseigenen Saft-Kreationen Apfel-Kirsch und Apfel-Erdbeer werden immer wieder gern getrunken, weil sie – wie andere Säfte auch – pur aus der Frucht und ohne jeglichen Zusatz von Konzentraten oder Fruchtmark hergestellt sind. Ebenso großer Beliebtheit erfreut sich der Mehrfruchtnektar, eine süße Erfrischung aus Sauerkirschen, Johannisbeeren, Stachel- und Erdbeeren.

Säfte aus der Obstkelterei Gernert werden überall getrunken, in Zörbiger Haushalten genauso wie in Wörlitzer Hotels oder Dessauer Restaurants. Dafür haben sich Anja Görg, ihr Bruder Jan-Michael Gernert und Mutter Monika die letzten Jahre auch ganz schön ins Zeug gelegt. Mussten die drei doch im Jahr 2000 den plötzlichen Tod des Vaters und eigentlichen Mosters verkraften und von heute auf morgen lernen, wie man aus vielerlei Früchten schmackhaften Saft presst. „Ich habe mein Jurastudium daraufhin abgebrochen", erzählt Tochter Anja, „und mit meinem Bruder den 1931 vom Urgroßvater Michael gegründeten Betrieb übernommen."

Das erste halbe Jahr nach der Übernahme sind viele Tränen geflossen: Heribert Gernert hatte vor seinem Tod mit einer neuen Presse und Abfüllanlage modernste Technik

Obstkelterei Gernert

Große Ritterstraße 36
06780 Zörbig

Telefon 03 49 56 – 2 04 34
Telefax 03 49 56 – 2 04 34

angeschafft, die seine Nachfolger erst beherrschen lernen musste. Und wie man klaren Apfelsaft keltert, war auch keinem so richtig klar. Wären die solidarische Hilfe befreundeter Obstkeltereien und der zähe Familienwille, das Erbe von Großvätern und Vater weiterzuführen, nicht gewesen – gäbe es das Unternehmen nicht mehr, ist sich Anja Görg sicher. Heute weiß sie, dass ihr Vater stolz wäre auf Frau und Kinder. Die Technikmonster sind gezähmt, und über das Keltern, die unterschiedlichen Verarbeitungsweisen von Säften und Nektaren und die Vorzüge von naturtrübem Apfelsaft spricht sie wie eine Mosterin, die seit zwanzig Jahren nichts anderes gemacht hat. Ist das Tagesgeschäft der Lohnmosterei inzwischen schon fast Routine, trauen sich die Gernerts jetzt auch zu, neue Produkte zu entwickeln. So gibt es in der Weihnachtszeit einen leckeren Apfelpunsch, der mit duftenden Gewürzen versetzt ist. Und auch ökologisch interessierte Kunden kann die Familie zufrieden stellen: Der Verein Grünstempel bescheinigte der Zörbiger Obstkelterei mit einem Qualitätssiegel, dass Früchte aus ökologischem Anbau bestens verarbeitet werden.

ZÖRBIGER KONFITÜREN GMBH

Zörbiger Konfitüren GmbH
by ZUEGG group

Thura Mark 14
06780 Zörbig

Telefon 03 49 56 - 31 90
Telefax 03 49 56 - 3 19 30

Berufstätige Mütter haben selten Zeit. Und wenn die Kinder „Hunger!“ quengeln, dann hilft oft nur die kulinarische Notfall-Lösung, die viele noch aus ihrer eigenen Kinderzeit kennen: Grießbrei. Milch und Grieß sind in Haushalten mit Kindern immer im Vorratsschrank, und im Westen Deutschlands waren sogar genügend exotische Früchte vorhanden, die den süßen Brei farbig, gesund und schmackhaft aufpeppten. In frühen DDR-Zeiten dagegen gab es wenig oder gar keine Auswahl an Früchten. Die ostdeutschen Mütter behalfen sich in obstarmen Zeiten mit einem dekorativen Fruchtsirup-Rand. Bei uns zu Hause war der oft grün oder rot, aus Waldmeister oder Kirsch. In jedem Fall aber stammte der Sirup aus Zörbig.
Dort gründeten die Gebrüder Kunze 1873 eine kleine Produktionsstätte, die sich ausschließlich mit der Herstellung von Rübensirup befasste. 1940 wurde der Familienbetrieb von den Finkenwerder Obstwerken übernommen, die die Produktpalette um Konfitüren und Marmeladen erweiterten. 1951 wurde der Betrieb der volkseigenen Wirtschaft gleichgestellt und nannte sich ab 1971 VEB Ogis. Die Firma war der einzige Rübensafthersteller in der DDR und lieferte bis 1989 neben den bewährten Konfitüren und Marmeladen auch die Bückware Pflaumenmus und verschiedene Fruchtsirupe.
Erst nach der Wende sollten gravierende Veränderungen geschehen. Aus VEB Ogis wurde die Zörbiger Konfitüren GmbH mit neuem Fabrikgebäude, die die süßen Leckereien in nun ausgesuchter Qualität produzierte. Auch Rübensaft kam wieder ins Sortiment – heute als „Zörbiger Überrübe“ mit Kandis bekannt.
Seit 2002 haben die Zörbiger Fruchtverwandler eine neue Mutter: Die „ZUEGG group“, die auf dem italienischen Markt als Produzent erstklassiger Konfitüren und Fruchtsäfte gilt. Die Italiener investierten in Zörbig in hochmoderne Technik, die eine schonende Verarbeitung von hochwertigen Früchten und Konzentraten erlaubt. Damit schmecken die Zörbiger Extra-Konfitüren mit 50 Prozent Frucht und Sirupe nun noch besser und sind dafür unter dem Namen „Original Zörbiger“ by ZUEGG group in ganz Ostdeutschland beliebt.

Und auch die Frühstücksnation im Westen Deutschlands steht längst auf die fruchtigen Aufstriche der Zörbiger. Nur bevorzugt sie andere Sorten als ihre Landsleute in den neuen Bundesländern. Sind eben verschieden, die Geschmäcker. In ostdeutschen Regionen jedenfalls steht – anders als im Westen – Heidelbeer-Konfitüre ganz hoch im Kurs. Erdbeer dagegen lieben alle, ob Kinder in Zörbig oder Erwachsene in Neustadt an der Waldnaab.
Auf mehr als zehn Fruchtsorten kommen die Zörbiger Marmeladen- und Konfitürenbereiter und das mit jeweils 50 Prozent Fruchtanteil. Der Renner aber ist „Zörbiger Überrübe", jener traditionelle Rübensaft, den man im Anhaltinischen besonders gern auf Schwarzbrot mit Quark isst. Mehrere Millionen Gläser davon verkauft das Unternehmen im Jahr über verschiedene Supermarkt-Ketten. So auch Trinksirup, der Milch- und Mixgetränken sowie Berliner Weißen oder Gosebier den richtigen Kick verleiht.
Zusätzliche Spezialitäten der Zörbiger sind Konfitüren wie Rumtopf, Schwarze Johannisbeere, Waldfrucht sowie Pflaumenmus und Diabetiker-Konfitüren. „Mehr Frucht für weniger Geld" – unter diesem Slogan misst sich Original Zörbiger Konfitüren seit Jahren mit seinen großen westlichen Produzentengeschwistern. Bei den Anhaltinern jedenfalls hat die „Überrübe" den Wettbewerb schon gewonnen.

BAUER FEUERBORNS HOFLADEN

Bauer Feuerborns Hofladen

Cosaer Straße 26a
06369 Cosa

Telefon 03 49 78 - 2 27 43
Telefax 03 49 78 - 2 03 27

Ruhetag: Montag

Warum Kartoffelsorten immer so klangvolle Frauennamen wie „Leyla“, „Linda“ oder „Laura“ tragen, kann Olaf Feuerborn auch nicht erklären, dafür versteht der im anhaltischen Cosa heimisch gewordene Rheinländer Landwirt eine Menge vom Anbau der vielseitig verwendbaren Erdäpfel. Mit seiner Frau Gertrud und zwei Kindern zog der Bauer vor vielen Jahren gen Osten, „um etwas Neues aufzubauen“. Inzwischen fühlen sich alle in der ländlichen Gegend zu Hause, die Feuerborn'sche Kinderzahl hat sich auf vier erhöht und die gepachteten und gekauften Felder einer ehemaligen LPG (Landwirtschaftliche Produktionsgenossenschaft) sind auch bestens bestellt – mit Zwiebeln, Rüben, Getreide, Raps und vor allem Speisekartoffeln, der Spezialität des Landwirts.
„Gelbfleischig und festkochend müssen sie sein“, sagt Bauer Feuerborn und denkt leise lächelnd an den schwierigen Anfang seines Hofverkaufes zurück: Damals hielten die Einheimischen nämlich wenig von seinen bissfesten Kartoffeln – sie aßen lieber ihre mehligen. Es bedurfte viel Zeit, Charme und Arbeit, die Anhaltiner von den Vorzügen der früh reifenden und stärkeärmeren Knollenart zu überzeugen.
Die Investition hat sich gelohnt: Heute kommen Cosaer, Köthener, Dessauer oder Hallenser extra der Kartoffeln wegen zu Bauer Feuerborn, aber auch, um zu schauen, ob es im Hofladen etwas Neues gibt. Den betreibt Gertrud Feuerborn mit viel Engagement und Lust.
Das in pastelligen Farben gehaltene und mit hellen Kiefernholzmöbeln im Landhausstil eingerichtete Geschäft ist eine Fundgrube für Liebhaber ausgefallener Geschenkideen, Wohnaccessoires wie Kerzenleuchter, Windlichter und Vasen sowie handgetöpferten Geschirrs aus Domnitz und Bürgel. Darüber hinaus gibt es dort – stets frisches – hofeigenes Gemüse der Saison, diverse Senfsorten, Marmeladen und Honig, verschiedene Sanddornprodukte und allerlei Gesundes aus Dinkel. Aus der Region kommen Obstsäfte der Obstkelterei Gernert, Bratwürste von

Gerlebocker Landwirten und Äpfel vom Obsthof Ulrich. Und natürlich die Attraktion des Ladens – Kartoffeln von Bauer Feuerborn. Wie vielseitig die leckeren und gesunden Knollen zubereitet werden können, zeigt sich in einer kleinen Auswahl an Rezeptbüchern. Eine Ecke des Ladens ist hochwertigem Kinderspielzeug vorbehalten, in einer anderen findet sich Tischwäsche, von der Gertrud Feuerborn einige Stücke selbst mit hübschen Motiven im Blaudruckverfahren verziert hat. Ein kleines Sortiment an Weinen aus Hessen und der Pfalz ergänzt das Angebot für Mitbringsel-Sucher. Mit dem Hofladen geht die Familie übrigens auch auf „Wanderschaft": In Köthen und Dessau stehen Verkaufswagen, die eine ausgewählte Warenpalette des Cosaer Geschäftes bereithalten.

HOTEL KLABAUTERMANN

Hotel Klabautermann

Dessauer Straße 93
06886 Lutherstadt Wittenberg

Telefon 0 34 91 - 66 21 49
Telefax 0 34 91 - 66 95 60

Ruhetag: Montag

Dass das Restaurant im Hotel „Klabautermann" so ist, wie es ist, hat seinen Grund. Die Inhaber des Gasthauses mit sieben Zimmern, Antoinette und Jan Harnisch, sind reisefreudige Leute und fühlen sich besonders dem Wasser verbunden. Passend zu den eigenen Vorlieben kommen bei Küchenmeister Jan fast ausschließlich Fisch – und Meeresspezialitäten auf den Tisch. Der ehemalige Koch auf hoher See bewegt sich dabei zwischen Exklusivität und Bodenständigkeit, zwischen mediterraner Leichtigkeit und kulinarischer Untermalung der Jahreszeiten. In diesem breiten Spektrum kreiert er einfallsreich und raffiniert niveauvolle Speisenfolgen. Und da er in der Welt schon weit herumgekommen ist, weisen die Gerichte eine breite Palette internationaler Einflüsse auf.

Jeden Tag wird ein neues Tagesgericht offeriert, das vor allem Geschäftsleute gern wählen. Außerdem weist die Speisekarte rund 15 verschiedene Hauptgerichte sowie Suppen, Vorspeisen und Desserts aus, die der Küchenmeister allesamt frisch zubereitet und mit Liebe und Fantasie anrichtet. Da lockt beispielsweise ein mediterraner Fischteller auf Calvados-Basilikum-Tomaten-Soße, gebackenen Calamares und Garnelen oder ein Potpourri von Edelfischen in Safran, auf schwarzen Nudeln und Scampis. Für Vegetarier empfehlen sich je nach Jahreszeit zum Beispiel Pfifferlinge im Rahm mit Croûtons oder Rösti mit Tomaten und Mozarella. Gern gekostet hätten wir auch die Zimtnudeln an Pflaumenkompott, aber leider passte nicht einmal mehr das kleinste Löffelchen davon in unseren Magen und

auf die bereits verspeisten gebratenen Garnelen am Spieß an Basilikum-Rahm-Dressing. Die gut sortierte Weinkarte offeriert auch Rebensäfte aus Jessen, die der dortige Winzer extra für den „Klabautermann" reserviert.
Antoinette Harnisch kümmert sich als freundliche Hausherrin vor allem um die Zufriedenheit und das Wohlbefinden ihrer Gäste. Nach dem Motto „klein, aber fein" schafft sie im Hotel- und Restaurantbetrieb ein familiäres Flair und eine harmonische Atmosphäre. Besucher werden mit herzlichen Worten begrüßt, begleitet und auch verabschiedet. Und das alles in einem Ambiente, das mit seinem mediterranen Farbenspiel, dem warmen Kerzenlicht, der dekorativen Ausstattung und schön eingedeckten Tischen dem Gast deutlich machen möchte: „Hier kannst du ausruhen und ungestört genießen!"
Bei den Gästen beliebte Offerten sind das Schaukochen und die regelmäßigen Kochkurse mit jeweils acht bis zehn Teilnehmern. Von November bis Januar lädt sich Jan Harnisch dafür neugierige Hobbyköche ein, die ihm über die Schulter schauen dürfen. Bis zu 20 verschiedene kleine Speisen werden dabei gemeinsam zubereitet und

anschließend in geselliger Tafelrunde genossen. Ebenso gut besucht sind die thematischen Länderabende, die von September bis Mai, dreimal im Monat im „Klabautermann" stattfinden. Dann gehen die Harnischs zusammen mit den Gästen – mitten in der Lutherstadt Wittenberg – auf eine kulinarische Reise nach Asien oder Italien. Werden die Tage wärmer, sitzt man zusammen im romantischen Innenhof und grillt Fisch.
Fernwehsüchtige Meeresliebhaber treffen sich am liebsten in der rustikalen Fischerklause des „Klabautermann". Dort erinnert das hübsch platzierte Interieur an den letzten See-Urlaub.

Gegrillter King Salomon mit Himbeer-Vinaigrette

Zutaten

60 g frische oder tiefgekühlte Himbeeren
100 ml feinster Rotweinessig
1/2 Knoblauchzehe
1 Tl Dijon-Senf, Salz
zirka 200 ml Olivenöl, extra vergine
Pfeffer aus der Mühle
4 Filetstücke vom King Salomon (Lachs) á 80 g
15 g Zitronenmelisse

Zubereitung

Die Himbeeren mit dem Rotweinessig über Nacht zugedeckt marinieren. Die 1/2 Knoblauchzehe äußerst fein hacken, mit dem Senf und etwas Salz verrühren. Die marinierten Himbeeren mit dem Essig dazugeben und alles gut verrühren. Das kaltgepresste Olivenöl (bis auf einen kleinen Rest) zugießen und mit dem Schneebesen einrühren.
Mit Salz und Pfeffer abschmecken. Die Lachsfilet-Stücke mit Salz und Pfeffer würzen und mit dem restlichen Olivenöl einstreichen. Im vorgeheizten Grill insgesamt 5–7 Min. grillen, dabei einmal wenden. Die Filets sollen außen knusprig-hellbraun, innen auf den Punkt gar sein. In der Zwischenzeit die Zitronenmelisse fein schneiden und unter die Vinaigrette heben. Auf vier Tellern verteilen, die Lachsfilets darauf geben und ausgarnieren. Guten Appetit!

KAFFEESATZ IM BÜCHER CON SUM

KaffeeSatz im Bücher con sum

Dorfplatz 21
06774 Mühlbeck

Telefon 0 34 93 – 51 10 25
Telefax 0 34 93 – 4 30 45

Man muss kein Philologe sein auf der Suche nach bibliophilen Ausgaben von Hölderlin oder Nietzsche, um in Mühlbeck-Friedersdorf Station zu machen. Auch ein vergriffenes Kinderbuch, eine seltene Kochschule, ein lang gesuchtes Kartenwerk oder eine begehrte Grafik sind für viele ein Grund, Deutschlands erstem Buchdorf einen Besuch abzustatten. Die Gäste sind oft weit gereist. Manche kommen sogar aus Vancouver oder Los Angeles, um zum Beispiel im „Bücher con sum" von Heidi Dehne fündig zu werden. Die Bitterfelderin erzählt dann gern die Geschichte des folgenreichen Zufalls, der sie zur Ladenbesitzerin und zwei kleine Örtchen zu einem Buchdorf machte.

Am Ostermontagmorgen des Jahres 1996 saß Heidi Dehne in einem gemütlichen Restaurant. Sie wählte einen Cappuchino und erlag der Verführung eines Stücks Sahnetorte. Während sie auf das Frühstück wartete, blätterte Heidi Dehne in einer Zeitung. Da blieben die Augen der passionierten Bücherfreundin plötzlich an einem kleinen Artikel hängen, in dem von einem Engländer die Rede war, der 1961 im walisischen Dorf Hay-on-Wye das weltweit erste Buchdorf gegründet hatte.

Heidi Dehnes Kaffee wurde kalt, die Sahnetorte fiel in sich zusammen: Die Aufmerksamkeit der ehemaligen Altenpflegeheimleiterin und Lektorin galt nur einem Gedanken: „Ein Buchdorf, hier im Chemiedreieck, das ist es ...!" Heidi Dehne rief in Wales an und kurz darauf war sie eine der neugierigsten Besucherinnen des größten internationalen Autorenfestes im Buchdorf Hay-on-Wye. Nach ihrer Rückkehr sollte es nur ein Jahr dauern, bis das unmittelbar vor Bitter-

feld gelegene Mühlbeck-Friedersdorf als Buchdorf mit sieben antiquarischen Buchläden erste Neugierige empfangen konnte. Heute können Leseratten bereits durch 13 Buchgeschäfte stöbern. 30 bis 35 sollen es einmal werden. Jeder der Bücherhorte ist bis unter die Decken mit Literatur, Kunst oder Noten gefüllt. Über eine halbe Million Titel stehen zur Verfügung. Ob Religion oder Raumfahrt, ob belletristisches Taschenbuch oder gebundene Gesamtausgabe, ob Kunst- oder Reiseführer – die Antiquariate halten für jeden einen gesuchten Schatz bereit. Die Sahnehäubchen obendrauf sind die schmucken, ländlich geprägten Örtchen Mühlbeck und Friedersdorf und die überaus gastfreundlichen Lokalitäten ringsherum. Einige der Restaurants haben sich neben der Zubereitung landestypischer Gerichte auch auf das Sammeln von Büchern und Antiquitäten spezialisiert. Und so kann man dort, während das Essen köchelt, nach kuriosen und lang gesuchten Dingen kramen. Heidi Dehne reichte das gut sortierte Bücherangebot an einem Platz allerdings nicht. „Ich wollte, dass die Besucher hier nicht nur im ‚stillen Kämmerlein‘ lesen, sondern sich auch untereinander begegnen“, sagt die einfallsreiche Bücherfreundin. Und so erfüllte sie sich und ihren Gästen einen zusätzlichen Traum: die Einrichtung eines Buch- und Kunstgartens mit Künstlerapartment und Atelier sowie einem kleinen, gemütlich-rustikalen Café. „KaffeeSatz“ heißt der Treffpunkt aller Lese- und Gesprächshungrigen. Schillerndes Vorbild für den anregenden Ort seien die für alle offenen Künstlersalons der zwanziger Jahre. „Da wurde noch über Literatur und Kunst, über Gott und die Welt heiß diskutiert und eine Streitkultur gepflegt, die ich gern wieder belebe“, beschreibt die Inhaberin des „Bücher con sum“ ihr Konzept. Im Sommer locken zahlreiche Veranstaltungen mit Literatur und Musik. Ein Plateau im Garten wird zur Bühne, wenn öffentlich gelesen, musiziert oder getanzt wird. Für Ruhesuchende gibt es still-romantische Gartenecken unter Pergolen und in der Rosenlaube. Denker und Strategen treffen sich beim begehbaren Schach, Dame- oder Mühlespiel, während Hungrige und Durstige im „KaffeeSatz“ mit Tee, Kaffee, Kuchen und kleinen Snacks verwöhnt werden und dabei dem Pianospiel lauschen. Heidi Dehne hat an alles gedacht, auch an ihre blinden und gehörlosen Mitbürger. So beherrschen Mitarbeiter des Buch- und Kunstgartens die Gebärdensprache und geleiten sehgeschädigte Gäste auf Wunsch sicher zu einem verwunschenen Plätzchen im Garten oder ins Lesecafé „KaffeeSatz“.

IM LAND DER BURGEN UND DES WEINES

Bad Lauchstädt

Die Halle-Saale-Unstrut-Region, das Land der Burgen und des Weines, lässt sich vor allem über zwei gleichermaßen erlebnisreiche Routen erkunden: Entlang der Weinstraße (vom thüringischen Bad Sulza bis nach Memleben) und der Straße der Romanik kommt man im Automobil, auf dem Drahtesel oder zu Fuß vorbei an romantischen Flussniederungen von Saale, Unstrut und Weißer Elster, durchquert lauschige Mischwälder und passiert sanfte, langgestreckte Hügelketten aus Kalk- oder Buntsandstein. „Hier ist es ja wie in der Toskana“, soll der Maler Max Klinger ausgerufen haben, als er die anmutigen Städtchen, die sich kühn in den Himmel reckenden Burgen und schwungvoll ansteigenden Weinberge im Süden des Landes erblickte. Und Recht hatte er: Wer einmal auf der Terrasse des Berghotels „Edelacker“ gesessen und die Aussicht auf das zu Füßen liegende Freyburg genossen hat, wird sich sofort an seinen letzten Italienurlaub erinnern. Vor allem abends, wenn die untergehende Sonne die umliegenden Weinberge in ein rotgoldenes Flutlicht taucht und man am feinwürzigen Freyburger Rotkäppchen-Sekt nippt.

Wein und Geschichte, Geschichte und Wein – keiner der beiden die Region prägenden Schätze läuft hier dem anderen den Rang ab, denn beide gibt es seit mehr als 1000 Jahren in Hülle und Fülle. So galt Memleben neben Merseburg als Lieblingspfalz der ersten beiden deutschen Könige. Otto II. stiftete zu Ehren seiner Vorfahren dem Ort ein Kloster, dem später auch Weinberge vermacht wurden (von Otto III. 998 erstmals urkundlich erwähnt).

Halle an der Saale

Das Klostergelände Memleben ist heute noch zu besichtigen. Doch damit ist die Historie längst nicht erschöpft. Zahlreiche weitere Burgen, Schlösser, Dome und Kirchen blättern als steinerne Zeitzeugen die romanischen, gotischen, barocken, Renaissance- oder klassizistischen Kapitel im Buch der Geschichte auf – lauter architektonische Fährten, denen Spurensucher aus aller Welt gerne folgen. Mit dem Lied „An der Saale hellem Strande stehen Burgen stolz und kühn ...' im Ohr erkunden sie Naumburgs Dom und die Altstädte von Freyburg, Zeitz, Weißenfels und Merseburg, das Barockschloss in Burgscheidungen, Schloss Moritzburg in Zeitz, die sagenumwobene Rudelsburg und Burg Saaleck bei Bad Kösen, Schloss Neuenburg, die „Curnfurdeburg" in Querfurt oder die geheimnisumwitterte Eckartsburg. Abweichend vom Burgenpfad machen viele auch Halt in Bad Lauchstädt. Dort, im schönen Goethe-Theater, wirkte der Dichterfürst zwei Jahrzehnte als Oberspieldirektor. Unumgänglich ist der Besuch von Halle, das sich mit seinen Konzerthallen, Orchestern und Chören, Theatern, Galerien und Kleinkunststätten als Kulturhauptstadt des Landes Sachsen-Anhalt versteht. In der über 1000 Jahre alten, ehemaligen Hochburg der Salzsieder beeindruckt die Burg Giebichenstein (Residenz der Magdeburger Bischöfe) und die Moritzburg (Zwingburg der Erzbischöfe gegen die Hallenser Bürger). Von den hoch über der Saale gelegenen Burgruinen hat man einen herrlichen Ausblick über die reizvolle Landschaft des Saaletals mit seinen Hügeln und ausgedehnten grünen „Teppichen". Der Marktplatz der Altstadt mit seinem Wahrzeichen, den „Fünf Türmen" sowie die Franckeschen Stiftungen, die 1698 als Armen- und Waisenanstalt von dem Theologen August Hermann Francke gegründet wurden, heute zu den kulturellen Leuchttürmen Deutschlands zählen und auf der Vorschlagsliste für das UNESCO-Weltkulturerbe stehen, gelten als sehenswerte Reiseziele für Geschichtsinteressierte. Weltruf genießt die Universitätstadt Halle auch als internationaler Musik- und Festivalort. So finden alljährlich im Juni die Händelfestspiele statt – als Referenz an den großen Komponisten und Sohn der Stadt.

Der Süße See in Seeburg

Leuna Werke

Neuenburg in Freyburg an der Unstrut

Weinanbau in Freyburg an der Unstrut

Überregionale Ausstrahlungskraft besitzt außerdem das Laternenfest als eines der größten Stadtfeste in Mitteldeutschland und das Salzfest, mit dem an den einstigen Ruhm der Salzwirker erinnert wird.
Wer das Halle-Saale-Unstrut-Land durchquert, wird überall von freundlichen Gastwirten und Winzern empfangen mit einem Glas vom hiesigen roten oder weißen Wein, der im milden, sonnenreichen Klima mit einem ganz besonderen Bukett heranreift. Ob im Landesweingut Kloster Pforta, wo der Weinbau schon im 12. Jahrhundert üppige Blüten trieb, ob in der Winzervereinigung Freyburg oder auf Weingütern und in Straußwirtschaften, die sich entlang der Weinstraße aneinanderreihen – die Gastfreundschaft ist herzlich und das Glas stets gut gefüllt. In den Vorratskammern von Küche und Keller finden sich vor allem regional typische Spezialitäten wie Kirschen aus Tilleda, Austernpilze und Champignons, Karpfen und Forellen, Obstbrände und -säfte aus Höhnstedt.
Eine kulinarische Attraktion ist der in Würchwitz bei Zeitz hergestellte Milbenkäse. Millionen der winzigen Krabbeltiere machen sich mit Wollust über die handgemachten Quarkröllchen her und zaubern aus ihnen einen würzig duftenden Käse. Damit die tierischen „Käser“ das Endprodukt nicht schon vorher in Gänze verschlingen, bekommen sie eine tägliche Ration Roggenmehl. Mehr braucht eigentlich auch der Saale-Unstrut-Reisende nicht: frisches Brot, ein Stück Milbenkäse und dazu ein Gläschen Dornfelder vom Freyburger Schweigenberg. Natur pur umgibt ihn ohnehin.

Rudelsburg bei Bad Kösen

Unstrut

RESTAURANT MÖNCHSHOF

Restaurant Mönchshof

Talamstraße 6

06108 Halle an der Saale

Telefon 03 45 – 2 02 17 26

Telefax 03 45 – 2 09 10 65

In sich gekehrten Männern in braunen Kutten begegnet man nicht im Restaurant „Mönchshof", auch wenn der Name dafür zu sprechen scheint. Vielmehr öffnet sich dem eintretenden Gast ein typisches Brauerei-Gasthaus der zwanziger Jahre, in dem es zumeist fröhlich zugeht. Hier stoßen Professoren auf ihr ehemaliges Studentenleben an, speisen Geschäftsleute in aller Ruhe zu Mittag, feiern Familien einen runden Geburtstag und verweilen Touristen, die sich nach einem Bummel zur Moritzburg oder über den nahe gelegenen Hallmarkt bei einem guten Mahl stärken wollen. Der Rahmen dafür ist gut gewählt. Dunkle Holztäfelung macht den großen, in Nischen unterteilten Raum gemütlich; bleiverglaste Fenster und altertümliche Deckenlampen spenden warmes Licht. Der lange Tresen ist mit Hopfenlaub berankt, damit jeder gleich weiß: Hier drehte sich einst alles um den würzigen Gerstensaft. Damals nämlich, 1922, als die Kulmbacher Mönchshof-Brauerei das Haus erwarb und den bis heute im Original bestehenden Gastraum einrichtete. Der wurde über Jahrzehnte von privater Hand geführt und ist seit Januar 2003 im Besitz von Jens Liebezeit. Der erfahrene Gastronom führt gemeinsam mit Küchenchef Steffen Grätz und sieben Mitarbeitern in historischer Kulisse ein modernes Restaurant, in dem vor allem jene Gäste auf ihre Kosten kommen, die eine solide, deutsche Küche bevorzugen. Dabei legt der Küchenchef großen Wert auf Frische bei Fleisch, Fisch und Gemüse und zaubert daraus eine jahreszeitlich angepasste Speisenvielfalt, die kaum einen kulinarischen Wunsch offen lässt.

Wer jeden Monat einmal in den „Mönchshof" zum Essen kommt, hat die Möglichkeit, übers Jahr die Küche des Hauses in allen Facetten kennenzulernen. Denn Jens Liebezeit bietet seinen Gästen von Januar bis Dezember ein jeweils anderes kulinarisches Thema an. So lockt im Januar zum Beispiel die „Alte Anhaltiner Küche", bei der Gerichte nach Rezepten alter Vorfahren auf den Tisch kommen. Dann wird der Gaumen mit einem deftigen Halleschen Grünkohltopf verwöhnt, der mit Trockenaprikosen, Speck, Knoblauch und Zwiebeln geschmort und mit Kasslerfleisch und Kartoffeln serviert wird. Zart und lecker zeigt sich auch der Zander, der mit Dill, Zwiebel und Knoblauch gegart und mit Sahne und Käse überbacken wird. Ein Gedicht sind die Schweinelendchen „Mönchshof", ein Schweinefilet mit einer Füllung von frischen Champignons und Kräutern, mit Brokkoli in Folie gedünstet und an Möhrenstreifen und hausgemachten Kartoffeltalern angerichtet. Saisonale Höhepunkte sind Spargelwochen im Mai, Gerichte mit Pfifferlingen im Juli, Wildspezialitäten im November und natürlich die kulinarische Einladung zur Weihnachtszeit im Dezember. Dazu werden auf Wunsch Weine serviert, deren Vielfalt der Küche in nichts nachsteht. Es gibt sie offen oder als Flaschenwein. Heimische Qualitätsgewächse sind ebenso auf der Karte vertreten wie feine Rebensäfte aus den internationalen, klassischen Anbaugebieten oder der Neuen Welt. Zweimal im Jahr lädt Jens Liebezeit gemeinsam mit einem Winzer zur kulinarischen Weinverkostung. Dann lassen es sich die Teilnehmer bei einem 5-Gang-Menü und dem jeweils dazu passenden Wein im „Mönchshof" besonders gut gehen.

Schweinelendchen „Mönchshof"

Zutaten (4 Personen)

600 g von Fett und Sehnen befreites Schweinefilet (4 x 150 g)
Salz, Pfeffer, Muskat
600 g Brokkoli
frische Karotten
400 g frische Champignons
Kartoffeln
Butter
Schinkenwürfel
Kresse, Petersilie, Kerbel Oregano
6 Eigelb

Zubereitung

Die Filets längs aufschneiden und flachklopfen. Mit Salz und Pfeffer würzen. Die Füllung zubereiten: Dazu die Champignons hacken, salzen, pfeffern, Petersilie, Kerbel und Oregano untermischen und mit vier Eigelb verrühren. Mit der Masse die Schweinefilets füllen. Jede Portion zusammen mit dem vorher blanchierten, ebenfalls portionierten Brokkoli in Alufolie wickeln und im vorgeheizten Backofen bei 222 °C zirka 20 Min. garen. Für die Kartoffeltaler die Kartoffeln kochen, stampfen und mit Eigelb, Butter, Salz, Pfeffer und Muskat verrühren. Fein gehackte Kresse und Schinkenwürfel unterheben und die Masse zur Rolle formen. In daumendicke Scheiben schneiden, mehlieren und in Butter auf beiden Seiten anbraten. Mit frischen Karottenstreifen anrichten.

KATHI RAINER THIELE GMBH

KATHI
Rainer Thiele GmbH

Berliner Straße 216
06116 Halle an der Saale

Telefon 03 45 – 57 00 80
Telefax 03 45 – 5 60 05 58

Ich verstehe zwar nicht viel davon, aber das Urteil meiner Frau war sehr zufriedenstellend, schreibt Otto Graf Lambsdorff in einem „Fanpostbrief" an Rainer und Margret Thiele, Inhaber des Unternehmens Kathi in Halle, dem ältesten Hersteller von Backmischungen in Deutschland. Lambsdorff, der sich mit seinem Brief als „Nichtbäcker" outet, spricht von einem leckeren Kuchen, den seine Frau aus einer der berühmten Backmischungen zauberte, welche die Firma deutschlandweit sowie in alle Welt verschickt – bis hin nach Australien, Saudi-Arabien, USA und sogar Island. Mit großer Genugtuung hätten sicher auch die Eltern von Rainer Thiele, Käthe und Kurt, die Fanpost gelesen, die bis heute täglich im Firmenbriefkasten landet. Denn die beiden haben in den 50er Jahren den Unternehmenserfolg von Kathi begründet. Käthe Thiele, wie ihr Mann aus einer Bäckerfamilie stammend, war selbst eine begeisterte Bäckerin, die gern und oft experimentierte und auf diese Weise zahlreiche jener Rezepte für Backmischungen erfand, die noch heute das Firmensortiment bereichern. Kurt kümmerte sich derweil ums Betriebswirtschaftliche: Im Ergebnis dieser kreativen Partnerschaft wurde 1951 die Kathi-Nährmittelfabrik Kurt Thiele ins Handelsregister der DDR eingetragen. Über die wechselvolle Unternehmensgeschichte hinaus (1972 Enteignung, 1990 Reprivatisierung und Gründung der Kathi Rainer Thiele GmbH) rettete Sohn Rainer samt seiner Frau Margret und den inzwischen im Unternehmen tätigen drei von vier Kindern des Paares alle drei Säulen der elterlichen Firmenphilosophie: Backen ist ein sinnliches Erlebnis. Die Backmischungen stehen für höchste Qualität mit ausgewählten, hochwertigen Zutaten. Die Zubereitung ist kinderleicht und beinhaltet eine Gelinggarantie. Ulrike Petermann, Marketingchefin bei Kathi und Enkelin von Käthe und Kurt, erzählt

denn auch, wie im Familienrat immer wieder neu um „Tradition und Moderne" gerungen wird. So habe Vater Rainer sich strikt gegen die Zugabe von Eipulver gewehrt, mit dem Argument: In unsere Backmischungen müssen frische Eier! Das Aufschlagen und in den Teig mengen gehöre zum Backerlebnis einfach dazu, vom authentischen Geschmack ganz zu schweigen. Aus diesem Grund arbeitet Kathi auch ohne künstliche Farb- und Aromastoffe. Die Kundschaft dankt mit schriftlichen Lobeshymen und ist „glücklich, dass es das geliebte Kathi-Mehl gibt."
Ist die Tradition das eine, sei das Experimentieren das andere – beides werde ganz im Geiste von Großmutter Käthe fortgeführt, erzählt Ulrike Petermann. Die Neuerfindung „Schokosplit" ist ebenso ein Renner, wie die Tortenmischungen „Lieblingskuchen" und Backmischungen für Diabetiker. Teigmischungen für Nuss- oder Zitronenkuchen, Grundmischungen wie Hefe- oder Streuselteig, süße Tortenmischungen wie „Kokos-Frische" oder „Mandarinentraum" sind genauso beliebt und nachgefragt wie würzige Brotbackmischungen für Ciabatta oder Pizzateig „Grandiosa". Wer die mehrfach preisgekrönten Produkte des Familienunternehmens mit Pioniergeist selbst ausprobieren möchte, kann im Internet-Shop der Firma aus der großen Sortimentspalette wählen und bestellen. Selbst Graf Lambsdorff könnte, wenn er wollte, dann erfahren, wie kinderleicht das Backen mit Kathi ist.

Krümeltorte mit Pfirsichen

Zutaten

Für den Teig

1 Packung Kathi Streuselteig
1 Ei
130 g Margarine

Für den Belag

250 g Magerquark
45 g Zucker
30 g Puddingpulver Vanille
250 g Pfirsiche (ohne Stein, enthäutet und gewürfelt)

Zubereitung

Aus den angegebenen Zutaten bereitet man einen Streuselteig nach Packungsanleitung. Zwei Drittel der Masse in einer gefetteten und gemehlten Springform (20 Zentimeter) verteilen. Aus dem Quark, Zucker und Puddingpulver eine Quarkmasse herstellen und vorsichtig die Pfirsichwürfel unterheben.
Den Backofen auf 180 °C (Gasherd Stufe 2) vorheizen. Die Füllung gleichmäßig auf dem Tortenboden verteilen und mit dem übrigen Teig als Streusel bestreuen.

Die Krümeltorte 30–40 Min. backen, auskühlen lassen, aus der Form lösen und den Kuchen in zwölf gleich große Stücke schneiden.

WEINKONTOR NAUMANN & CO. OHG

Weinkontor Naumann
& Co. OHG

Robert-Franz-Ring 21
06108 Halle an der Saale

Telefon 03 45 - 2 00 33 51
Telefax 03 45 - 2 00 33 52

Im „Weinkontor Naumann“, einem Weinladen mit besonderer Restauration, wird die kulinarische Entdeckungsreise durch Sachsen-Anhalt zum Weltenbummel: Mitten in Halle, zwischen Dom und Moritzburg, am Ostufer des Mühlgrabens, sitzt man im Sommer gemütlich im Garten des Weinkontors, genießt die Nähe des Wassers, die Kulisse der schönen Backsteinarchitektur im Rücken und labt sich an der Tafel der Dreifaltigkeit – an Wein, Käse und Brot. Ohne einen Fuß zu rühren, können die Tafelnden dabei rund um die Welt reisen. 280 Sorten Rebentröpfchen, mehr als 20 Sorten Sekte und Spirituosen, die Angela Neumann und Stephan Böger in ihrem Geschäft anbieten, kommen aus den wichtigsten Weinbaugebieten aller Herren Länder. Käse sowie feine, kleine Gerichte auf der Speisekarte des Lokals haben regionale und mediterrane Wurzeln.
Heimisch ist das Weinkontor in einem ehemaligen Speicher, der zur Ronneburg‘schen Mühle gehörte, einer von fünf Wasserbauten der Stadt Halle. 1997 haben die jetzigen Inhaber die Backsteinarchitektur detailgetreu wieder herrichten lassen. Im Inneren herrscht heitere Gemütlichkeit. Warme, sonnige Farben an den Wänden sorgen für Wohlbehagen, vom Künstler Burkhard Aust gemalte Bacchanten lassen sich dicke Trauben in den Mund hängen, in einer weichen Couch versinkend, kann man bei einem guten Tropfen den letzten Toskana-Urlaub wieder aufleben lassen.
Dem Wein ist der Gast hier besonders nahe, denn Laden und Gastronomie wurden räumlich nicht getrennt. Tische und Stühle sind als kleine, verwunschene Genießer-Inseln einfach zwischen die gut gefüllten

Weinregale platziert. Da liegen alte, ehrwürdige Rebensäfte aus dem Bordeaux in trauter Eintracht neben jungen, spritzigen Weinen von Saale und Unstrut, zum Beispiel aus Höhnstedt. Knapp 50 Sorten davon stehen als offene Weine jederzeit zum Ausschenken bereit. Und wer noch zur Nacht nach einem besonderen Fläschchen sucht, kann einkaufen, solange das Lokal geöffnet ist und sich danach sogar auf einen Happen niederlassen.

Die „Kontoristen" servieren – passend zum Wein – allerlei Köstlichkeiten: So empfehlen sie eine Antipasti-Platte mit Oliven, Schinken und Salami zu einem feinfruchtigen Weißburgunder mit aromatischem Bukett von der 1. Halleschen Weinbaugesellschaft, vier jungen Winzern, die sich zwischen Rollsdorf und Höhnstedt zwei Weinberge gekauft haben und mit viel Engagement und Qualitätsbewusstsein diesen edlen Wein produzieren. Ein ideales Dreifaltigkeitsmenü an ersten warmen Frühlingstagen könnte ein fruchtiger Tourraine von der Loire sein, zu dem würziger Ziegenfrischkäse aus Schleckweda und frisches Brot gereicht wird. Wird es draußen kälter, steigen Weinliebhaber gern auf einen kräftigen Rotwein um. Angela Naumann schlägt dafür ein perfektes kulinarisches Duo vor: einen „Barolo" aus dem Piemont, abgerundet mit „Pecorino" – einem gereiften

Schafskäse aus Italien. Wer auf Fleisch zum Wein nicht verzichten will, kommt im Weinkontor auch auf seine Kosten: Lammkarree mit Ratatouille oder Involtini toscana (gefüllte Poulardenbrust) sind wohlschmeckende Beispiele aus der wechselnden Tageskarte. Der süße Abschluss des Mahls könnten Cantucci sein, Mandelplätzchen, die in Vino Santo (Strohwein) „geditscht" werden.

Wein und Käse sind allerdings die Hauptakteure im Weinkontor Naumann. Deren Vielfalt und Variationen den Gästen näher zu bringen, ist wichtiges Anliegen der Inhaber. Aus diesem Grund veranstalten sie regelmäßig thematische Weinverkostungen, bei denen auch Raritäten auf den Tisch kommen. Unübertroffen ist dabei die „Käseuhr" als kulinarisches und unterhaltsames Ereignis: Auf einem Holztablett liegen zwölf verschiedene, von jung nach alt sowie mild bis kräftig reichende Käsesorten zum Zugreifen bereit. Und während die Gäste schmausen und am passenden Wein nippen, erfahren sie von Stephan Böger und Angela Naumann mehr über das Traumpaar Käse und Wein. Die vom Wein begleitete „Käseuhr" ist so beliebt, dass sich eine Vorbestellung empfiehlt.

HALLOREN SCHOKOLADENFABRIK

Halloren Schokoladenfabrik

Delitzscher Straße 70
06112 Halle an der Saale

Telefon 03 45 - 5 64 20
Telefax 03 45 - 5 64 22 50

Wie kleine, zerzauste, schwarzhaarige Pumucklköpfe sehen die Weinbrandtrüffel aus, wenn sie durch die geschickten Hände der „Igelfrauen" gegangen sind. Die nämlich rollen mit einer Zinkengabel die vorbeifahrenden Kugeln so lange hin und her, bis aus deren glatter Schokoladenschicht lauter winzige Stacheln hervorsprießen. Es ist Trüffeltag in der „Halloren Schokoladenfabrik" zu Halle und heute wird „geigelt".

Ob dieses so genannte „Verzierungsverfahren" schon vor 200 Jahren angewendet wurde, weiß Klaus Lellé nicht, dafür kann der Geschäftsführer allerlei Spannendes aus der Geschichte der Fabrik berichten. 1804 eröffnete der Bäcker und Konditor August Miethe in Halle eine kleine Konditorei, in der er auch Schokolade verarbeitete. Friedrich David übernahm 1851 das Geschäft und stellte dort zwanzig Jahre später erstmals Schokolade selbst her. Der große Wurf gelang 1880 mit der von David kreierten „Mignon Praline", die so bekannt wurde, dass sie ab 1890 als Markenzeichen für eine ganze Produktpalette sowie als Firmennamensgeber herhalten durfte. Das Geschäft florierte und so wurde 1896 ein neues Fabrikgebäude in der Delitzscher Straße – dem heutigen Firmensitz von „Halloren" – errichtet. 1952 folgte die Übernahme ins „Volkseigentum" und die Namenstaufe auf „Halloren" als Referenz an die Hallenser Salzwirker-Bruderschaft. Im selben Jahr erblickte eine ganz außergewöhnliche Pra-

line das Licht der Schokoladenwelt: eine edle Komposition aus Sahne und Kakaocreme in Kugelform, die mit feinster Schokolade umhüllt war. Die berühmte „Original Halloren-Kugel" war geboren, begründete den Ruhm des Unternehmens und ist bis heute Markenzeichen der ältesten Schokoladenfabrik Deutschlands.
Nach der Wende übernahm ein Privatinvestor die „Halloren", ließ die historische

Industriearchitektur restaurieren, modernisierte im Inneren und baute neue Produktionsstätten. Schon 1995 glitten die ersten „Original Halloren Kugeln“ über die nagelneuen Fließstrecken. Fünf Jahre später übernahm die Firma mit der „Confiserie Dreher“ in Piding den ältesten deutschen Hersteller von Mozartkugeln und kurz darauf einen weiteren Produzenten feiner Schokoladenspezialitäten. Erfolg ist eben süß, sagt Klaus Lellé und reicht uns einen Graf Metternich-Sahne-Trüffel. Den haben die Schokokünstler der „Halloren Confiserie“ in aufwändiger Handarbeit mundgerecht zubereitet.
Handarbeit und Fertigung am Fließband halten sich bei „Halloren“ die Waage. Aus geschickten Meisterhänden und Edelstahlformen gleichermaßen kommen täglich gut elf Tonnen solch süßer Leckereien wie Hallorenkugeln mit verschiedenen Füllungen, Baumkuchenkugeln und -spitzen, Marzipankugeln, Trüffel, Nougatstangen, Moketten, Cocosflocken, Katzenzungen, hochfeine Pralinen, Oster- und Weihnachtsspezialitäten und Pina Colada-Riegel. Und Naschkatzen in aller Welt freuen sich, dass es „Halloren“ gibt.
Wer den Schokoladenmachern bei der Arbeit über die Schulter blicken möchte, hat während der Schauproduktion die Möglichkeit dazu. Auch das im vorigen Jahr eröffnete Schokoladenmuseum erlaubt einen Blick hinter die Kulissen und erzählt darüber hinaus – für Augen, Nasen und Ohren gleichermaßen spannend – die Geschichte des Kakaos. Dort erfährt der Besucher unter anderem, dass die Mayas vor 1 400 Jahren erstmals Kakaobäume in Plantagen kultivierten, dass Kakao vor einem halben Jahrhundert mit den Spaniern nach Europa gelangte und eine willige Sklavin nur

100 Kakaobohnen kostete, während man für einen Truthahn 200 der dunkelbraunen Früchte zahlen musste. Der Museumsgast weiß nach dem Besuch auch, warum die Halloren so klein und kugelrund sind: Ihre Form wurde nämlich den silbernen Uniformknöpfen der Salzsieder nachempfunden.
Wir haben uns inzwischen durch die gesamte Produktionspalette gefuttert. Dass Kakao die Potenz steigern soll, wie Klaus Lellé berichtet, hilft uns beiden Frauen dabei wenig. Dafür sind wir beim Kosten der mit Latte Macchiato, Schoko-Eierlikör und Kirsch-Vanille gefüllten Hallorenkugeln auf ganz neue Geschmackserlebnisse gestoßen. Die Entwicklungsabteilung der „Halloren“ Schokoladenwerke auch: Für sie liegen diese Sorten ganz im Trend. Und, ob „geigelt“ oder glatt – die gesamte Sortimentspalette wird nebenan in der „Halloren Schokoladenwelt“ ab Werk verkauft.

HALLOREN- UND SALINEMUSEUM

Technisches
Halloren- und Salinemuseum

Mansfelder Straße 52
06108 Halle an der Saale

Telefon 03 45 - 2 02 50 34
Telefax 03 45 - 2 02 14 88

Halloren-Siedesalz, rein, bekömmlich und leicht löslich – mit diesem Markenspruch, der noch zu untermauern sein wird, hält das Technische Halloren- und Salinemuseum in der Saalestadt noch immer den Ruhm und die Ehre seiner Vorfahren, der „Halleschen Pfännerschaft", hoch. Die heutigen Salinisten – so nannte man früher alle salzwerkkundigen Wissenschaftler und Bergleute – haben in der 1964 geschlossenen Saline ein technisches Museum eingerichtet, in dem an funktionstüchtiger Siedepfanne, Trockenpfanne und Abfülleinrichtung anschaulich die Arbeitsweise der Halloren im 19. Jahrhundert nacherzählt wird. Dort kann man – neben der Kulturhistorie des Salzes und den naturwissenschaftlich-technischen Grundlagen der Salzgewinnung – auch die spannenden Geschichten von reichen Pfännern, in Halle „Salzjunker" genannt, und den wirklichen Meistern einer Saline, den Bornknechten und Salzwirkern erfahren. Denn sie sind die eigentlichen Helden, die vor Jahrhunderten den Ruhm Halles als europäische Salzhauptstadt begründet und mit ihrer Arbeit dazu beigetragen haben, dass Hallesche Salzfuhrwerke einst über sämtliche Straßen der Welt rumpelten – auf dem Weg zu Käufern in aller Herren Länder.

Das Uhren-Turmhaus aus dem 18. Jahrhundert sowie das Siedehaus aus dem 19. Jahrhundert sind die steinernen Zeitzeugen der Saline-Hoch-Zeit im Museum. Mehr als

30 000 Menschen besuchen das geschichtsträchtige Gebäudeensemble jedes Jahr. Im hinteren Teil des Siedehauses stoßen neugierige Gäste auf die 60 Quadratmeter große Siedepfanne, an der beim monatlichen Schausieden die Salzgewinnung per Hand demonstriert wird. So wie es im 19. Jahrhundert üblich war. Original ist die Siedepfanne nicht, aber sie gleicht – abgesehen von der Größe – dem historischen Vorbild aufs Haar und ist zudem die einzige noch produzierende Schauanlage im deutschsprachigen Raum.

Zwischen 80 und 100 Tonnen Speise- und Gewerbesalz produzieren die Salzwirker des Museums im Jahr und sind damit der kleinste Salzproduzent in Deutschland. Verkauft wird das „weiße Gold“ an Hallesche Fleischereien, Bäckereien, Käsereien, Öko-Betriebe und natürlich an die Besucher des Museums. Und wer möchte, bekommt von Museumsdirektor Rüdiger Just gleich noch ein paar Ernährungsregeln kostenlos dazu. Der Salinist leitet das international anerkannte Haus seit mehr als 27 Jahren und kennt sich bestens aus mit Halloren, Geschichten und der Kulturgeschichte vom Salz. „Unser Pfannensiedesalz wird ohne jegliche Trennmittel hergestellt, ist also eine hervorragende Würze zum Beispiel für ökologische Lebensmittel, die kein mit Trennmitteln versetztes Salz verwenden dürfen“, erklärt er. Während für unsereinen Salz eine banale, billige Speisenzutat ist, der man weiter keine Beachtung schenkt, spürt man bei Just, dass sich bei ihm fast alles um den einst so wertvollen Rohstoff dreht. So weiß er denn auch, dass wir nicht mehr als 8 Gramm täglich zu uns nehmen sollten und dass grobkörniges Salz besser ist als feines. „Grobsalz, das durch die Mühle gedreht und dann erst zum Würzen genutzt wird, erhöht die Sensibilität für die verwendete Menge“, sagt er und meint damit, dass heute zu oft und zu schnell zum Salzstreuer gegriffen wird.

Grobes Halloren-Siedesalz dagegen eigne sich wunderbar zum Kochen, Braten und für die Tafel. Es ist sofort und restlos löslich, nicht chemisch behandelt und verfügt über eine milde Würzkraft. Über das Verfeinern von Speisen hinaus zeigt das Halloren-Siedesalz aber noch ganz andere Talente: Ein paar Bröckchen ins Wasserglas und schon wird es zum heilenden Gurgelwässerchen. Ins Blumenwasser geworfen, sorgt es für die längere Haltbarkeit des Straußes. Außerdem eignet es sich als Reinigungsmittel für Messing, Emaille, Teppiche und fettbespritzte Stoffe, entfernt Tintenflecke und entpuppt sich – in Form von Badesalz – als Balsam für die Haut. Unsere Empfehlung lautet also: hinfahren, Museum anschauen, Salz kaufen und am Abend ab in die Badewanne. Und nach dem angenehmen Entspannen im salzigen Wasser, sollten Sie sich Soleier, Brot und geräucherte Schlackwurst schmecken lassen – die typischen Gerichte der Salzwirkerbrüderschaft zu Halle.

KERAMIKSCHEUNE SPICKENDORF

Ein Ausflugsziel mit hohem Erlebniswert bietet sich Reisenden, die auf der B100 von Halle kommend in Richtung Bitterfeld unterwegs sind. Sie sollten – linksabbiegend – einen Zwischenstopp in Spickendorf einlegen. Dort laden Monika und Harry Häder in ihre Keramikscheune ein. Aus dem ehemals landwirtschaftlich genutzten Anwesen hat das rührige Ehepaar ein kleines architektonisches Schmuckstück gemacht, das seit zwölf Jahren Besucher aus nah und fern anzieht. Diese strömen allerdings nicht allein der schönen Fassade wegen in die Keramikscheune. Wer nach Spickendorf kommt, sucht vor allem ausgewählte Küchenkeramik und Wohnaccessoires für Haus, Hof und Garten oder ist Gast eines der vielen Feste und kulinarischen Aktionsnachmittage, die Familie Häder gemeinsam mit ihren 15 Mitarbeitern veranstaltet.

In der Keramikscheune präsentieren mehr als 300 Töpfer- und Glasbläserateliers (u.a. Silberdistel, Rheinsberg, Bürgel, Heydekeramik) ihre Kreationen auf orginell gestalteten Inseln. Flaniert man durch die Gänge, erinnert alles an ein riesiges Wohnzimmer, das mit einer reichen Auswahl an hochwer-

Keramikscheune Spickendorf

Geschwister-Scholl-Straße
06188 Spickendorf

Telefon 03 46 02 – 2 15 98
Telefax 03 46 02 – 2 15 01

Ruhetag: Sonntag

tiger Gebrauchs- und Zierkeramik sowie Glasbläserunikaten eingerichtet ist. Gleichzeitig bleibt der schweifende Blick an einem Meer von Blumen hängen, die - getrocknet, aus Stoff oder chinesischer Seide – überall aus den Wänden zu wachsen scheinen.
Vier Floristinnen binden die bunte Pracht und dekorieren Gefäße mit den floralen Schönheiten – ganz nach Kundenwunsch. Apropos Gefäße: Das idyllische Außengelände der Keramikscheune ist nicht nur eine inspirierende Ruhezone, sondern vor allem ein Mekka für Liebhaber italienischer und griechischer Terrakotten in allen Formaten. Für jeden Geschmack und Geldbeutel lasse sich das Passende finden, versprechen die Häders. Das gelte auch für den Lagerverkauf in der neuen Halle gleich nebenan. Dorthin pilgern Besucher einmal im Monat auf der

Rohrnudeln auf Apfelscheiben

Zutaten (4 Personen)

350 g Mehl
1 Päckchen Trockenbackhefe
60 g Zucker
1 Prise Salz
1 Msp gemahlener Zimt
60 g Butter
1/8 l Milch
2 Äpfel
1 El Zucker (oder Haselnusskrokant)
6 El Milch
1 El Butter

Zubereitung

Mehl, Hefe, Zucker, Salz und Zimt in einer Schüssel vermischen. Butter und Milch zusammen erwärmen und in die Schüssel geben. Alles mit dem Handmixer zu einem glatten Hefeteig verarbeiten und
die Schüssel zugedeckt warm stellen, 25 Min. gehen lassen.
Die Äpfel schälen und in Scheiben schneiden. Auf dem Boden des Römertopfes verteilen, mit Zucker bestreuen und Milch zugießen. Den Hefeteig durchkneten, zu einer Rolle formen und in zirka 12 Stücke schneiden. Diese zu Kugeln formen und auf die Apfelscheiben legen. Mit flüssiger Butter bepinseln. Den Römertopf schließen und in den kalten Backofen auf den Gitterrost, unterste Schiene stellen. Temperatur 220 °C einstellen und in zirka 60 Min. goldbraun backen. Mit Puderzucker bestreut servieren und dazu eine Vanille- oder Weinschaumsoße reichen.

Suche nach einem schönen Stück aus weißem Markenporzellan. Eine Etage höher finden sich ebenfalls feinste Porzellanwaren, Floristik sowie Antiquitäten.
Hunderte Besucher kommen, wenn die Keramikscheune zu ihren traditionellen Festen und thematischen „Mitmachtagen“ (jeden ersten Samstag im Monat) ruft. In trauter Runde mit den Gästen töpfern die Häders dann, probieren Rezepte für den Römertopf aus, üben sich in der Kunst der Floristik oder schauen – in der Weihnachtszeit – den Schnitzern aus Seiffen und Glasmalern aus Lauscha über die Schulter. Und wie es sich für aufmerksame Gastgeber gehört, lädt dabei auch eine reich gedeckte Tafel zum Schlemmen ein. Der Tisch biegt sich dann unter selbstgebackenem Brot, eingelegtem Kraut, Fettbemmchen, Wildschwein vom Spieß oder Rohrnudeln auf Apfelscheiben. Feine Weine aus den besten Weinanbaugebieten der Welt ergänzen die kulinarische Offerte. Und weil die hungrigen Gäste mit jedem Jahr zahlreicher erscheinen, haben die Häders jetzt Nägel mit Köpfen gemacht: Ein alter Pferdestall gleich nebenan verwandelt sich gerade in eine kleine, aber feine Gaststube mit südländischem Flair, Riesengrill, Pizzaofen und Vinothek.

HAUSSCHLACHTEREI FRITZ MAUF

Hausschlachterei Fritz Mauf

Straße der Einheit 4
06179 Köllme

Telefon 03 46 09 - 2 03 22
Telefax 03 46 09 - 2 13 74

In unserer Region muss Kümmel in die Wurst, klärt Stefan Gottschalk unerfahrene Großstadtpomeranzen auf, die Kümmel eigentlich nicht mögen, aber bei ihrem kulinarischen Einkaufsbummel über Land nicht auf „noch echte“ Wurst verzichten wollen. Gut, also die mit Kümmel. Lassen wir uns ein auf das für uns kulinarische Experiment.
Zu Hause angekommen kostet dann die von laschen Supermarktwürsten geschmacksverwirrte Familie die würzig duftende Landwurst und ist angenehm überrascht. Fleischer Gottschalk hat nicht gelogen: Erst der Kümmel verleiht seiner Knoblauchknackwurst ihr ganz besonderes Aroma. Kaum beanspruchte Geschmacks- und

Geruchsnerven melden sich – die Wurst schmeckt und riecht ganz wunderbar. In der Hausschlachterei Fritz Mauf, dem ältesten Handwerksbetrieb der Gemeinde Zappendorf im Saalkreis Halle, wird noch nach uralten, selbst gemischten Familienrezepturen Fleisch und Wurst zubereitet. Stefan Gottschalk ist Schwiegersohn des Fleischers Fritz Mauf. Als angehender Fleischermeister arbeitet er gemeinsam mit seiner Frau Chris Mauf, die ebenfalls auf den Meistertitel zusteuert, in vierter Generation im Köllmer Traditionsunternehmen. 100 Jahre alte Erfahrungen haben sich dort angesammelt und werden seit 1388 von der Familie Mauf in allerlei Fleisch- und Wurstspeisen „verarbeitet“. Bis heute ist die alte Räucherei der Urgroßeltern von Chris Mauf in Betrieb. Modernisiert dagegen wurden Verkaufsladen, Wurstküche, Kühlhalle, Lagerräume und der Maschinenpark.

Täglich kommen von einem Schlachthof frisch geschlachtete Schweine ins Haus, die sich unter den geschickten Händen der Fleischer in Leber- und Rotwürste, Knack- und Mettwurst, Schinken, Filets, Schnitzel und Gehacktes verwandeln. Dabei sind Leber- und Rotwurst im Darm und im Glas sowie das täglich bis zu viermal frisch zubereitete Gehackte die Lieblingsspeisen der Köllmer und der Kunden aus dem Umland. Auch Familie Mauf liebt – neben dem sonntäglichen Sauerbraten mit selbst gemachtem Rotkraut und Klößen – die eigene Rotwurst. Diese wird seit Jahren von der Fleischerinnung Köln mit Silber prämiert. Hohe Preise einheimsen konnten darüber hinaus auch Mauf'sche Brühwürste wie Kochsalami und Wiener Würstchen – und zwar ausgerechnet im Gourmetland Frankreich.

Das Geheimnis der Produktpalette liegt – neben der Frische – in ihrer besonderen Würze. „In Mitteldeutschland werden die meisten Gewürze verarbeitet“, bestätigt denn auch Stefan Gottschalk das zuvor erfahrene Geschmackserlebnis. Diese Art der aromatischen Verfeinerung habe regionale Tradition und sorge für den Zulauf in qualitätsbewussten Hausschlachtereien wie der von Fritz Mauf.

Wie zum Beweis klingelt unentwegt die Ladentür und gegen Mittag blickt man auf ein längst vergessenes Bild: Vor der Tür steht eine Warteschlange.

WEINDORF HÖHNSTEDT

Eine Ferienreise nach Süden, weil es dort immer warm und landschaftlich so reizvoll ist? Der weite Weg ist eigentlich nicht nötig. Denn länger heiß ist es neuerdings auch in deutschen Sommern, und Naturkulissen mit südländischem Flair gibt es hier ebenfalls zu erkunden. Eine davon bietet das Weindorf Höhnstedt, zum Weinbaugebiet Saale-Unstrut gehörend und an der Weinstraße Mansfelder Seen gelegen. Die erst kürzlich eröffnete Route führt an Weinbergen entlang über sieben Gemeinden, von Zappendorf über Seeburg bis nach Unterrißdorf. Höhnstedt ist eine der schönsten Stationen darunter, an der man Halt machen und die leckeren Weine der nördlichsten aller Weinbauregionen Deutschlands genießen kann.

Das noch von vielen Touristen unentdeckte Trauben-, Obst- und Landschaftsparadies liegt zwischen Halle und Eisleben, in der Nähe des Süßen Sees, auf einem weithin sichtbaren Höhenzug. An dessen südlich ausgerichteten Steil- und Terrassenlagen bauen fünf Privatwinzer und knapp 90 Hobbyweinbauern auf 65 Hektar Fläche Rebsorten wie Gutedel, Silvaner, Weißburgunder, Müller-Thurgau sowie Rotweine wie Portugieser und Dornfelder an, die – hier der Sonne so nah und auf fruchtbaren Buntsandstein-, Kalk- und Verwitterungsböden – besonders gut gedeihen. Und das seit 1030 Jahren, denn so lange wird bereits Wein angebaut an den Mansfelder Seen. Zuverlässig und prachtvoll entwickeln sich auch die berühmten Höhnstedter Aprikosen, die dort – im einzigen geschlossenen und größten Anbaugebiet der deutschen Lande – jedes Jahr reifen. Sie wetteifern dabei mit Süß- und Sauerkirschen, Pfirsichen und Äpfeln, einer bunten Palette an Früchten, welche die Obstbauern pur, als Säfte und Obstbrände in die gesamte Region und darüber hinaus liefern.

Mit einem „Höhnstedter Birnenwasser" und ein paar Aprikosen im Rucksack lässt es sich vortrefflich durch die Weinberge wandern. Zweimal im Jahr, im Frühling und Herbst, laden die Winzer dazu ein. Darüber hinaus machen die Weinbauern jährlich im Mai die Jungweinprobe zum Erlebnis für jedermann. Alle Winzerhöfe sind dann geöffnet und die Besucher dürfen die neuen Rebensäfte vom „Höhnstedter Kelterberg" in familiärem Ambiente verkosten. Am ersten Septemberwochenende wird mit einem großen Winzerfest der Herbst eingeläutet. Doch auch zu allen anderen Jahreszeiten lohnt sich ein Ausflug rund um den Höhnstedter Höhenzug. Stippvisiten per pedes und auf dem Drahtesel führen auf gut ausgebauten Wanderwegen durch das bezaubernde Röseltal oder zur „Dreiseenplatte",

Weindorf Höhnstedt

Hauptstraße 38
06179 Höhnstedt

Telefon 03 46 01 – 2 02 42
Telefax 03 46 01 – 2 02 43

dem Kerner, Binder und Süßen See. In den beiden letzteren kann man sich im Sommer während einer vergnüglichen Planschpause wunderbar erfrischen und entspannen. Sehenswert sind auch die knapp 160 denkmalgeschützten Steinhütten in den Höhnstedter Weinbergen, historische Überbleibsel aus alten Weinbauzeiten, die den Winzern bis heute als Schutz vor Wind und Wetter oder als Lagerräume dienen. Hängt am Eingang einer solchen Hütte ein Besen, dann heißt das „Willkommen in der Straußwirtschaft! Treten Sie ein und trinken Sie ein Glas mit uns!" Ausgeschenkt und verkauft werden die süffigen Rebensäfte aus Höhnstedt aber auch in den örtlichen Gaststuben, auf allen Winzerhöfen sowie im nagelneuen Touristikzentrum des Dorfes, das zudem ein kleines, gemütliches Restaurant und Übernachtungsmöglichkeiten beherbergt. Bettet man dort nach einem langen Wandertag durch die Steilhänge der Weinberge sein Haupt zur Ruhe, sollte man vorher noch ein Gläschen Portugieser vom „Höhnstedter Kelterberg" zu sich nehmen. Denn dass Rotwein gesund ist und beruhigend wirkt, wussten schon die alten Griechen: „Unter den Getränken ist Wein das nützlichste, unter den Arzneien das schmackhafteste und unter den Nahrungsmitteln das angenehmste."

GASTSTÄTTE & PENSION ZUR WEINTRAUBE

Gaststätte & Pension
Zur Weintraube

Hauptstraße 38
06179 Höhnstedt

Telefon 03 46 01 – 3 90 94
Telefax 03 46 01 – 3 90 95

Ruhetag: Dienstag

Sie möchten genießen. Wir machen es Ihnen bequem. – So lautet der vielversprechende Willkommensgruß, mit dem Ulrike Schubert und Michael Menne die Gäste in ihrem kleinen, aber feinen Restaurant in Höhnstedt empfangen. Das junge Paar, aus Wansleben und Grimma stammend, hat die gastliche Stätte von der Gemeinde gepachtet und innerhalb kurzer Zeit in einen Ort der Entspannung, des guten Essens und der Unterhaltung verwandelt. Große Glasfenster und viel helles Holz sorgen für Transparenz und Leichtigkeit der inneren und äußeren Hülle. Der Blick fällt fast von jedem Platz aus ins Grüne, auf der von Bäumen beschatteten Terrasse weht einem im Sommer frischer Wind um die Nase.
So luftig und aufgeschlossen, wie sich das Ambiente zeigt, ist auch das kulinarische Konzept der jungen Gastronomen. Auf dem Speiseplan steht eine niveauvolle, gutbürgerliche Küche, die sie ergänzen mit internationalen Gerichten, Offerten an Vegetarier und dem Höhnstedter Wein und Obst verbundenen Speisen. Probieren sollte man das in Weißweinsoße zubereitete Filet vom Zander, einem Flossentier, das gleich um die Ecke, im Kerner See, groß geworden ist. Schmackhaft und der regionalen Kochtradition verbunden ist auch der Höhnstedter Aprikosenbraten, ein Schweinerollbraten mit Aprikosenfüllung, in Aprikosenbrandsoße, angerichtet mit Apfelrotkohl und Semmelknödeln. Wer von den süßen Früchten dann noch nicht genug hat, lässt sich hinterher eine Aprikosenkaltschale schmecken. Das Speisenangebot von zirka zwanzig verschiedenen Gerichten, dazu

tungen, die die Gastgeber ins Leben gerufen haben. So bieten sie in ihrem Haus den Winzern der Region ein Podium für Weinverkostungen und Anekdoten rund um die Trauben. Zunehmender Beliebtheit erfreuen sich auch unterhaltsame Abende, wie eine „Kulinarische Weinreise durch Österreich". Dabei werden mit einem 5-Gang-Menü und passenden Weinen Küche und Keller des jeweiligen Landes vorgestellt.
Kinderfeste auf der Terrasse, Sommernachts- oder Weihnachtstanz sind ebenfalls gern besuchte, gesellige Höhepunkte im Höhnstedter Dorfleben. Wir jedenfalls haben uns vorgenommen, die Wirtsleute einmal an Ostern, Pfingsten oder Neujahr zu besuchen. Dann nämlich soll es ein Festtagsmenü geben, bei dem wir ganz entspannt vorher und nachher ein Glas Wein genießen dürfen, während ein erfahrener Betreuer mit unserer quirligen Kinderschar spielt, bastelt und sie somit bestens unterhält.

Suppen, Vorspeisen und Desserts wird dem Gast offeriert von einer vierzehntägig wechselnden, saisonal oder thematisch ausgerichteten Wochenkarte. Da sollen zum Beispiel
an jeweils sieben Tagen leckere Variationen aus der italienischen Küche oder im Herbst würzig-deftige Wildgerichte zum Genuss verführen. Sehr viel Wert legt Küchenchef Liebetanz auf die Frische der Zutaten. Fertiges lagert nicht in den Küchenregalen. „Was gerade keine Erntezeit hat, gibt es auch auf der Karte nicht", sagt der Koch. Eine große Rolle im Getränkeangebot spielen Höhnstedter Weine. Das Thema Wein ist auch Gegenstand zahlreicher Veranstal-

Höhnstedter Apfeldessert

Zutaten (4 Personen)

2 Äpfel
Butter
brauner Zucker
Höhnstedter Apfelbrand
Vanille-Eis
Sahne

Zubereitung

Die Äpfel werden in Spalten geschnitten. Butter wird in der Pfanne erwärmt und der braune Zucker darin aufgelöst. Die Apfelspalten werden dazugegeben und braun gebraten. Zum Abschluss löscht man das Ganze mit einem Schuss Höhnstedter Apfelbrand ab und richtet die Apfelspalten mit Vanille-Eis und Sahne auf einem Teller an.
Als Garnitur empfehlen wir Pfefferminzblättchen.

WEIN & KERAMIK GUT HÖHNSTEDT

Wein & Keramik Gut Höhnstedt

Am Ring 4
06179 Höhnstedt

Telefon 03 46 01 - 3 03 99
Telefax 03 46 03 - 2 17 10

Der Portugieser riecht wie rohe Leber, ruft im Brustton der Überzeugung ein Teilnehmer der Weinprobe. Horst-Michael Nitzschke lässt die These in der behaglich eingerichteten Probierstube stehen. Der junge Winzer sieht sich nicht in einer Rolle als Lehrmeister. Er will die Gäste selbst erfahren und darüber sprechen lassen, was seine Weine an Geschmack, Aromen und Düften in sich bergen. Und so wird er den Rufer auch nicht belehren, dass sein Portugieser eigentlich mehr nach Wildkirsche und manchmal auch wie Erdbeeren riecht. Sechs Sorten verkosten die Liebhaber der weißen und roten Reben auf einer solchen Probe an jedem Freitag und Samstag auf dem „Wein & Keramik Gut" von Horst-Michael Nitzschke und seiner Frau Anne Karasz. Dazu essen sie Käsehäppchen oder Salami-Schinkenbrote und lauschen den Anekdoten, die der Höhnstedter Winzer über seine verschiedenen Weine auf amüsante Weise zu erzählen weiß. Wer möchte, stöbert in der Werkstatt der Töpferin nach einer schönen Keramik, ist beim Schautöpfern dabei oder meldet sich mit Kind und Kegel gleich selbst zum Töpferkurs an. Auf 1,6 Hektar seiner insgesamt sechs Weinberge in Steil- und Terrassenlagen reifen die Trauben an zum Teil mehr als 80 Jahre alten Pflanzen. Aus Elbling, Silvaner, Müller-Thurgau, Gutedel, Riesling, Weiß- und Spätburgunder, Gewürztraminer und

Portugieser keltert der Weinbauer mitteldeutsche Landweine, die durchaus das Zeug zu Prädikatsweinen hätten. Wenn er sie nur endlich einmal offiziell anstellen würde ... Dafür hat der Gutsherr keine Zeit. Der Dreiseitenhof benötigt viel handwerkliche Zuwendung, und die zahlreichen Kulturveranstaltungen, mit denen das Paar sein „Wein & Keramik Gut" belebt, wollen schließlich auch gut vorbereitet sein. Nicht zuletzt müsse man als Winzer auch ab und zu einmal in seine Weinberge, schmunzelt Nitzschke. Dort wartet unter der Woche jede Menge Handarbeit auf ihn: Da müssen Reben entlaubt und verschnitten, Unkräuter entfernt und die Böden locker gehackt werden. Ganz zu schweigen vom Herbst, wenn gelesen und gekeltert wird. Doch da der Weinbauer ein fröhlicher Mensch ist, der gern Gäste hat, nimmt er sich für sie die Zeit: am letzten Wochenende im März mit einer Jungweinprobe, im Mai für eine gesellige Weinbergwanderung, im Juni für einen Weinabend mit Barockmusik, im Juli für Buchlesungen mit berühmten Schauspielern, im August für die Wein- und Filmnacht, am letzten Septemberwochenende für den Federweißer-Abend, im Oktober für das Schau-Keltern mit Mostverkostung und – zum Abschluss des monatlichen Veranstaltungsreigens auf hofeigener Bühne und im Garten – im Dezember für den Adventsmarkt an vier Wochenenden mit Kindertöpfern, Schautöpfern, Märchenerzählerin, Weihnachtssingen und Weihnachtspunsch in der Probierstube.

Das Beste aber an diesem Trubel und Kultur liebenden Weinbauer ist, dass er sich auch in der Küche auskennt. Und so sind die Tische in der Probierstube an Verkostungsabenden, freitags und samstags, beladen mit selbst eingelegtem Münsterkäse, Schnittlauchkartoffeln mit Rahm, Kerbelsoße und Schwarzwälder Schinken, ungarischem Kesselgulasch und in Weißweinsoße gebratenen Täubchen an Rosenkohl. Dazu gibt's natürlich feine Nitzschke-Weine aus handgetöpferten Krügen des Gutes.

Und wenn Sie dann rufen: „Der Portugieser riecht ja wie rohe Leber!", wird Horst-Michael Nitzschke lächeln, schweigen und nochmal nachschenken. Vielleicht schnuppern Sie ja ein Gläschen später auch den Wildkirschenduft.

RADWANDERN ENTLANG SAALE UND UNSTRUT

Reisen nach dem eigenen Tempo, sich dabei den Wind um die Nase wehen lassen, rasten, wo es gefällt, und abseits viel befahrener Straßen Neuland entdecken – eine Radtour ist eine wahre Frischzellenkur für Körper, Seele und Geist. Das Saale-Unstrut-Gebiet ist genau dafür ein Ausflugsparadies, denn hier erfährt derjenige, der mit offenen Sinnen die Landschaft durchquert, Erlebnis, Erkenntnis und Genuss als wohltuende Dreifaltigkeit auf besonders harmonische Weise. Vier Radwege entlang der Flüsse Saale, Unstrut, Ilm und Weiße Elster sind eng miteinander vernetzt und öffnen einen unvergleichlichen Panoramablick auf Geschichte, Kultur und Landschaft dieser Region und darüber hinaus. So ist der Landstrich zwischen Saale, Unstrut, Ilm und Weißer Elster berühmt für seine stolzen Burgen, imposanten Schlösser und schönen Kirchen, die entlang der Straße der Romanik wie an einer Perlenschnur aufgereiht sind. Ob Naumburger Dom, ob die mittelalterlichen Stadtkerne von Freyburg, Zeitz oder Weißenfels, ob Rudelsburg, Schloss Neuenburg, Eckartsburg oder Kaiserpfalz Memleben – wie ein steinernes Werkbuch der Architektur erzählen die zahlreichen Bauwerke von der Kunstfertigkeit der Steinmetze und sind zugleich einzigartige Zeugen der Geschichte.

Eine lange Geschichte hat auch der Weinbau an Saale und Unstrut. 1000 Jahre ist es her, dass Mönche den ersten Rebstock pflanzten und damit den Charme der einmaligen Kulturlandschaft begründeten. Schon der Bildhauer Max Klinger schwärmte vom mediterranen Zauber der Region und verglich sie angesichts der Schönheit ihrer Flusstäler und ihrer anmutigen, durch den Terrassenweinbau geprägten Hügel mit der Toskana. Damit schuf der Künstler ein Markenzeichen: Das Gebiet im südlichen Sachsen-Anhalt wird bis heute „Toskana des Nordens“ genannt. Wer es erkunden will, folgt den Radwegen oder aber auch der 1993 eröffneten, von Memleben bis Bad Sulza 60 Kilometer langen Weinstraße.

Die Eroberung all der Schätze von Saale und Unstrut per Drahtesel könnte mit einer Tour entlang des Saale-Radweges beginnen, der einer der interessantesten seiner Art in Deutschland ist (427 km). Sportlich anspruchsvoll an der Quelle der Saale im wilden Fichtelgebirge (Bayern) beginnend, ver-

Saale-Unstrut-Tourismus e.V.

Grochlitzer Straße 55
06618 Naumburg

Telefon 0 34 45 - 23 37 90
Telefax 0 34 45 - 23 37 98

lässt der Weg den Höhenzug bei Saalfeld (Thüringen) und führt durch das mittlere Saaletal bis Jena, um dann südlich von Bad Kösen das Saale-Unstrut Gebiet zu erreichen. Doch zunächst führt der Weg vorbei an den zwei malerisch hoch über dem Strom gelegenen Burgruinen Saaleck und Rudelsburg, lockt in den Naturpark „Saale-Unstrut-Triasland", bevor er den Wanderer durch die alte Bischofs- und

Domstadt Naumburg über Merseburg, Halle und Bernburg trägt und in Barby glücklich und zufrieden ankommen lässt. Er hat dann meist auch schon ein Gläschen vom feinen Wein genossen, den die an der Strecke angesiedelten Winzer, wie beispielsweise Uwe Lützkendorf oder das Landesweingut Pforta, ausschenken.

„In vino veritas" erfahren auch Touristen, die sich für eine Tour auf dem Unstrut-Radwanderweg entscheiden. Heiter und anmutig bahnt sich der Fluss seinen Weg durch die Landschaft. Ehe die Unstrut bei Großjena in die Saale mündet, hat sie von der Quelle bei Kefferhausen im Eichsfeld eine Strecke von etwa 190 Kilometern zurückgelegt. Der idyllische Weg folgt dem Lauf der Unstrut durch die Region auf etwa 42 Kilometern. Geradezu malerisch wird die Gegend bei Memleben, wo sich die Unstrut verengt und unterhalb der Terrassen-Weinberge des nördlichsten Weinanbaugebietes Deutschlands entlang strömt. An Nebra und Vitzenburg, Karsdorf und Laucha vorbei erreicht man schließlich die heimliche Weinhauptstadt der Region, Freyburg. Dort – wie auch unterwegs – laden Weingüter wie Pawis, Deckert, Böhme oder die Rotkäppchen-Sektkellerei zum Verweilen und

Probieren ein. Bei Naumburg trifft der Unstrut-Radwanderweg schließlich auf den Saale-Radweg. Bevor man jedoch einen Spurwechsel vollzieht, sollte man sich im Naumburger Blütengrund die Max-Klinger-Gedenkstätte, den gleichnamigen Weinberg und das steinerne Festbuch nicht entgehen lassen. Reizvoll und erlebnisreich ist auch eine Fahrt über den Elster-Radweg. Die Weiße Elster entspringt auf tschechischem Gebiet im Elstergebirge und mündet nach 257 Kilometern zwischen Merseburg und Halle in die Saale. Von Wetterzeube über Osterfeld nach Schönburg gibt es eine Querverbindung zum Saale-Radweg, der einen Abstecher in die schöne Saale-Unstrut Region erlaubt. Nicht zuletzt verlockt auch der zirka 120 Kilometer lange Ilm-Radwanderweg, der ebenfalls mit dem Saale-Radweg vernetzt ist, zu einem Ausflug ins Grüne. Er führt entlang der Ilm vom Ursprung im Thüringer Wald bis zur Mündung in die Saale bei Großheringen im Weimarer Land.

BOCKS BISTRORANT

Bocks Bistrorant

Steinweg 5-9
06618 Naumburg

Telefon 0 34 45 – 2 30 13 30
Telefax 0 34 45 – 2 30 49 9

Naumburg-Touristen und Einheimische treffen sich gern im „Bocks", einem gastfreundlichen Ort mit ganz besonderem Ambiente, mitten im Herzen der historischen Domstadt. Wer hierher kommt, genießt gepflegte Gastlichkeit und kann gleichzeitig auf Ausflügen die knapp tausendjährige Geschichte der Weinbaulandschaft mit ihren romantischen Burgen, Kirchen und Schlössern hautnah nacherleben. Im Mittelalter war das heutige „Bocks" Sitz der Naumburger Ledergerberinnung. Davon künden jetzt noch zwei Ziegenböcke, die als weithin sichtbares Signet die Fassade des zum Gasthaus gehörenden Weindepots schmücken. Und auch über die Palmenwedel, welche die Ziegen „behüten", muss sich niemand wundern: Die stilisierten Pflanzen, im Mittelalter ein Zeichen für Wohlstand, verweisen auch heute auf eine Erfolgsgeschichte. Geschrieben wurde sie von Hans-Jürgen Krieger und seinem Team.
Der Wiesbadener schuf im Steinweg ein stilvoll eingerichtetes Bistrorant, das mehrere Überraschungen bietet. Eine davon ist das Weindepot, in dem eine Vielfalt auserlesener Weine sowie Edelobstbrände zur Auswahl bereitsteht. Kaffeeliebhaber nehmen Platz auf der Terrasse vor dem Haus oder treffen sich in der Espresso-Bar gleich nebenan. Eine Überraschung ist auch der historische Weinkeller aus dem 16. Jahrhundert, in dem man wahre Rebenschätze heben kann: Mehr als 160 verschiedene Tröpfchen, vornehmlich aus der Region, warten hier auf geschmacksverwöhnte Weinkenner. Die Cocktail-Lounge ist klassische Bar und gesellige Theke zugleich. Ein guter Whiskey, ein spritziger Cocktail, eine würzige Zigarre und ein anregendes Gespräch – so lässt es sich vortrefflich

entspannen. Bezaubernd auch ist die Sicht aus dem Domblick-Salon auf das beeindruckende Panorama der gleichnamigen Naumburger Sehenswürdigkeit. Die Türme des Doms lugen auch im Brunnenhof über die Dächer. Das historische, nur vom Himmel überspannte Atrium lockt vom Frühjahr
bis zum Herbst zahlreiche Besucher ins „Bocks“, vor allem, wenn der Hausherr zu Musik, Kino oder Karibischer Nacht einlädt. Wirbt das Ambiente schon für sich, setzen Küchenmeister Alexander Gottschling und Sous-Chef Uwe Pappert dem „Bocks“ die Krone auf. Sie zaubern aus Töpfen und Pfannen eine leichte, mediterrane und saisonal bestimmte Speisenfolge, die ausschließlich frisch und auf Bestellung zubereitet wird. Das Motto „Die Leichtigkeit des Seins“ überschreibt eben nicht nur die Bistrorant-Ausstattung, sondern auch seine Küche. Hähnchenbrustfilet auf selbst kreiertem Mangochutney an Blattsalaten, hausgemachte Nudeln mit frischen gerahmten Trüffeln oder ein Straußenfilet an Cous-Cous auf Basilikumschaumsoße sind nur einige der Varianten, die Gaumen und Seele beflügeln. Und was sich hinter kulinarischen Geheimnissen wie „Box Charlotte“ oder „Happy Spoon“ verbirgt, das sollten Sie wirklich einmal selbst herausfinden. Der Tee wird im „Bocks“ übrigens noch mit Sanduhr serviert, damit auch wirklich

Gebratenes Schwertfischsteak auf mediterranem Gemüse und Basmatireis

Zutaten (4 Personen)

650 g Schwertfischfilet
50 g Sesamsaat
1/2 Zitrone (Saft)
2 El Sojasoße
etwas Olivenöl
1 El Butter
1 Zweig Rosmarin, Thymian
Salz/Pfeffer

Zubereitung

Das Schwertfischfilet sollte keine Haut oder dunklen Tran mehr enthalten und muss gegebenenfalls davon befreit werden. Nun das Schwertfischfilet in vier gleich dicke Scheiben schneiden. Die Sojasoße mit dem Zitronensaft vermischen und die Fischfilets durch diese Marinade ziehen. Die Filets mit Salz und Pfeffer würzen und in der Sesamsaat wenden. Das Olivenöl in einer Pfanne erhitzen, die Schwertfischfilets vorsichtig einlegen und bei mittlerer Hitze anbraten. Die Sesamkörner dürfen nicht zu dunkel werden, da sie sonst bitter schmecken. Den Fisch wenden, kurz die zweite Seite anbraten, Butter und die Kräuter zugeben. Wenn die Butter aufschäumt, mit der restlichen Marinade ablöschen, mit einem Löffel die Butter über die Fischfilets geben, diese kurz ziehen lassen und dann entnehmen. Schwertfisch muss rosa gebraten werden, da das magere Fleisch sonst zu trocken wird. Angerichtet wird der Fisch auf verschiedenem, gebratenen Gemüse (Auberginen, Zucchini, Knoblauch, Paprika, Schalotten). Der Basmatireis wird in Nocken abgestochen und sternförmig um das Fisch-Gemüsebett verteilt. Kerbelblätter oder Korianderblätter eignen sich gut zum Verzieren und können nach Belieben auf dem Teller platziert werden.

DIE NAUMBURGER KÄSEECKE

Die Naumburger Käseecke

Salzstraße 11
06618 Naumburg

Telefon 0 34 45 – 26 17 65
Telefax 0 34 45 – 26 17 66

Schneiden Sie mir bitte ein großes Stück vom Käse mit der Eichenrinde ab. Kaum hat die Kundin ihre Bitte geäußert, ruft die nächste schon laut nach dem „tollen Senf, den es letzte Woche noch gab". „Die Naumburger Käseecke" ist ein Treffpunkt für Liebhaber ganz besonderer Köstlichkeiten, die bei weitem nicht alle nur aus Käse bestehen.

Trotz des Andrangs im Laden von Henry und Karin Urban bleibt die Atmosphäre gelassen-heiter. Alles fließt hier in freundlicher Gemächlichkeit, die „Entdeckung der Langsamkeit" spielt für das junge Unternehmerehepaar eine große Rolle. Denn ihnen geht es nicht nur um den Verkauf der besten Käsesorten, Senftöpfchen, Essig und Öle aus aller Welt, sondern um eine Philosophie, die Neuankömmlingen kostenlos mitgeliefert und von Stammkunden erwartet und längst selbst gelebt wird.

„Slow Food" heißt die Zauberformel, welche die Urbans für sich entdeckt haben und gerne weitergeben. Sie wollen - wie viele andere Menschen auch - nicht länger mitschwimmen im rasant dahintreibenden Strom unserer modernen, technisierten Zeit, in der die Hektik am Fließband nicht nur den Arbeitsalltag bestimmt, sondern vor allem auch die tägliche Mahlzeit zur reinen Nahrungsaufnahme verkommen lässt.

„Essen soll zwar den Hunger stillen, aber auch die Seele nähren", meint Henry Urban. Immer mehr Menschen besinnen sich darauf, weiß der Käsefachmann, und machen das Kochen und gemeinsame Tafeln wieder

zu einem schöpferischen Akt, mit dem sie der Schnelllebigkeit unseres Jahrhunderts bewusst ein Schnäppchen schlagen.
Dass zu dieser Philosophie nur naturbelassene Lebensmittel gehören, versteht sich fast von selbst. Denn wer darauf achtet, wie er isst, schaut auch genau hin, was er isst. „Nahrungsmittel müssen wieder zu echten Lebensmitteln werden, die nicht nur den Magen füllen, sondern auch Gaumen, Nase und Augen verwöhnen“, sagt Henry Urban und grenzt damit sein Ladensortiment ab von an jedem Ort der Welt immer gleich schmeckenden Industrieprodukten. So finden sich im Naumburger Käseeck nur leckere, naturbelassene Vollwertlebensmittel wie Gourmetsenfe aus Klein-Hettstedt, Feinschmeckeröle aus Staßfurt, offene Essigsorten und Öle neben mediterranem Pesto, Weinen aus der Region und handgemachten Fruchtaufstrichen. Nicht zu vergessen die 100 Sorten Käse aus Deutschland, Frankreich, der Schweiz und Österreich.
Versprochen ist, dass „man die Prise Langsamkeit“, mit der die im Urban`schen Laden verkauften Lebensmittel zubereitet wurden, schmeckt, riecht und sieht. Eine ökologisch sinnvolle Anbaumethode, mühevolle Kultivierung und schonende Verarbeitung schlagen sich eben deutlich nieder in Geschmacks und Geruchserlebnissen, die einen überrumpeln, wenn man beispielsweise

einen „Ziegenmünster“ aus Husum, einen „L`Mirondelle“ – mit Weißwein affinierter Ziegenkäse – oder einen „Schweizer Albikoner“ Eichenrindenkäse kostet. Und kosten darf in der Käseecke jeder alles. Das ist sozusagen heilige Pflicht. Während man still genießt, informiert der Hausherr unaufdringlich und ausführlich über Herkunft, Herstellung und Verwendung der einzelnen Produkte – im historischen Ambiente.
Der Laden ist passend zur Philosophie im ältesten erhaltenen Haus von 1560 der Salzstraße untergebracht und mit viel Liebe zum Detail von Henry Urban selbst eingerichtet. So sorgen Holzbalken, spätmittelalterliches Mauerwerk, verwitterte Baumstämme und zu Lampen umfunktionierte alte Firstziegel dafür, dass man sich in ein Haus aus längst vergangenen Zeiten zurückversetzt fühlt.
Und wenn die Urbans die historische Bohlenstube im Obergeschoss des Hauses als Wein- und Käseseminarraum herrichten, dann erfahren Neugierige auch mehr über solche Thesen wie „Was die Kuh frisst, so schmeckt der Käse“ oder erhalten Antwort auf die Frage „Was macht eigentlich ein Affineur?“ und lernen so auf vergnügliche Weise die Gemeinsamkeiten von Käse und Wein kennen.

RESTAURANT CAROLUS MAGNUS

Restaurant Carolus Magnus

Markt 11
06618 Naumburg

Telefon 0 34 45 – 20 55 77
Telefax 0 34 45 – 77 43 03

Weder die Worte „gutbürgerlich" noch „mediterran" will Ralf Kannegießer für seine Küche verwendet wissen. Das Restaurant, hinter historischen Mauern und von dicken Weinreben umkränzt am Naumburger Markt gelegen, sei vielmehr ein Spezialitätenrestaurant der deutschen Küche und feinen Weine aus der „Toskana des Nordens", dem Saale-Unstrut-Gebiet.

Die ungewöhnliche Namensgebung des Restaurants, so erzählt Wirt und Küchenchef Kannegießer, begründet sich auf die Städtepartnerschaft Naumburgs zu Aachen. Dort starb im April des Jahres 814 Karl der Große (lat. Carolus Magnus), der Frankreich im 8. Jahrhundert zu enormer Macht und Ansehen verhalf. Gleichzeitig verweist der Name auch auf das kulinarische Konzept des Hauses, das die deutsche Küche durch französische Einflüsse bereichert und belebt. So serviert man im mittelalterlichen Ambiente des dreigeteilten Restaurants mit 90 Plätzen selbstverständlich einen ordentlichen Sauerbraten. Der gehört in einem Weinbauland einfach dazu. Traditionell auch der würzige Salzkrustenbraten oder die Hussitenkirschpfanne, die Ralf Kannegießer allerdings vom früheren Arme-Leute-Essen in ein wahres Gaumenfeuerwerk verwandelt: mit in Trester Brand eingelegten Sauerkirschen in luftig aufgeschlagenem Bisquit, im Ofen gebacken und garniert mit schneeweißem Vanilleparfait. Die Affinität zu Frankreich, aber auch Schnittstelle zur Region, zeigen die vielen Fischgerichte auf der Karte. In Saale und Unstrut sind Zander und Saiblinge zu Hause, die im „Carolus Magnus" im Sommer mit einer Kartoffel-Meerrettich-Kruste und Schmorgurken, im Herbst auf einem Fenchelbett mit frischem Lauch und Curry-Honig-Soße auf den Tisch kommen.

Strengen Wert legt Ralf Kannegießer auf frische Salate und deren Vielfalt. Er verwendet dafür sämtliche wild wachsenden, essbaren Kräuter und Blüten. Mit seinen Mitarbeitern streift er selbst durch die heimischen Wälder und Auen auf der Suche nach Löwenzahn, Rauke, Pfifferlingen oder Morcheln. Und wenn er in seinem Obst- und Gemüsegarten den Pflaumenbaum geplündert hat, kommen die Gäste in den Genuss der leckeren August-Früchte, die dann mit Mandeln gefüllt, in Weinteig gebacken und hinterher durch schwarze Schokolade gezogen worden sind. Je nach Saison verändert sich also der Gehalt der Speisekarte. Ein weiteres Aushängeschild im „Carolus Magnus“ sind die kulinarischen Weinproben, die vornehmlich im historischen Ottonenkeller aus dem 16. Jahrhundert ausgerichtet werden. Das ganze Jahr über treffen sich dort regelmäßig Liebhaber der Saale-Unstrut-Weine, die den Abend mit einem 5-Gänge-Menü und in fröhlicher Runde verbringen. Mitunter funkelt dann auch der 2002 prämierte Müller-Thurgau „Carolus Magnus“ aus den Reben vom hauseigenen Weinberg in den Gläsern. An warmen Sommerabenden lässt es sich zudem vorzüglich entspannen auf dem Freisitz des Restaurants mitten in der schönen Kulisse des Naumburger Marktes. Dieser wird zur belebten Bühne, wenn das Restaurantteam die berühmten „Schwarzbiernächte“, „Spargelgala“, Theater oder Schaukochen unter freiem Himmel organisiert.

Gefüllte Ente „Toskana des Nordens“ mit frischen Pfifferlingen und feuriger Charentries Melone

Zutaten (4 Personen)

4 Barbarie-Entenbrüste
2 frische Tomaten
1 Bund Lauchzwiebeln, Basilikum
Knoblauch, Chilischoten
1 Charentries Melone
Olivenöl
Mangosaft
1/4 l Spätburgunder (Saale-Unstrut)
frische Pfifferlinge
Sommergemüse – je 100 g Bohnen, Zucchini, Paprika

Zubereitung

Entenbrust unter der Hautseite einschneiden und füllen mit einer Mischung aus fein gehackten, geschälten Tomatenwürfeln, Zwiebeln, Knoblauch, Basilikum, Chili und Sommmerkräutern. Marinieren der Entenbrust in Spätburgunder und Balsamico-Essig. Würzen mit Salz und Pfeffer und in Oliveröl beidseitig je 5 Min. anbraten (Hautseite zuerst). Mit dem Rest Spätburgunder ablöschen und 10 Min. unterm Salamander ziehen lassen.
Nun das Sommergemüse waschen und blanchieren.
Vor dem Anrichten mit Butter anschwitzen.
Für die Sauce ein Glas Mangosaft und Melonensaft aufkochen, Chili dazu, dann die orangefleischigen Melonenkugeln dazugeben.
Zum Anrichten wird die Entenbrust aufgeschnitten, mit Sauce leicht benetzt und mit Pfifferlingen und Sommergemüse umlegt. Dazu empfehlen sich Basmatireis oder gratinierte Safrankartoffeln.

WIELAND FÜHR KUNSTHANDLUNG, ANTIQUARIAT & CAFÉ

Wieland Führ Kunsthandlung,
Antiquariat & Café

Engelgasse 3
06618 Naumburg

Telefon 0 34 45 – 20 07 70
Telefax 0 34 45 – 20 07 70

Ruhetag: Sonntag

Beim Flanieren durch das historische Zentrum der Domstadt Naumburg zieht es Einwohner und Touristen immer wieder in die Engelgasse. Wer dieses stille Sträßchen hinter dem Rathaus passiert, landet unweigerlich bei Wieland Führ. Denn nicht nur sein Etablissement – Kunsthandlung, Antiquariat & Café – macht neugierig, auch das Haus, in dem Wieland Führ das Zepter schwingt sowie der kunstsinnige Wirt selbst sind Sehenswürdigkeiten, die man nicht auslassen sollte. Tritt man ein in das Lokal mit künstlerischem Innenleben, fallen einem zuerst die großformatigen, heiteren Bilder des Leipziger Malers Thomas Müller ins Auge. Man sitzt bequem auf schlichtem Dorfkneipen-Gestühl, die lindgrünen Wände strahlen Wärme aus, die einzige Mitarbeiterin serviert prompt und charmant sofort das Gewünschte. Am Eingang wacht Goethe über das Geschehen.

Die steinerne Anwesenheit des Dichters habe keinen tieferen Sinn, sagt Wieland Führ und guckt verschmitzt durch seine Brillengläser. Danach kann der Gast ja auf drei weiteren Etagen suchen: Dort finden sich in

gemütlichen Stuben und Gängen antiquarische Bücher, alte und moderne Grafik, Fotografie, Malerei und eine feine Auswahl an Antiquitäten. Auf dem Rundgang durch den kleinen Musentempel sollte man sich vom Chef des Hauses begleiten lassen, denn sein lakonischer Humor sowie die Geschichten, die er zu erzählen weiß, machen die Besichtigung erst zum wahren Vergnügen. Dabei liefert der Kunsthändler, Buchautor und kochende Antiquar die Historie des Hauses ganz ohne Aufpreis gleich mit: Die Engelgasse Nummer 3 gehört zu den markantesten Gebäuden von Naumburg. In dem windschiefen, schmalen Häuschen waren seit einem halben Jahrtausend stets Handwerker beheimatet. Am Beginn des 17. Jahrhunderts wurde ein über drei Etagen führender, hölzerner Erker angebaut. Feingliedrige Rocaille-Elemente kamen – dem Zeitgeschmack des Rokoko folgend –

nach 1732 hinzu. Seit 1790 schmücken Reliefplatten mit Schwan und Lyra – als Zeichen der Poesie – die beeindruckende Architektur. Ein poesievoller Geist weht auch heute noch durch die 250 Quadratmeter. Denn Wieland Führ lädt zweimal im Jahr zur Vernissage und veranstaltet regelmäßig kulturelle Themenabende, Lesungen oder Jazzkonzerte. Dabei werden die Gäste – wie an allen Tagen außer sonntags – mit schmackhaften Gerichten aus der Zauberhand des Naumburger Multitalents verwöhnt. Dann wirft sich der 1,95 Meter große Hüne eine grüne Küchenschürze um und bereitet in seiner winzigen Kochzelle beispielsweise ein feines Tomatensüppchen mit Sahnehäubchen zu, dessen Rezeptur ein Geheimnis bleibt. Passend zum leichten, gesunden kulinarischen Konzept gibt's danach Spaghetti mit hausgemachtem Pesto auf eingelegtem Ziegenkäse aus Schleckweda. Den süßen Abschluss bildet ein Original Naumburger Stamm. Das leckere Mahl wird garniert mit Insider-Ausflugtipps vom Chef und im Hintergrund leise spielender Musik. Irgendwie bekommt der alte Goethe als Türsteher dann doch noch seinen Sinn, wenn man so sitzt und denkt: „Hier bin ich Mensch, hier darf ich's sein."

Gebratene Forelle an Safransauce und Zuckerschoten auf Süsskartoffelbrei

Zutaten (4 Personen)

4 mittelgroße Süßkartoffeln
Salz, Pfeffer
Kräuter der Saison, Rosmarinzweig
etwas Butter
zwei Eier
Senf
neutrales Öl, Olivenöl
eine Prise Safran, Safranfäden
Semmelmehl, Mehl
Milch

Zubereitung

Süßkartoffeln mit Schale weich kochen, schälen und pürieren, mit Salz und Kräutern der Saison abschmecken und mit Spritzbeutel auftragen. Zuckerschoten kurz in Salzwasser kochen und anschließend in Butter schwenken. Zwei frische Eigelb mit Salz und Senf verrühren und etwas stehen lassen. Neutrales Öl tropfenweise und später im dünnen Strahl dazu gießen und dabei mit dem Schneebesen ständig schlagen, bis eine cremige Sauce entstanden ist. Zum Schluss mit Salz, Pfeffer, einer Prise gemahlenen Safran und wenigen Safranfäden abschmecken. Forelle in gesalzene und gepfefferte Milch legen und mit einem Gemisch aus Semmelmehl und Mehl panieren, einen Rosmarinzweig in die Bauchhöhle legen und in einem Gemisch aus Olivenöl und Butter braten. Garnieren mit Cherry-Tomaten.

WEINBAUVERBAND SAALE-UNSTRUT

Weinbauverband Saale-Unstrut

Querfurter Straße 10
06632 Freyburg/Unstrut

Telefon 03 44 64 - 2 61 10
Telefax 03 44 64 - 2 94 16

Feine Weine, urwüchsige Landschaften, imposante Burgen und Schlösser, herzliche Gastlichkeit – all das ist an Saale und Unstrut zu finden. Die mehr als 1000-jährige Weinbautradition prägte nicht nur den Wein, sondern auch Land und Leute.
An romantische Flusstäler schmiegen sich Weinberge mit jahrhundertealten Trockenmauern und Weinberghäuschen. Hier werden jene 32 verschiedenen Rebsorten gehegt und gepflegt, aus denen die Winzer die über die Landesgrenzen hinaus begehrten edlen Tropfen keltern. Dabei stehen Klassiker wie Riesling, Müller-Thurgau, Silvaner, Portugieser und Gutedel neben Raritäten wie Traminer, Ortega, André und Zweigelt.

Gebietstypische Säure, trockener Ausbau und feinwürzige Buketts zeichnen die Qualitäts- und Prädikatsweine von Saale und Unstrut aus. Lebensfrohe Weinliebhaber von nah und fern, die vollendeten Genuss und ein die Sinne anregendes Ambiente schätzen, kehren Jahr für Jahr wieder in das stille Landschaftsidyll – per Fahrrad, auf dem Wasserweg oder zu Fuß. Sie verweilen an lauschigen Plätzchen, die sich entlang der Weinstraße von Memleben bis zum thüringischen Bad Sulza bieten, besuchen aber auch abseits der Straße die „Weinbauinseln" des Saale-Unstrut-Weinbaugebietes wie Höhnstedt, Salsitz oder Jessen, stürzen sich in den städtischen Trubel von Naumburg,

Freyburg oder Zeitz oder ziehen einfach nur von Winzerhof zu Winzerhof. Besonders gern aber lassen sie sich zum Feiern verführen.

Dafür sind Winzer genau die richtigen Leute. Denn wer Wein anbaut, liebt auch Geselligkeit. Und so bitten natürlich auch die Weinbauern des Saale-Unstrut-Anbaugebietes jährlich zu zahlreichen Festivitäten auf ihre Höfe, tafeln an Verkostungsabenden in ihren Probierstuben leckere Speisen und Rebentropfen auf und winken die Wanderer auf ein Gläschen Traminer, Weißburgunder oder Dornfelder in ihre Straußwirtschaft. Als herzliche Gastgeber verwöhnen sie dabei ihre Gäste nicht nur mit Gaumen- und Seelenfreuden, sondern stillen als erfahrene „Weinberater“ auch deren Wissensdurst.

Der Weinbauverband Saale-Unstrut, seit 1990 als Begleiter und Förderer der regionalen Winzer unterwegs, versteht es ebenfalls, unterhaltsame Feste auszurichten.

Rot angestrichen im Terminkalender des Verbandes (und auch vieler Weinfreunde) ist jedes Jahr das zweite Wochenende im September. Dann lädt der Verein als Veranstalter zum Freyburger Winzerfest, das als größtes Weinfest Mitteldeutschlands tausende Besucher aus der ganzen Republik in das zauberhaft „toskanisch“ gelegene Städtchen lockt.

Wein, Weib, Gesang sowie Jubel, Trubel, Heiterkeit bestimmen dann für ein Wochenende das Leben in Freyburg. Allerlei königliche Majestäten, hübsch und wohlgestaltet anzuschauen, flanieren durch die Straßen und berichten kenntnisreich sowie charmant aus ihren jeweiligen Wein-Reichen – in Deutschland sind es dreizehn an der Zahl. Mittendrin natürlich stets die Weinkönigin von Saale-Unstrut, deren Neuwahl während der Festtage immer sonntags ansteht. Am gleichen Tag, ab 14 Uhr, startet auch der historische Festumzug zu seiner gemächlichen Reise durch die Altstadt von Freyburg. Mit geschmückten Wagen und historisch kostümierten Menschen wird ein lebendiges Epochenbild entworfen, das anschaulich und in Farbe ganze Jahrhunderte in die Jetztzeit beamt. Weinbau und Winzer spielen natürlich die Hauptrolle in dem bunten „Filmstreifen“. Nicht zu vergessen der Wein, der an diesem besonderen Wochenende auf dem Festgelände im so genannten Weindorf in einer fast unüberschaubaren Vielfalt zu schnuppern, zu kosten und zu kaufen ist. Weinliebhaber, die auf Jagd nach Informationen sind, erfahren dort auch mehr über Daten und Fakten des Rebenanbaus an Saale und Unstrut. Haben sie aufmerksam zugehört, können sie danach mühelos zum Beispiel die beiden Weinbaubereiche „Thüringen“ und „Schloß Neuenburg“ sowie die Namen der Großlagen wie Höhnstedter Kelterberg, Freyburger Schweigenberg, Naumburger Göttersitz oder Großjenaer Blütengrund aufzählen und kennen selbst die genauen Bezeichnungen der 32 Einzellagen. Das Geheimnis der Saale-Unstruter Qualitätsweine bekommen sie – als alte Winzerweisheit – gleich mit auf den Weg: „Der Boden ist der Vater des Weines, der Rebstock die Mutter und das Klima sein Schicksal.“ Und wie der Winzer das Schicksal seiner Rebstöcke lenkt, fragen Sie ihn am besten selbst – bei Ihrem nächsten Besuch an Saale und Unstrut.

Sektherstellung
um die
Jahrhundertwende

Winzerfest in Freyburg an der Unstrut

HOTEL UNSTRUTTAL

Schaffe, schaffe, Häusle baue – dieses schwäbische Motto könnte über dem gastlichen Haus von Ria und Jan Kannetzky stehen. Denn Küchenchef Jan, in dritter Generation der Gastronomie und Hotellerie verbunden, hat sein Handwerk nicht nur in württembergischen und badischen Sternerestaurants gelernt und getestet, sondern auch seine Frau aus Baden mitgebracht. Das junge Paar führt mit viel Einfallsreichtum und familiärer Gastfreundlichkeit das im Landhausstil eingerichtete Hotel „Unstruttal" in Freyburg. Ein gemütliches Haus, das über 15 Doppel- und Einzelzimmer und ein mit Kreuzgewölben versehenes Restaurant verfügt. Beliebte Orte zum Feiern und für Weinverkostungen sind auch das rustikale Tonnengewölbe sowie der Napoleonkeller. Lauschige Plätzchen für Sommerfrischler bietet der terrassenförmig angelegte Innenhof. Während die Gäste inmitten der begrünten Oase auf Speis und Trank warten, wandern ihre Blicke zum historischen Schöpfbrunnen und dem gewendelten Spindeltreppenturm aus der Renaissance-Zeit: Zwei architektonische Kleinode, die dem blumenumkränzten Hinterhof sein

unverwechselbares Antlitz geben. Hat man sich satt gesehen, serviert Jan Kannetzky auch schon ein spritziges Saale-Unstrut-Tröpfchen aus der vornehmlich mit regionalen Weinen prall gefüllten Karte. Das Lächeln vom Chef gibt's gratis dazu. Der erfahrene Koch will Einheimischen und auswärtigen Gäste gleichermaßen den Gaumen kitzeln. Dafür bietet er eine leichte und an regionalen Produkten ausgerichtete „Jahreszeitenküche", in die er anhaltisch-bodenständige, schwäbische und internationale Einflüsse geschickt integriert. Als Referenz ans Schwabenland kommen neben handgeschabten Spätzle auch Wildmaultäschle mit Rahmwirsing auf den Tisch. Die Tradition stammt aus Schwaben, das Wild aus Freyburg. Deftige Blutwurstpfanne steht neben Mediterranem wie der mit Kartoffeln und Tomaten im Ofen gegarten Dorade an Kapernäpfeln. Und das Reh wird im Juni nicht mit Preiselbeeren serviert, sondern mit Kirschsoße, wie es sich zur Saison der roten Kugelfrüchte gehört.

Hotel Unstruttal

Markt 11
06632 Freyburg/Unstrut

Telefon 03 44 64 – 70 70
Telefax 03 44 64 – 7 07 40

HOTEL ALTDEUTSCHE WEINSTUBEN ZUM KÜNSTLERKELLER

Gleich um die Ecke des Hotels „Unstruttal" laden Sabine und Peter Kannetzky in ihr legendäres Hotel Altdeutsche Weinstuben „Zum Künstlerkeller". Das denkmalgeschützte Anwesen befand sich von 1890 bis 1972 im Familienbesitz und konnte 1990 wieder darin aufgenommen werden. Begründet aber wurde die traditionelle Stätte als Kelterei und Weinausschank bereits 60 Jahre zuvor durch Carl Friedrich Großmann, einen Wirt und Winzer mit künstlerischer Begabung. War die Arbeit getan, widmete sich Großmann nämlich der kunstvollen Ausgestaltung des Hauses, die ihm 1860 den Namen „Künstlerkeller" verlieh. Die launigen Sinnsprüche zu Wein, Weib, Gesang sowie rustikalen Schnitzereien schmücken bis heute Fassböden und Kellerräume.

1890 übernahm Gustav Kretzschmar, Großvater der heutigen Besitzerin, das Wirtshaus. Das Weingeschäft führte später sein Sohn, Sabine Kannetzkys Vater Rudolf, weiter, der jede Weinprobe als kleines Fest für die Gäste zelebrierte und im Jahr 1933 das erste „Freyburger Winzerfest" – heute das wichtigste Heimatfest der Stadt – mit ins Leben rief. Wie zu Vater Rudolfs Zeiten ist der „Künstlerkeller" noch heute ein sinnenfroher Ort und in seiner baulichen Form als Winzerhaus einmalig. In der Jahn- und Jägerstube, in den Kellergewölben oder romantischen Innenhöfen treffen sich Studenten und Arbeiter, Dichter und Denker, Künstler und Sinnsucher aus aller Welt beim Wein, zum Genuss von deftigen Speisen und auf Musik- und Kleinkunstveranstaltungen, die Sabine Kannetzky mit Hingabe organisiert. 32 Zimmer im dazugehörigen Hotel laden zudem zur erholsamen Nachtruhe ein.

Auf der saisonal wechselnden Speisekarte stehen Weine von Winzern der Saale-Unstrut-Region und Landestypisches aus Topf und Pfanne. Berühmt ist die Freyburger Winzersuppe, ein schmackhaftes Potpourri aus Wein, hellen Trauben, Sahne, Lauch und Chicorée. Legendär und für zahlreiche Gäste wichtige Gründe, immer wiederzukehren, sind auch die hauseigenen Lammbraten- und Rouladengerichte, deren Rezepte strikt geheim gehalten werden. Und nicht zuletzt verzichtet kein Kenner des „Künstlerkellers" auf das Amaretto-Parfait auf Himbeer-Joghurtsoße und die nur für wah-

Hotel Altdeutsche Weinstuben
Zum Künstlerkeller

Breite Straße 14
06632 Freyburg/Unstrut

Telefon 03 44 64 – 7 07 50
Telefax 03 44 64 – 7 07 99

WINZERVEREINIGUNG FREYBURG-UNSTRUT

Im 12. Jahrhundert erlebt der Weinbau durch Mönche des Klosters Pforte (Schulpforta) eine erste Blüte. Heute ist es unter anderem die Winzervereinigung Freyburg-Unstrut, die unter Bewahrung alter Traditionen mit ausgereifter moderner Technologie im nördlichsten Anbaugebiet Europas fein nuancierte Spitzenweine von hoher Qualität ausbaut.

Die Geschichte der Winzervereinigung ist lang und spannend. 1934 – nachdem sich der Weinbau allmählich von einer ganz Europa betreffenden Reblauskatastrophe erholt hatte – schlossen sich Weinbauern um Freyburg/Unstrut zur Winzervereinigung zusammen und gründeten so die erste Genossenschaft dieser Region. Ab 1960 wurde der Weinbau vor allem von Landwirtschaftlichen Produktionsgenossenschaften (LPG), aber auch von Hobbywinzern betrieben. Der Eiswinter von 1987 stoppte dann alle Rebenträume, die Hälfte aller Weinstöcke fiel dem erbarmungslosen Frost zum Opfer. Doch die Winzer gaben nicht auf, wagten den Neuanfang und rebten zu den traditionellen Sorten sogar noch neue Züchtungen auf.

Heute bewirtschaften 527 Mitglieder der Winzervereinigung Freyburg insgesamt 630 Hektar Rebflächen. Zudem gehören sechs Vollzeit- und mehrere hundert Hobbywinzer zur Vereinigung. Geschäftsführer Gerald Wetzel ist stolz auf die Sortenvielfalt der Reben: „Wir bauen vor allem weiße Weine wie Müller-Thurgau, Silvaner, Kerner, Riesling, Weißburgunder, Grauburgunder, Traminer, Bacchus und Gutedel an.

Winzervereinigung
Freyburg-Unstrut eG

Querfurter Straße 10
06632 Freyburg

Telefon 03 44 64 - 3 06 23
Telefax 03 44 64 - 3 06 30

Weinbau an Saale und Unstrut hat Tradition. Schon seit mehr als einem Jahrtausend bestimmen die Rebkulturen auf den sonnigen Kalksteinterrassen das Bild der Landschaft, die man auch „Toskana des Nordens“ nennt. Weinberge in der Unstrutregion werden erstmals 998 in einer Urkunde von Kaiser Otto III. erwähnt.

Daneben stehen auch noch Hölder, Morio Muskat sowie Ortega in den Lagen." Der Gutedel gilt dabei als besondere Spezialität. Er gehört zu den ältesten Rebsorten, die wohl schon vor 1000 Jahren kultiviert wurde. Zunehmend erobern aber auch Rotweine – wie Dornfelder, Portugieser, Spätburgunder, Lemberger, Blauer Zweigelt und neuerdings Regent – die Terrassen an Saale und Unstrut.

Wer sich über das gesamte Rebensaftsortiment einen Überblick verschaffen und kosten möchte, ist von der Winzervereinigung herzlich nach Freyburg eingeladen. Dort erwarten den Gast neben dem kulinarischen Erlebnis weitere Überraschungen: In den Gewölben der Winzervereinigung ruht nämlich eine der größten Holzfass-Sammlungen der Bundesrepublik. 134 große Gebinde haben hier einst den Most der Winzervereinung aufgenommen und ihn noch bis in die 90er Jahre des vergangenen Jahrhunderts zu Wein reifen lassen. Heute zählt dieser Teil des Gebäudekomplexes zu den Höhepunkten einer Kellerführung,

zumal so manches dieser mannshohen Holzfässer mehr als 100 Jahre auf den Eichendauben hat. Nur einige Rotweine werden noch in diesem historischen Keller ausgebaut. Der Großteil der Reben reift in modernen Edelstahltanks. Darüber wachen drei renommierte Kellermeister, die 2,1 Millionen Liter Wein pro Jahr abfüllen.
Einen Rundgang wert ist auch der neu gebaute Präsentationsraum, der den Einkauf von feinwürzigen, aromenreichen Weinen aus dem Hause der Winzervereinigung zu einem Erlebnis macht. Selbstverständlich sind dort alle Weine sowie die im handgerüttelten Champagnerverfahren hergestellten, schon mehrfach prämierten Winzersekte auch zu kosten. An die hundert Medaillen bei den bundesweiten DLG-Prüfungen haben die Tropfen aus der Winzervereinigung bereits mit nach Hause gebracht.
Um im Spitzenerzeugerfeld mitzuhalten, haben sich die Mitglieder zu einer restriktiven Mengenbeschränkung bekannt.

Rebstöcke noch einmal ausgelichtet, um mit weniger Erträgen mehr Qualität in die Flaschen zu bekommen. Weniger ist eben mehr! Das Motto gilt allerdings nicht für die Kreativität der Winzervereinigung. Ideen und originelle Gedanken dürfen durchaus üppig sprießen und werden, wenn sie tragen, auch verwirklicht. So haben die Weinbauern gemeinsam mit Ronny Pietzner, der zum Team der deutschen Nationalmannschaft der Köche (Weltmeister 2002, Vize-Weltmeister 2003) gehört, einen eigenen Essig entwickelt und richten mit dem Spitzenkoch „Weltmeistermenüs“ mit jeweils passenden Weinen in führenden Restaurants der neuen Bundesländer aus. Darüber hinaus übernehmen Mitglieder der Vereinigung Sommelier-Aufgaben: Gastronomen schicken ihnen ihre Menükarte und die Winzer empfehlen den Wein zu jeder Speise.

HOTEL AM PLATZ

An den weißen Säulen des „Hotels am Platz“ ranken sich erste zarte, grüne Triebe empor. Die jungfräulichen Weinreben sind ein Geschenk des Weingutes Salsitz (bei Zeitz) an die Hohenmölsener Herberge und sichtbares Zeichen für eine fruchtbare Partnerschaft. Stünde nun ein alter, mit Briketts beladener Kohlewagen aus dem Zeitzer „Herrmannschacht“ – mitten auf dem weitläufigen Hotelvorplatz, wäre das touristische Dreigestirn perfekt dargestellt. Hotel, Wein und Kohle – zugegeben, die Verbindung scheint auf den ersten Blick verwirrend. Des Rätsels Lösung ist eine spannende „Entdeckungsreise zwischen Wein & Kohle in Mitteldeutschland“, auf die das Trio aus Hohenmölsen, Salsitz und Zeitz seine Gäste entführt. Ausgangs- und Endpunkt sowie Zwischenstation der Reise ist das „Hotel am Platz“. Dort schwingt Brigitte Herrmann gemeinsam mit ihrem Mann Günter das Zepter. „Das Angebot der Kurzreise, die in die über 1000-jährige Stadt Zeitz, zum Technischen Denkmal Brikettfabrik Herrmannschacht, auf das Weingut Salsitz und in unser Haus führt, ist bei den Gästen ein wahrer Renner“, schwärmt die Gastwirtin. Vor allem, weil die Besucher auf diese Weise drei Fliegen mit einer Klappe schlagen können: Sie erleben die einmalige, kontrastreiche Landschaft rund um Zeitz, lernen die stummen Sachzeugen der Industrialisierung kennen, tauchen am Abend tief in den „Geist des Weines ein“ und genießen die Tafelfreuden, die ihnen im familiär betriebenen „Hotel am Platz“ vom jungen Team um die Köchin Ramona Tittel bereitet werden.

Hotel am Platz

Am Platz des Bergmanns 1
06679 Hohenmölsen

Telefon 03 44 41 - 42 80
Telefax 03 44 41 - 4 28 54

BERGHOTEL ZUM EDELACKER

Berghotel zum Edelacker

Schloss 25
06632 Freyburg/Unstrut

Telefon 03 44 64 – 3 50
Telefax 03 44 64 – 3 53 33

Hotel Rebschule

Ehrauberge 33
06632 Freyburg/Unstrut

Telefon 03 44 64 - 30 80
Telefax 03 44 64 - 2 80 36

Ein Sommerabend auf der hoch über Freyburg liegenden Terrasse des Berghotels „Zum Edelacker“: Grillen zirpen, die Sonne verabschiedet sich mit einem letzten Freudenstrahlen hinter einer Anhöhe, die Gäste sind ins Gespräch vertieft oder blicken versonnen auf das herrliche Panorama, das vor ihnen liegt. Die „Toskana des Nordens“, wie die Saale-Unstrut-Region um Naumburg/Freyburg immer wieder genannt wird, ist auf dem Edelacker noch „toskanischer“ als sonst irgendwo in der Gegend. Überraschte Touristenaugen schweifen von der Terrasse aus über die im Tal liegende Freyburger Stadtkulisse bis hinüber nach Zscheiplitz, streifen dabei Rebhänge und alte Klosterruinen und ruhen sich aus in der sanften Hügellandschaft, in der eigentlich nur die Olivenbäume fehlen.
Ein herbeieilender Kellner nimmt freundlich die Bestellung entgegen – und im Nu steht das Gewünschte auf dem Tisch. Das Vier-Sterne-Hotel verwöhnt seine Gäste eben nicht nur mit einem schönen Ausblick, mit 80 komfortablen Nachtlagern und einem Wellness-Bereich, sondern auch mit raschem Service und guter Küche. Passend zur Weingegend pflegt das Haus vor allem die „kulinarische Ehe“ von Saale-Unstrut-Weinen und dazu passenden Speisen. So haben die Küchenmeister vom „Edelacker“ und Winzer der Winzervereinigung Freyburg das Sechs-Gänge-Menü „Winzerträume“ kreiert, in dem bei jedem Gang ein geschmacklich treffender Rebensaft kredenzt wird. Hat man sich das Tatar vom hausgebeizten schottischen Lachs, die passierte Weinbergschneckensuppe, das auf der Haut gebratene Zanderfilet mit Bandnudeln an Bärlauchpesto, das in der Flöte mit Winzersekt aufgefüllte Beerensorbet, die Crèpinette vom Damhirsch an sautierten Waldpilzen und die Weinbeeren Crème brûllée auf der Zunge zergehen lassen, ist man gleichzeitig durch die gesamte kulinarische Küchenwelt des Berghotels gereist. Für das Sahnehäubchen obendrauf sorgt allerdings eine hauseigene Konditorei, die Einheimische, Touristen und Tagungsteilnehmer mit allerlei süßen Köstlichkeiten verwöhnt. Wie das Berghotel „Zum Edelacker“ gehört auch das Hotel „Rebschule“ zu den Weinberghotels des Saale-Unstrut-Gebietes. Das mit drei Sternen dekorierte Haus bietet 23 Zimmer, ein Restaurant mit 80 Plätzen,

Zanderfilet auf der Haut gebraten mit in Bärlauchpesto geschwenkten Bandnudeln

Zutaten (4 Personen)

4 Stück Zander á 150 g
4 El Olivenöl
500 g Bandnudeln (gelb)
80 g Bärlauchpesto
Salz, Pfeffer
Zitrone

Zubereitung

Das Zanderfilet portionieren, mit Zitrone, Salz und Pfeffer würzen und in Olivenöl anbraten. Die Bandnudeln in Salzwasser bissfest kochen und dann kalt abschrecken. Das Bärlauchpesto in einer Pfanne erhitzen und die Bandnudeln darin anschwenken. Die angeschwenkten Bandnudeln auf der Mitte des Tellers anrichten und das gebratene Zanderfilet darauf drapieren. Ganz nach Belieben ausgarnieren.

einen Weinkeller mit 60 Plätzen sowie eine Terrasse für 100 Gäste. Die Atmosphäre ist familiär, die Küche präsentiert sich gutbürgerlich. Am letzten Freitag jeden Monats treffen sich Weinliebhaber zur öffentlichen Verkostung feiner Rebentropfen, ausgerichtet von jeweils wechselnden Winzern der Region. Die Mitarbeiter des Hotels „Rebschule" tafeln derweil ein Drei-Gänge-Menü auf. Von den Gästen kommen übrigens nicht wenige allein wegen der „Tarator" – einer kalten Gurkensuppe mit Sahne und Kräutern verfeinert, deren Rezept von der Küchenmeisterin gehütet wird wie ihr Augapfel. Vielleicht verrät sie aber die Rezepte für ihren ausgesprochen leckeren Kaiserschmarrn mit Schattenmorellen, die Bärlauchsuppe mit Gartenkräutern oder den deftig-kräftigen Rebschulenschmaus – Gerichte, die unter anderem auf der Karte des Hotelrestaurants stehen.

SCHLOSSCAFÉ ALTE REMISE

Schlosscafé Alte Remise
und Küchenmeisterey zur
Neuenburg

Schloss 1
06632 Freyburg/Unstrut

Telefon 03 44 64 - 6 62 00
Telefax 03 43 83 - 4 46 63

Ruhetag: Montag

Nur acht Kilometer nordwestlich von Naumburg erhebt sich hoch über dem Winzerstädtchen Freyburg der seit etwa 900 Jahren besiedelte Schlossberg der Neuenburg. Der Blick vom Bergfried des mächtigen Bauwerkes reicht weit in das weinbergträchtige Unstruttal hinein. Mit der Bebauung des heutigen Burgberges wurde Ende des 11. Jahrhunderts zur Zeit Ludwig des Springers begonnen.
Geschichtlich und kunstgeschichtlich von hohem Rang ist das steinerne Denkmal heute beliebtes Ausflugsziel für Touristen des Weinbaulandes, die der „Straße der Romanik“ folgen.
Wer das Burggelände betritt, dem begegnen mitunter zum Kampf bereite Rittersleute oder schöne Mädchen in langen, schweren Leinengewändern. Mit Sicherheit aber kreuzt Jörg Jakubeit den Weg des Besuchers. Der Mann des freundlichen Wortes und zugleich beredsamer Verkünder allerlei spannender Geschichten aus dem früheren Ritterleben wohnt nämlich auf der Burg und ist Mitarbeiter der Heureka Gastro GmbH. Das Unternehmen bewirtschaftet neben dem Schlosscafé „Alte Remise“ auch die „Küchenmeisterey“, die zwischen den Jahren 1500 und 1800 betriebene und jetzt wiederbelebte Schlossküche der Neuenburg.
Unternehmenschef Jochen Rockstroh bietet – abseits Klischee beladener Ritteressen – in dem historischen Gemäuer sowie im Festsaal des Schlosses einen Gesindeschmaus, mittelalterliche Tafeleien sowie barocke Festmahle an, die sinnenfrohen Gästen die Kochkünste längst vergangener Zeiten nahe bringen sollen.
Wir lassen uns zunächst im Schlosscafé „Alte Remise“ nieder. Der Service ist schnell und ausgesprochen verbindlich, die Speisekarte offeriert lauter Gerichte mit historischen Wurzeln. Landgrafen-Suppe mit Fleisch vom Hirsch in Kräutern und Pilzen, gerupfte Knödel, in Speck und Zwiebeln geschwenkt und mit Sahne verfeinert bis hin zum gräflichen Tafelspitz, der das beste vom Rind in sich birgt, an buntem Gemüse,

gereicht mit Kartoffeln in Brühe und Brot. Eine Gaumenfreude sind auch die mit Hirschragout gefüllten Wachteln an Porree und Safranreis. Dazu ein 2001er Regent vom Weingut Pawis – so wärmt sich die Seele von ganz allein. Gekostet hätten wir gerne noch von der Kirsch-Suppe mit Grießklößchen, aber die Zeit drängte und die „Küchenmeisterey" rief. Dort, unter rußgeschwärztem Kreuzgewölbe, wie auch im Festsaal des Schlosses richtet das Heu-reka-Team für Hochzeiten, Firmenjubiläen, Freundeskreise und andere gesellige Runden einzigartige Festmahle aus, die auf Wunsch kulturell umrahmt werden mit Spielleuten und redegewandten Moderatoren, die über den Wert der Gewürze, die Lebensgewohnheiten und kulinarischen Vorlieben unserer blaublütigen Vorfahren aufklären. So kredenzen die Heureka-Köche beispielsweise zum so genannten Barbarossa-Festgelage im Saal unter anderem Pasteten von Rind, Huhn und Hase, mit Wildfleisch gefüllte Wachteln, Rehrücken an Birnen und Blaubeeren sowie Met-Grießpudding mit Vanillesoße, Blaubeeren, gekrönt von gerösteten Mandeln und Pistazien.
Ob barocke Tafelfreuden, Gesindeschmaus oder kunstgeschichtliches Erlebnis – die Neuenburg bietet für alle Sinne gleichermaßen feinste Kost.

Wachtel mit Hirsch und Pistazien an Lauchgemüse und Safranreisplätzchen

Zutaten (4 Personen)

400 g Hirschfleisch
100 g Speck
2 Eier
Semmelmehl
50 g Pistazien
Salz, Pfeffer, Muskat
Salbei, Thymian,
Majoran, Rosmarin
Knoblauch, Zwiebel
1/4 l Weißwein
100 g Mandeln
1 El Zucker
1 El Amaretto
1 Prise Safranfäden
Lauchgemüse
Milch
Langkornreis

Zubereitung

Das Lauchgemüse wird in Mandelmilch, die mit Weißwein, Zucker, Amaretto, Salz, Pfeffer und Muskat angereichert ist, zirka 10 bis 15 Min. bissfest gekocht und mit Pistazien und Speckwürfeln angerichtet.
Das Hirschfleisch wird zerkleinert, mit Semmelmehl, Salz, Pfeffer, Salbei, Thymian, Majoran und Rosmarin, Knoblauch und Zwiebel vermengt und in die halbierten Wachteln gegeben.
Das gefüllte Geflügel kommt für zirka 20 Min. bei 200 °C in den Ofen.
Den Langkornreis in mit Safranfäden angereichertem Wasser garen, zwei Eier unterheben Nocken abstechen und im tiefen Fett ausbacken.

Restaurant Zum Fasan im Hotel Jägerhof

Dem „Jägerhof" in Weißenfels haben die an ihm vorüber gegangenen Jahrhunderte kaum etwas anhaben können. Das Haus wurde 1450 erstmals urkundlich erwähnt – als Viehhof und Vorwerk des Klosters Sankt Klaren. Gemunkelt wird allerdings, dass das Gebäude schon viel älter sei. Verbürgt ist der nach 1688 erfolgte Kauf durch Herzog Johann Georg von Sachsen-Weißenfels, der das Haus später aufstocken und zu einem repräsentativen Jagd- und Forsthof umbauen ließ. Dieser wurde 1705 mit viel Pomp und im Kreise einer illustren Gästeschar eröffnet. Adlige Prominenz war sicher auch im Jahre 1713 anwesend, als Herzog Christian ein opulentes Fest veranstaltete, auf dem Johann Sebastian Bach seine Jagdkantate uraufführte. Noch heute erinnern die alten, denkmalgeschützten Gemäuer des Hotels an längst vergangene Zeiten. Das ist vor allem der fachmännischen Sanierung zu verdanken, die in den Jahren 1992 und 2000 erfolgte. Historie und Moderne wurden dabei sensibel verbunden. So öffnet heute im Restaurant „Zum Fasan" eine freigelegte Sandsteintür von 1750 den Raum zum überwölbten Schwedenzimmer, historisierende, handwerklich gefertigte Lampen spenden warmes Licht, rundgemauerte Fensterausfachungen und rustikale Holzdeckenbalken sind ebenso original erhalten wie der Weinkeller aus dem 15. Jahrhundert, der für gesellige Verkostungen leckerer Rebensäfte das perfekte Ambiente bietet. Modern präsentiert sich die Küche. Uwe Weigelt, Inhaber des Hotels und Restaurants, zählt Wild und Fisch zu den Spezialitäten des Hauses. Beides wird in leicht bekömmlichen Varianten, statt deftig-kräftig zubereitet. So wetteifern um die Gunst der Gäste beispielsweise ein feinwürziges Wildrahmsüppchen, verfeinert mit Waldpilzen und Preiselbeersahne mit einer zarten Wildfasanenbrust in der Kartoffelkruste auf pochiertem Gemüse an Schinkenrisotto oder einem frischen Zanderfilet mit feiner Lachsfarcefülle unter einem gebackenen Käsemantel auf einem Wurzelgemüsebett. Die Weißenfelser mögen es gern traditioneller

Restaurant Zum Fasan
im Hotel Jägerhof

Nikolaistraße 51
06667 Weißenfels

Telefon 0 34 43 - 33 40
Telefax 0 34 43 - 33 41 00

und so werden auch sie verwöhnt: mit Kesselsülze in kräftiger, hausgemachter Gemüseremoulade an Salat und Röstkartoffeln, zart geschmorten und pikant gefüllten Schweinelendenröllchen oder mit „Waldgeflüster“ – einer ebenfalls hausgemachten Roten Grütze von Früchten des Waldes mit warmer Vanillesauce.
Variantenreich und frisch zeigen sich auch die Salate und verwendeten Kräuter: Schafgarbe, Löwenzahn, Brennnessel, Kümmel, Dill – sämtliche Gewächse stammen aus dem Garten des Hausherren, wo sie täglich frisch gepflückt werden. Selbst sonntags, wenn der Wirt mit einem kalten und warmen Büfett zum Brunch einlädt. Auch seine Liebe zu Weinen hat Uwe Weigelt zum Beruf gemacht. So bezieht er die mehr als 200 Rebensäfte ausschließlich aus dem eigenen Weinfachhandel. Der verwöhnte Gast findet edle Tropfen aus fast allen führenden Anbaugebieten, wobei die heimischen Saale-Unstrut-Weine eine besondere Stellung genießen.
Wer länger bleiben möchte, kann sich im Hotel komfortabel zur Ruhe betten. 35 Räume, zwei Romantikzimmer mit Wintergarten sowie ein Hochzeitszimmer und die Bachsuite stehen dafür zur Verfügung. Eine Referenz an den großen Musiker ist auch das Bachzimmer, das gern von Tagungsteilnehmern und Festgesellschaften in Anspruch genommen wird.

Menü

Hausgemachtes Rahmsüppchen

von frisch gezupften Brennnesseln,
verfeinert mit Waldhimbeersahne
und gerösteten Walnusskernen

Zarte Röllchen von jungen Wildfasanenbrüstchen

gefüllt mit frisch gezupfter Schafgarbe und
Ziegenkäse an pochiertem Gartengemüse
der Saison und gebratenen Kartoffelplätzchen

Zartschmelzendes Duett von Maraschino-Mohnparfait

auf Preiselbeerspiegel mit kleinem Obstbukett
an Hippengebäck

Zutaten (4 Personen)
Zarte Röllchen von jungen Wildfasanenbrüstchen

4 junge, filetierte Fasanenbrüstchen mit Karkasse
300 g Schinkenspeck (hauchdünn geschnitten)
20 g frisch gezupfte Schafgarbe
100 g Ziegen- oder Schafskäse
Salz, Pfeffer aus der Mühle
eine Spur geriebener Knoblauch
20 g Preiselbeermarmelade
90 g Wurzelgemüse
10 g Tomatenmark für die Soße

Zubereitung

Die Fasanenbrüstchen auf ein rutschfestes Brett legen und längs zur Mitte aufschneiden (nicht durchschneiden). Danach leicht plattieren und würzen. Die blanchierten Kräuter und den Käse auf den flachen Brüstchen verteilen und vorsichtig zusammenrollen. Die Fasanenbrustrolle mit den hauchdünnen Schinkenscheiben umwickeln und vorsichtig in Alufolie einschlagen. Bei 180 °C für zirka 30 Min. im Backofen gar ziehen lassen. In der Zeit kann aus den Knochenresten eine Soße gezogen werden, welche nach Belieben mit Preiselbeermarmelade abgeschmeckt wird. Die süßliche Note ist die perfekte Kombination zum edlen Fleisch. Als Beilage empfiehlt sich frisches Gemüse vom Markt und gebratene Kartoffelplätzchen.

HOTEL AM PLATZ

An den weißen Säulen des „Hotels am Platz“ ranken sich erste zarte, grüne Triebe empor. Die jungfräulichen Weinreben sind ein Geschenk des Weingutes Salsitz (bei Zeitz) an die Hohenmölsener Herberge und sichtbares Zeichen für eine fruchtbare Partnerschaft. Stünde nun ein alter, mit Briketts beladener Kohlewagen aus dem Zeitzer „Herrmannschacht“ – mitten auf dem weitläufigen Hotelvorplatz, wäre das touristische Dreigestirn perfekt dargestellt. Hotel, Wein und Kohle – zugegeben, die Verbindung scheint auf den ersten Blick verwirrend. Des Rätsels Lösung ist eine spannende „Entdeckungsreise zwischen Wein & Kohle in Mitteldeutschland“, auf die das Trio aus Hohenmölsen, Salsitz und Zeitz seine Gäste entführt. Ausgangs- und Endpunkt sowie Zwischenstation der Reise ist das „Hotel am Platz“. Dort schwingt Brigitte Herrmann gemeinsam mit ihrem Mann Günter das Zepter. „Das Angebot der Kurzreise, die in die über 1000-jährige Stadt Zeitz, zum Technischen Denkmal Brikettfabrik Herrmannschacht, auf das Weingut Salsitz und in unser Haus führt, ist bei den Gästen ein wahrer Renner“, schwärmt die Gastwirtin. Vor allem, weil die Besucher auf diese Weise drei Fliegen mit einer Klappe schlagen können: Sie erleben die einmalige, kontrastreiche Landschaft rund um Zeitz, lernen die stummen Sachzeugen der Industrialisierung kennen, tauchen am Abend tief in den „Geist des Weines ein“ und genießen die Tafelfreuden, die ihnen im familiär betriebenen „Hotel am Platz“ vom jungen Team um die Köchin Ramona Tittel bereitet werden.

Hotel am Platz

Am Platz des Bergmanns 1
06679 Hohenmölsen

Telefon 03 44 41 - 42 80
Telefax 03 44 41 - 4 28 54

Mit ihrer klassischen deutschen Küche, aus der sie zu jeder Jahreszeit noch zusätzlich saisonale Spezialitäten hervorzaubert, haben die Köche schon so manchen Gast ins Schwärmen gebracht. Jener gerät nicht etwa über eine verspielte Extravaganz der Gerichte in Entzücken, sondern lobt die Speisen wegen der liebevollen Zubereitung und der frischen Zutaten, die er sieht und schmeckt. Keiner wird enttäuscht, ob Fisch- und Fleischliebhaber oder Vegetarier. Neben Fleischlosem mit mediterranem Anklang, wie Bandnudeln in einer Basilikumrahmsoße mit Käse überbacken, steht Typisches aus deutschen Landen, zum Beispiel Roulade aus der Schweineschulter an feiner Sahnesoße mit Apfelrotkohl und Thüringer Klößen. Ein Sommerdessert lieben alle, ob Fleischverweigerer oder -esser, ob deutscher, dänischer oder schwedischer Hausgast: das zart schmelzende Sauerkirschparfait auf feiner Himbeersauce und mit Kirschen garniert.

Im Herbst klopfen Besucher an die Tür, die auf traditionelle Schlachtfestplatte und Wildgerichte Appetit haben oder am letzten Wochenende jeden Septembers das Weinfest besuchen. Auch wer eine große Feierlichkeit auszurichten hat, wendet sich gern an die Herrmanns. Denn für die erfahrenen Gastronomen ist die Organisation und Betreuung solch geselliger Anlässe mit kulinarischem Verwöhnprogramm ein Terrain, das sie im Schlaf beherrschen. Gut schlafen werden später auch die Feierteilnehmer, wenn sie ihr ganz individuell zusammengestelltes Fünf-Gang-Menü sowie ein Gläschen Wein aus Salsitz genossen haben und dann in einem der 32 gemütlichen Hotelzimmer in weiche Kissen sinken.

Rinderroulade nach Art des Hauses

Zutaten

4 Scheiben Rindfleisch (aus der Oberschale)
3 mittlere Zwiebeln
100 g Speck
Senf
Salz, Pfeffer
Wurzelgemüse wie Möhren, Pastinaken, Sellerie, Lauch
Schmalz
Lorbeerblätter
Pimentkörner
Pfefferkörner
Butter, Mehl

Zubereitung

Das Fleisch klopfen und von beiden Seiten mit Salz und Pfeffer würzen. Eine Seite mit Senf bestreichen. Würfel von Zwiebeln und Speck auf Fleischscheiben legen. Das Ganze in Rollen wickeln und mit Nadeln feststecken. Die Rollen in heißem Fett allseitig anbraten. Wurzelgemüse beim Braten zugeben, anschließend Schlagsahne aufgießen, dann reduzieren lassen. Wasser zugeben und auf kleiner Flamme zirka 1 Std. garen. Für die Soße Butter erwärmen und Mehl zugeben, eine dunkle Mehlschwitze herstellen. Der Soße die dunkle Mehlschwitze zufügen und sie damit binden. Die Nadeln aus den Rollen entfernen, Soße darüber geben und servieren.
Dazu empfehlen wir Apfelrotkohl und hausgemachte Klöße.

WEINGUT SALSITZ UND VINOTHEK

Weingut Salsitz
und Vinothek

Schulweg 44
06712 Salsitz (bei Zeitz)

Telefon 03 44 26 – 2 14 20
Telefax 03 44 26 – 2 14 99

Vinothek

Telefon 0 34 41 - 72 57 47
Telefax 0 34 41 - 72 57 23

Vorbei an einem stattlichen barocken Gartenpavillon, über eine prachtvolle Hofeinfahrt, der rechts ein langgestrecktes Rebstockfeld und links ein wunderschöner kleiner Park immerwährendes Spalier steht, gelangt man zum Weingut Salsitz, dem Anwesen der Familie Triebe. Der Empfang ist überaus herzlich, man nimmt Platz auf einer kleinen Terrasse im Park – inmitten des schattigen Grüns. Grit Triebe tischt frisches Brot, Winzerplatte sowie ein Glas des 2001 mit „Gold“ prämierten Bacchus auf und erzählt von Haus, Hof und Weinbergen. Dabei schauen immer mal wieder Wanderer vorbei, die der Weinroute an der Elster/ Saale-Unstrut folgen, an der das Gehöft der Triebes liegt.
Gemeinsam mit ihrem Mann Hubertus, Schwager Jörg und deren Schwester Annett bewirtschaftet die Gastgeberin in der Einzellage „Salsitzer Englischer Garten“ knapp vier Hektar Weinbauland. Dort, unter besten klimatischen Bedingungen, wachsen fruchtige, nicht zu säurebetonte Weine heran, aus denen spritzige, preisgekrönte Weißweine gezaubert werden. Im Barrique und in schwäbischen Eichenspiegelholzfässern reifen derweil aromatische Rotweine. Die Trauben vom Dornfelder, Müller-Thurgau, Bacchus, Ortega und Kerner gedeihen ausgezeichnet und werden per Hand gelesen. Das dazugehörige Weingut besteht aus einer 300 Jahre alten Hofanlage, die die Hausherren in mühevoller Kleinarbeit saniert und rekonstruiert haben. Und weil die Großfamilie gern Gäste hat, lädt sie jeweils

am letzten Samstag im Mai und September zu einem Hoffest ein. Dann sitzen die Salsitzer neben Besuchern von nah und fern bei fröhlicher Musik an einer großen Tafel, die mit Milbenkäse, Wein, Federweißem, Deftigem aus Topf und Pfanne sowie Kuchen und Kaffee beladen ist, und genießen miteinander die Gastfreundschaft der Triebes. Glück hat, wer dabei neben Helmut Pöschel sitzt. Der Würchwitzer Lehrer stellt im Nebenberuf den berühmten Milbenkäse her und weiß dem Tischnachbarn auf das Vergnüglichste von den Spinnentieren, ihrer Fress- und Liebeslust sowie ihrem NASA-Ausflug in den Weltraum zu berichten. Glanzstück des südlichsten Weingutes von Sachsen-Anhalt ist die „Vinothek Saale-Unstrut“ von Bernd Poser. Im Ottonenjahr 2001 gegründet und mit Hilfe des EU-Förderprogrammes „VINEST“ aufgebaut, sind dort Weine nahezu aller Erzeuger der Saale-Unstrut-Region, einschließlich der Winzervereinigung Freyburg, vertreten. Wer die Rebensäfte verkosten möchte, wird gerne auf den Weinberg, in den Park unter das Himmelszelt, in einen urigen Gewölbekeller (40 Plätze) oder in den mit Malereien versehenen Festsaal (52 Plätze) eingeladen. Für interessierte Weingenießer veranstaltet das Haus auf Anfrage auch Führungen durch die Weinberge, bei denen man mehr erfährt über die Arbeit eines Winzers und die verschiedenen Weinsorten an sich. So geschult kann die Reise weitergehen entlang der Weinstraße Saale-Unstrut oder per Drahtesel über den Elster-Radwanderweg. Wiederkommen sollte man im Winter, wenn Familie Triebe in der Adventszeit zur filmischen „Wein-Nacht“ einlädt, die zu mitternächtlicher Stunde mit erotischer Kleinkunst gewürzt wird.

GREEN ISLAND PUB

Green Island Pub

Weberstraße 25
06712 Zeitz

Telefon 0 34 41 – 21 26 71
Telefax 0 34 41 – 21 26 71

Dass es das „Green Island Pub“ von Andreas Weitze überhaupt gibt, ist den vielen Techno-Jüngern zu verdanken, die es in Zeitz und Umgebung gibt. Der ehemalige DJ konnte und wollte nämlich deren Musik weder hören noch auflegen. Also entschloss sich der Irish Folk-Fan, nach mehr als 15 Jahren musikalischen Tuns das Metier zu wechseln und eröffnete 1993 in der früheren Fleischerei seines Großvaters seine eigene Kneipe. Gemeinsam mit Ehefrau Anke sowie Stammgästen aus aller Welt lebt er dort seine Vorliebe für das ferne Land, dessen Leute und ihre Lebensweise aus. Wer das urige, gemütliche, in dunklem Holz gehaltene Lokal betritt, wird mit einem freundschaftlichen Handschlag und netten Worten begrüßt. Die Wände schmücken Musikinstrumente; das aus einer alten Kneipe stammende Mobiliar ist schlicht, aber bequem; vom Trödelmarkt stammen das Interieur bestimmende Bilder, Krüge und blecherne Werbeschilder und vieles andere mehr.

Im Sommer findet man die schönsten Plätze im begrünten Innenhof, in dem eine alte, riesige Brennblase, übrig geblieben in der Falkner Destillerie Luckenwalde, sofort alle

Blicke auf sich zieht. Die einzig öffentlich zugängliche Brennblase in Deutschland ist das Wahrzeichen des irischen Pubs. Denn hier dreht sich fast alles um Whisky und Whiskey, schottische und irische Tropfen, die ihren festen Liebhaberkreis haben. Andreas Weitze ist einer davon und noch dazu ein Fachmann in punkto Geschichte und Herstellung des „Lebenswassers". In Tastings und Vorträgen gibt er sein Wissen an die Gäste weiter. Sein Favorit ist ein Laphroaig, von Schottlands Insel Islay. Je nach Stimmung greift er aber auch gern zu einer Fassabfüllung von Bowmore oder zu einem amerikanischen Woodford Reserve. Diese drei Sorten gehören zu knapp 170 ausgewählten Whiskys und Whiskeys, die der Irland-Begeisterte in seinem Lokal anbietet. Dazu offeriert er in einer kleinen Speisekarte rustikale Gerichte wie Irischen Brottopf, mit Schweinefleisch, Bohnen und Pilzen gefüllt, oder aber Eilandsteak – ein Stück vom Schwein mit zwei Spiegeleiern und hausgemachter Kräuterbutter. Frisch und lecker sind auch die Salate und Suppen, wie die „Soup of the day", bei denen der Gast zwischen Feuertopf, Kartoffelsuppe, Grünen Bohnen oder Linsen mit Blutwurst wählen kann. Gegen den Durst gibt es Guinness, Kilkenny und Cider aus Irland sowie Fosters aus Australien. Natürlich frisch vom Fass und das Guinness selbstverständlich mit dem traditionellen dreiblättrigen Kleeblatt auf dem Schaum.

In eine irische Kneipe gehören aber nicht nur Bier, Whiskey und deftige Speisen, auch gesellige Unterhaltung darf nicht fehlen. Und so veranstaltet Andreas Weitze als Gastgeber und Musikfan Konzerte – vom September bis April spielen jeden Dienstag Jazz-, Blues- und Folkmusiker aus aller Welt auf der kleinen Kneipenbühne. Manchmal kommen sie danach auf ein letztes Glas in „Grandmothers kitchen" zusammen, dem liebevoll eingerichteten, urgemütlichen, großmütterlich-anheimelnden Küchenzimmer der Kneipe, in dem auch Feste, Buchlesungen und Schachturniere ausgetragen werden. Wer genau hinschaut, entdeckt dabei eine Urkunde an der rußgeschwärzten Wand: Das „Green Island" wurde 1999 zum besten Pub der neuen Bundesländer, dem „Guinness Irish Pub of the year" gekrönt. Diese Auszeichnung bekommt nur das Lokal, in dem alles stimmt.

Irischer Brottopf

Zutaten (4 Personen)

400 g mageres Schweinefleisch aus der Keule
Margarine
150 g frische Champignons
150 g grüne Bohnen
Fleischbrühe

Zubereitung

Das Schweinefleisch wird kleingeschnitten und in der Margarine angebraten, dabei mit Salz und Pfeffer würzen. Sobald das Fleisch etwas braune Farbe angenommen hat, die Champignons und grünen Bohnen dazugeben. Alles zusammen einige Minuten schmoren lassen und dann mit Fleischbrühe aufgießen. Ist das Fleisch gar, die Soße abbinden. Das Gericht wird in einem Brottopf serviert, den man vom Bäcker seines Vertrauens erhält. Dazu passt jede Art von frischen Salaten sowie ein gut gezapftes Guinness.

LANDESGARTENSCHAU ZEITZ

Gönnen Sie sich Zeit(z)! – so lautet das Motto der Landesgartenschau, die vom April bis zum Oktober 2004 hunderttausende Besucher nach Zeitz locken wird. Zeit wird dabei tatsächlich das höchste Gut aller Gäste sein, denn die 1000-jährige Stadt hat – neben dem wunderschönen Gartenschaugelände – noch viel mehr zu bieten, das es zu erkunden gilt. Sie ist eine bedeutende Haltestation an der Straße der Romanik, an der niemand ohne Zwischenstopp vorüberfahren sollte.

Die Landesgartenschau als Natur- und Kulturereignis samt kulinarischem Begleitprogramm bietet den würdigen Anlass für einen erlebnisreichen Stadtaufenthalt. Das im 17. Jahrhundert erbaute Schloss Moritzburg am Westrand der Altstadt ist das Herzstück des Gartenschaugeländes, in dem zahlreiche Kunstausstellungen das Thema Gartenschau auf sinnlich anregende Weise widerspiegeln. Rund um das Schloss erstreckt sich das zwölf Hektar große Schaugelände. Die erste Ruhepause können Besucher im Schlosspark einlegen, in dem eine üppig-bunte Blumenpracht bis zum Oktober Augen und Nasen verwöhnen wird. So erholt kann es weitergehen auf dem Gartenrundgang: Unmittelbar neben dem Schloss gelegen, erstrahlt in neuem Glanz und als architektonisches Kleinod die 1805 im barocken Stil errichtete Ölmühle.

Die 1708 entstandene Orangerie dagegen ist ein barockes, gartengestalterisches Kunstwerk, das nach historischer Vorlage wieder hergerichtet wurde. Dort gibt es eine Schau zur Entstehungsgeschichte der Landesgartenschau. Und wie es sich für eine Orangerie gehört, beherbergt sie auch eine Ausstellung von verschiedenen Kübelpflanzen.

Als eine Oase der Stille erweist sich der japanische Garten. Vier Gartenbaumeister aus dem Land der roten Sonne haben das fernöstlich geprägte Kunstwerk angelegt, das zu Ruhe und Meditation anregen und das Herz mit der Natur vereinen soll. Der Rossner-Park dagegen fasziniert mit seinem alten Baumbestand und zeigt sich zur Landesgartenschau als das, was er einst war – ein englischer Garten. Er sowie der Schlosspark gelten als zwei der 40 schönsten historischen Gärten in Sachsen-Anhalt, die bis 2006 für das touristische Vorhaben des Landes, „Gartenträume“, hergerichtet werden. Weiter geht's ins Göhlewäldchen, das

Landesgartenschau Zeitz

Badstubenvorstadt 17a
06712 Zeitz

Telefon 0 34 41 - 6 88 00
Telefax 0 34 41 - 68 80 66

mit seinem historischen Baumbestand und den angrenzenden Auwiesen einen „grünen Steg“ zum Elsterradweg bildet, von dem aus Radfahrer die Gartenschau bequem erreichen.
Wie Zeitz mit historischen Baumaterialien umzugehen weiß, sollen das Albrechtsche Palais und sein Badehaus zeigen. Dort finden auch wechselnde Informationsausstellungen des Landes Sachsen-Anhalt, der Stadt Zeitz, ihrer Partnerstadt Detmold sowie der befreundeten japanischen Stadt Tosu statt. Wie Tradition und Moderne geschickt zu verbinden sind, beweist die Sanierung der schönen Industriearchitektur der Klinkerhallen. Ein Pilgergang dorthin lohnt sich zudem wegen der vierzehn thematisch verschiedenen Hallenschauen, die unter anderem von Lebenskünstlern in der Pflanzenwelt berichten, die prächtige Vielfalt der Orchideen vorstellen oder einem Erntedankfest die passende Bühne bieten. Unterricht im „grünen Klassenzimmer“ unter freiem Himmel – das gibt's zur Landesgartenschau in den Brehmschen Gärten. Sie sind Teil des ehemaligen Lustgartens und stellen den großen Besuchern aufregend neue Gartenideen vor, während die kleinen Gäste sich im Streichelzoo und auf dem Abenteuerspielplatz vergnügen können. Über das gesamte Schaugelände verstreut liegen zahlreiche Themengärten, die beispielsweise durch die Welt der Kräuter führen oder immergrüne Gehölze und nachwachsende Rohstoffe zeigen.
Haben sich die Augen satt gesehen und die Nasen mit Duft gefüllt, will auch der Gaumen verwöhnt werden. Rund um die Orangerie bieten sich dafür idyllische Plätzchen, an denen Gastronomen mit vielerlei kulinarischen Offerten aufwarten. Von der Volksfest-Bratwurst bis zum Gourmetmenü sollen dabei die Angebote reichen. Da sich unmittelbar am Landesgartenschaugelände die bis Freyburg führende Weinroute an der Elster entlangstreckt, sind natürlich auch regional ansässige Winzer in Zeitz dabei und schenken ihre süffigen Rebensäfte aus. Zu ihnen gesellen sich auf einem Gärtnermarkt Obst- und Gemüsebauern sowie Imker.
Von April bis Oktober 2004 und auch förderhin – gönnen Sie sich Zeit(z)!

ZIEGENHOF SCHLECKWEDA

Ziegenhof Schleckweda

Elsterstraße 4
06722 Wetterzeube

Telefon 03 66 93 - 2 27 47
Telefax 03 66 93 - 2 36 81

Auf dem Bauernhof in Schleckweda, einem Ortsteil von Wetterzeube unweit von Zeitz, scheint die Welt noch in Ordnung. Vögel singen, Hähne krähen, Schweine grunzen, Katzen streifen durch die Wiesen – ein Dorfidyll, wie bestellt für stressgeplagte Zeitgenossen. Suse, die Ziege, benimmt sich auch ganz manierlich, posiert mit ihrer Schokoladenseite für die Fotografin und schmust dabei mit ihrem „Oberhirten".
Igor Schmiemann, Bauer und Herr der Ziegen von Beruf, schmunzelt: „Diese Liebe brauchte Zeit zum Wachsen." Seit Oktober 2001 ist der junge Landwirt aus Nordrhein-Westfalen heimisch in Schleckweda – und mit ihm seine Frau Astrid Blume sowie Tochter Charlotte.

„Wir haben nach dem Studium bundesweit nach einem geeigneten Hof gesucht", erzählt Igor Schmiemann. Über Freunde fand das Paar schließlich das vierseitige, mehr als zweihundert Jahre alte Gehöft in Wetterzeube, fuhr hin, schaute sich um und ließ sich ein halbes Jahr Bedenkzeit. Danach griffen sie zu. Die vom Vorbesitzer übernommene Ziegenherde war nicht so entschlussfreudig. Als die Tiere Bekanntschaft mit ihrem neuen Herrn machten, meckerten sie, zeigten sich launisch und sollten sich erst knapp zwei Jahre später an die stille Schmiemann'sche Umgangsart gewöhnen. Heute grasen 80 bis 90 Herdentiere friedlich auf der Weide und fressen das auf 17 Hektar von dem Jungbauern gezogene Kleegras. Die Ziegendamen stellen sich – nach der Lammzeit – von Mitte Januar bis November zweimal am Tag artig an die Melkmaschine. Zwei Liter täglich liefert jede Einzelne für den überall in der Region beliebten Ziegenkäse aus Schleckweda. Produzentin ist Astrid Blume, die in ihrem ersten halben Jahr als Käserin ebenfalls Lehrgeld zahlen musste. Die Lach- und Sachgeschichten aus dieser Zeit sind aber längst Vergangenheit und werden nur noch selten zur Erheiterung vertrauter Runden zum Besten gegeben.
Was wirklich zählt, ist das exklusive Angebot an 20 verschiedenen Rohmilchkäsen, das heute im kleinen Hofladen angeboten wird. Da gibt es im Februar – nach der „Trockenstehzeit" der Ziegen – als erste Gaumenfreude des Jahres Frischkäse natur, mit Kräutern oder Paprika und Knoblauch. Ein kulinarisches Gedicht ist auch der „Schimmelreiter" – als Weichkäse mit Cambembertschimmel, erfunden von der Käserin. Die verkaufen die Jungbauern nicht nur im Geschäft, sondern vor allem auch auf Sondermärkten wie Töpfer-, Bauern- und Naturkostmärkten in Sachsen, Thüringen und Sachsen-Anhalt. Ebenso lecker der „Schleckweder", ein Ziegengouda oder die mild-würzige „Pyramide", ein Frischkäse im Aschemantel. Süß-cremig schmeckt „Ricotta", ein rahmiger Molkekäse mit weicher Konsistenz. Dann gibt es noch den „Goldbarren", ein geräucherter, im Inneren cremiger Schnittkäse und „Crottin", ein handgeschöpfter, lange abgetropfter, gesalzter Frischkäse, der reifen darf und in allen Reifestadien schmackhaft ist. Nicht zuletzt zaubert Astrid Blume aus der Ziegenmilch auch zwei Fetakäse, die sie in Olivenöl und in Salzlake einlegt. Spezialität des Hauses ist ein nussiger Milbenkäse, der allerdings milder ist als sein Würchwitzer Original, das auch im Laden zu haben ist.
Weine aus der Region und Rheinhessen ergänzen sinnvoll die Käsepalette im Hofladen. Frisches Brot liefert eine Naturbackstube. Von freitags bis montags dürfen Besucher kosten, kaufen und schauen. Dann erleben sie vielleicht auch, wie der Kreislauf eines ökologisch betriebenen Ziegenhofes funktioniert: So stürzen sich die drei Hausschweine mit Fresslust auf die verbliebene Käsemolke, auf Gerstenschrot und Grünfutter, während Hofherr Schmiemann mit dem Mist seiner Ziegen die Wiesen düngt. Schön, dass man die Möglichkeit hat, auch via Post oder Internet auf dem

Ziegenhof einzukaufen. Igor Schmiemann und Astrid Blume nehmen telefonische oder elektronische Bestellungen gern entgegen und schicken das Gewünschte zu.

KÄSEDUFT AUF DEM BROCKENGIPFEL

Blick zum Brocken

Im Labyrinth der Täler hinzuschleichen, dann diesen Felsen zu ersteigen, von dem der Quell sich ewig sprudelnd stürzt, das ist die Lust, die solche Pfade würzt, schrieb Johann Wolfgang Goethe im „Faust“. In den poesievollen Reimen schlugen sich jene Empfindungen nieder, die den Dichter einst auf seinen Harzreisen übermannten. Es ist aber auch gar zu schön im nördlichsten aller deutschen Mittelgebirge, dessen natürlichen Reichtum sich die Länder Sachsen-Anhalt, Niedersachsen und Thüringen teilen. Doch da es von allem genug gibt, kommt keines zu kurz.

Reisende, die das 100 Kilometer lange und 40 Kilometer breite Gebiet durchqueren, kommen unweigerlich ins Schwärmen angesichts der anmutigen, tiefen Täler, der hohen, bizarr geformten Felsen und der dichten, dunklen Wälder. Auch Heinrich Heine konnte sich der rauen Schönheit des Harzes nicht entziehen. Er fand vor allem für die drei landschaftsprägenden Flüsse zart-romantische Worte: für die „liebe, süße Ilse“, die ihn lieblich empfangen habe, für die düstere Bode, die ihm „gnädig“ begegnete, dann aber auf der Höhe der Roßtrappe „aus allen Zügen Zärtlichkeit hauchte“ und schließlich für die fröhliche „schöne Selke“, die sich als „liebenswürdige Dame mit heiterer Ruhe und halbverstecktem Lächeln“ zeigte. Schade, dass die eigenwillige Landschaft mit ihren abrupten Wechseln von Schroffheit und Idyll nicht jeden von uns zu einem solchen Wortkünstler macht – wir wären dann – nach einer Harzreise – tatsächlich ein Volk der Dichter und Denker. So aber lassen wir uns einfach treiben zwischen Goslar und der Vorharzstadt Eisleben. Aus dem Panorama hebt sich mit seinen 1142 Metern der Brocken wie ein übermächtiger „Vater“ hervor. Ob nebelverhangen oder sonnenklar – mehr als 2 Millionen Gipfelstürmer pro Jahr statten dem Granitfelsen einen Besuch ab. Sie erobern das Bergmassiv zu Fuß, aber auch mit der Brockenbahn. Das schnaubende Gefährt gehört zum „Fuhrpark“ der Harzer Schmalspurbahnen. Auf 132 Kilometer Länge tuckern die nostalgischen Dampflokomo-

Im Selketal

Im Bodetal

Meisdorf

Wernigerode

Harzer Schmalspurbahn

tiven mit ihren gemütlichen Waggons im Schlepptau schmalspurig durch die Region (Selketal-Bahn, Harzquerbahn von Wernigerode nach Nordhausen). Nur die Rübeland-Bahn von Blankenburg nach Elbingerode wird elektrisch betrieben.

Mitunter durchpflügen sie dabei auch Ortschaften, wie beispielsweise Alexisbad. Der traditionsreiche Kurort trägt wie seine städtischen Harz-Schwestern ein typisches und liebevoll restauriertes Gesicht: historische Fachwerkbauten mit weißen Gefachungen. Diese prägen auch das Antlitz von Wernigerode mit seinem Marktplatz, dem Rathaus, dem „kleinsten" und dem „schiefsten" Haus, der Altstadt und dem alles überragenden Schloss („Neuschwanstein des Nordens"). Ebenso harztypisch zeigt sich die Lutherstadt Eisleben sowie die Weltkulturerbestadt Quedlinburg, eines der größten Flächendenkmäler Deutschlands mit 1200 bunten Fachwerkhäusern, dem Schlossberg und der Stiftskirche. Und auch die Thomas-Müntzer-Stadt Stolberg lockt nicht nur mit ihren berühmten „Stolberger Lerchen" (eine Knackwurst aus Schweinefleisch, Rindfleisch, Speck und allerlei geheimen Zutaten), sie zeigt sich darüber hinaus im besonders attraktiven „Fachwerk-Kleid".

Wie im übrigen Sachsen-Anhalt bestimmen auch im Ober-, Nord-, Süd- und Ostharz Burgen, Klöster und Schlösser das Landschaftsbild. Nicht auf den ersten Blick sichtbar, aber prägend und zu erkunden sind geheimnisvolle Höhlen und tief verzweigte Bergwerksschächte. Eines der schönsten und am besten erhaltenen Bauwerke ist die Burg Falkenstein hoch über dem Selketal. Imposant auch der gotische Kreuzgang in der Klosterruine Walkenried, während der gotische Dom in Halberstadt zu den schönsten Sakralbauten des Harzes zählt. Im Oberharzer Bergwerksmuseum in Clausthal-Zellerfeld, der Bergbaustadt mit größter Holzkirche Deutschlands, erfährt man allerlei Wissenswertes über das unterirdische Tagwerk. Und in den Tropfsteinhöhlen Rübeland nähern sich seit Jahrhunderten faszinierende Stalagmiten und Stalaktiten einander.

Über all die irdischen Schätze hinweg reitet jedes Jahr am 30. April in der Walpurgisnacht ein buntes Hexenvolk, das sich von Schierke, über den Hexentanzplatz in Thale bis hin nach Braunlage und Bad Grund rauschenden Festen und wilden Späßen hingibt. Nicht ganz so entfesselt feiern die Köhler in Hasselfelde und Braunlage ihr Köhlerfest, bei dem sich die Tische unter der Last harztypischer Spezialitäten biegen. Über allem liegt der Duft des Harzer Käses (Durch muss er sein. Laufen muss er. Aber bewegen darf er sich nicht.). Am besten schmeckt er auf Schmalzbroten mit Zwiebeln. Dazu ein Schierker Feuerstein und die Welt ist in Ordnung. Erhöhen kann man den Genuss noch mit Kostproben von raffiniert gewürzter Harzer Wurst vom Roten Höhenvieh, von einzigartigen Schmor- und Mettwürsten mit Grünkohl, leckeren Forellen aus den Harzgewässern, Schierker Backleber, Harzer Klötzen, mit Armem Ritter oder Schiebesuppe. Zwischendurch nimmt man stets einen ordentlichen „Schluck" (Korn) und wappnet sich mit Bärlauch wirksam gegen freche Hexen.

Walpurgisnacht auf der Harzer Schmalspurbahn

Harzer Höhenvieh

HOTEL AN DER KLOSTERPFORTE

Hotel An der Klosterpforte

Lindenstraße 34
06295 Lutherstadt Eisleben

Telefon 0 34 75 - 7 14 40
Telefax 0 34 75 - 7 14 41 00

Mechthild von Magdeburg, Mechthild von Hakeborn und Gertrud von Helfta – das sind die klangvollen Namen jener drei heiligen Frauen, die im 13. Jahrhundert den Ruhm und die Ausstrahlung des Klosters St. Marien zu Helfta als „Krone der deutschen Frauenklöster" begründet haben.
Bis vor mehr als 450 Jahren bestimmten Cistercienserinnen den Alltag im Kloster – mit frommem Gebet und harter Arbeit in Haus, Hof und Garten. Dann verlosch der klösterliche Lebensgeist für mehrere Jahrhunderte. Das eindrucksvolle architektonische Ensemble Kloster Helfta verwandelte sich über die Zeit bis 1999 in ein trostloses Ruinen- und Trümmerfeld.
Davon ist längst nichts mehr zu sehen. Mehrere Vereine und das Bistum Magdeburg nahmen sich des scheinbar gottvergessenen Ortes an, sanierten die Reste der historischen Bausubstanz, bauten wieder auf und richteten dabei auch eine neue Heimstatt für 16 Cistercienserinnen ein. Heute pilgern nicht nur Tausende von Gläubigen Jahr für Jahr zum Kloster Helfta, auch Touristen, Geschäftsleute und Ausflügler mit Kind und Kegel wählen dieses Ziel, das ihnen – je nach Wunsch – Gastfreundschaft, Trost oder Ruhe verspricht.
Großen Anteil an der Erfüllung dieser Wünsche hat seit April 2002 auch das Drei-Sterne-Hotel „An der Klosterpforte". Das Haus mit 44 Betten, einer Veranstaltungshalle für 450 Personen, Tagungsräumen, dem Restaurant, der Klosterschänke, dem Biergarten und der Terrasse empfängt den hungrigen Ankömmling mit einer Speisekarte, die eine deftige Mansfeld'sche Küche mit internationalen Einflüssen verquickt. Zwischen Pilgerspeisen und Gourmetgerichten hantieren die Kochkünstler des Hauses sicher an Töpfen und Pfannen und bringen dabei kräftiges Kassler ebenso geschmackvoll auf den Tisch wie ein Cassissorbet auf einer Kaltschale aus schwarzen Johannisbeeren mit Waldhonig und Minze.

Von Gästen oft probiert werden Gerichte, die mit Bier aus der hauseigenen, kleinsten Klosterbrauerei Mitteldeutschlands zubereitet worden sind. So wählen viele als Vorspeise die Cistercienser Bierbrotsuppe, in der sich Bier, Brot, Gemüsebrühe, Zwiebeln, Champignons und Rahm zu einer nahrhaften Komposition vereinen. Gern genommen

werden auch in Klosterbräu und Senf gebratene Rostbrätl oder aber „Unsere Fuhre Mist“, drei kleine Steaks von Schwein, Kassler und Pute mit Speckbohnen und Röstkartoffeln, serviert auf einer Holz-Schubkarre. Wer es weniger schwer mag, greift zu Lachs, Forelle oder Pute, die mit frischem Gemüse leichtverdaulich und ansprechend ausgarniert auf den Teller gezaubert werden. Zum Nachtisch darf es dann vielleicht ein Brot-Butter-Pudding mit Quittengelee und Vanillesoße sein. Dazu empfehlen sich die Weine aus Höhnstedt, aus dem Anbaugebiet Saale-Unstrut, aber auch Rebensäfte von international bekannten Weingütern.
Und während man still genießt, schweifen die Blicke durch die in schlichter Eleganz gehaltenen Räumlichkeiten, denen die fröhlichen Farben der Vorhänge, Polsterungen und Tischwäsche eine frische Lebendigkeit verleihen. Historischer geht es in der „Klosterschänke“ zu. Dort werden nach altem Brauch und vor den Augen der Gäste bis zu 12 000 Liter Klosterbräu im Jahr gebraut. Wer wissen möchte, wie das Handwerk funktioniert, besucht ein „Bierseminar“. Mit Informationen über den Gerstensaft, Bierquiz und Bierdiplom sowie einer zünftigen Bauernbrotzeit vergehen zwei unterhaltsame Stunden wie im Fluge.

Helftaer Brot-Butterpudding auf einer Vanillesauce

Zutaten (4 Personen)

Für den Brotpudding

7 Scheiben Toast ohne Rand
100 g Vanillezucker
60 g Rosinen
4–6 cl Rum
4 Eier
100 ml Milch
100 ml Sahne
90 g Quittengelee (oder Aprikosenmarmelade)
60 g Butter
Puderzucker

Für die Vanillesauce

200 ml Milch
30 g Zucker
2 Eigelb
15 g Stärke
1 Vanilleschote

Zubereitung

Für die Vanillesauce 150 ml Milch mit der Vanilleschote aufkochen. Eigelb und Zucker schaumig schlagen. Dann langsam die zirka 80 °C warme Milch in die Ei-Zuckermasse rühren. 15 g Stärke in 50 ml Milch auflösen und unter die Vanillemilch geben.
Für den Brot-Butterpudding die Rosinen in Rum aufkochen und 20 Min. ziehen lassen. Toast in etwa 1 Zentimeter große Würfel schneiden. Vollei, Milch, Sahne und Quittengelee glatt verrühren, am besten mit dem Zauberstab. Toastwürfel, Rosinen mit Rum und Vanillezucker vermengen und in vier gebutterte Tassen verteilen. Danach die Ei-Sahnemasse darüber geben und eine Butterflocke (zirka 10 g) darauf setzen. Dann in den Ofen und backen bei 160 °C, etwa 30 bis 40 Min.. Der Pudding muss gestockt sein (Holzstab-Probe). Danach den warmen Pudding stürzen und mit viel Puderzucker bestäuben. Auf Vanillesauce servieren.

EUROPA ROSARIUM

Europa Rosarium

Rosenstadt Sangerhausen GmbH

Am Rosengarten 2a
06526 Sangerhausen

Telefon 0 34 64 – 5 89 80
Telefax 0 34 64 – 58 98 15

Frau Rudolf Schmidt ist ein zartes Gewächs, das einen wunderbaren Duft verströmt. Die pinkfarbige Polyanthahybride mit dem eigenwillig-spröden Namen wetteifert dabei mit „Jeanne d'Arc", der „Heidefee" oder „Comtess de Murinais", wer wohl die Schönste sei und wessen Duft die menschlichen Nasen am meisten betört.
Die holden Damen sind im Europa Rosarium in Sangerhausen beheimatet und bilden mit all ihren anmutigen Artgenossinnen die größte Rosensammlung der Welt.
Mit einem Besuch in diesem bunten Pflanzenparadies ergänzen wir unsere kulinarische Entdeckungsreise durch Sachsen-Anhalt perfekt. Denn wie eine gute Speise, so bezaubern auch die im Rosarium beherbergten Rosenblüten aus aller Welt auf ganz besondere Weise Augen und Nase.

Schon wenn man aus dem Auto steigt, lange vor dem Eingangsbereich des zwölf Hektar großen Rosenparks, atmet man unwillkürlich tiefer ein. 7000 Rosensorten und -arten verströmen weit über ihre eigentliche Heimstatt hinaus ihren Duft. Am Ende des Monats Mai sind etwa 500 verschiedene Wildrosen die ersten, die ihre Blüten öffnen und mit einem prachtvollen

Farbenspiel und süßen Aromen die Sinne der Besucher kitzeln. Über 100 000 Gäste zieht es während der wechselnden Blütezeiten der floralen Schönheiten ins Rosarium. Mitte Juni setzt die Hauptrosenblüte ein, bis Mitte Juli ranken die herrlichen Park- und Kletterosen ihre Köpfe stolz in den Himmel. Bis in den Spätherbst blühen moderne Beet- und Strauchrosen. In dieser Zeit sind auch die Attraktionen und Raritäten des Parks zu bestaunen, wie die „Grüne und Schwarze Rose", verschiedene Moosrosen, die echte Ölrose, die kleinsten Rosen der Welt bis hin zu Rosengewächsen aus Goethes Garten.
Dass wir heute die Vielfalt der Königin der Blumen, vom Altertum bis zur Moderne, als Sammlung an einem Ort erleben können, dafür sorgen seit einem Jahrhundert Wissenschaftler, Züchter und Rosenfreunde.

Peter Lambert aus Trier hatte 1837 die kluge Idee, alte und vom Aussterben bedrohte Sorten in einem Rosarium zu sammeln und zu erhalten. Rosenfreund Albert Hoffmann überredete die Stadt Sangerhausen, das Gelände dafür zur Verfügung zu stellen, und so konnte die Ausstellung 1903 auf einer Fläche von 1,5 Hektar eröffnet werden.
Um mehr als das Zehnfache ist der Rosenpark inzwischen gewachsen. Gewachsen sind auch kulturelle Traditionen, die sich rund um das Rosarium drehen. So wird jährlich am letzten Wochenende im Juni das Berg- & Rosenfest mit vielen unterhaltsamen Veranstaltungen gefeiert. Glanzvoller Höhepunkt des Festes ist alle zwei Jahre die Krönung der Rosenkönigin, die das Europa Rosarium und die Berg- und Rosenstadt Sangerhausen als charmante Repräsentatin bei wichtigen offiziellen Anlässen vertritt, sowie der Festumzug durch die historische Altstadt. Wer es im Juni nicht nach Sangerhausen schafft, sollte sich den August vormerken. Dann gibt es im Rosarium ein einzigartiges Schauspiel zu erleben: die „Nacht der tausend Lichter". In diesem vielfarbigen Sinnenzauber leuchtet die Blütenpracht besonders verführerisch und Hunderte Touristen und Sangerhäuser lustwandeln in historischen Kostümen durch die Parklandschaft. Sie kommen dabei auch am „Gartentraumladen" vorbei. Dieser ist ein beliebter Treffpunkt aller Rosenfreunde, die nach Fachliteratur und Pflanzen für den eigenen Garten suchen. Wer zur rechten Zeit am Ort ist, kann mitunter sogar historische Trophäen wie die „Schwarze und Grüne Rose" oder eine „gloria day" (Friedensrose) nach Hause tragen.
Nach Hause tragen kann ein Bräutigam auch seine Braut, nachdem beide im „Gartentraumladen" Hochzeit gehalten haben. Diese Angebot machen die Mitarbeiter seit kurzem allen Ehewilligen. Denn wo lässt es sich schöner heiraten als mitten in einem Rosenmeer? Danach laden mehrere Restaurants zum festlichen Rosenmenü ein, so beispielsweise in Sangerhausen das „George"

und der „Ratskeller" und in Oberröblingen das Gasthaus „Zum Löwen". Die Küchenmeister bedienen sich dabei tatsächlich der stolzen Blumen: Rosenblüten und Rosenwasser verleihen dem Hochzeitsmahl einen außergewöhnlichen Geschmack.

RESTAURANT GEORGE

Ungespritzt müssen sie schon sein, die Rosen, mit denen Küchenchef Michael Kunze im „George" seine Rosengerichte auf den Tisch zaubert. Blüten, Blätter und Essenzen aus getrockneten Rosen – die Pflanzenkönigin ist nicht nur großzügig mit ihren optischen Reizen und Duftnoten, sie verfügt auch über zahlreiche schmackhafte Bestandteile.

„George" war das einzige von über 200 regional ansässigen Restaurants, das sich vor Jahren an einem Rosenrezeptwettbewerb, ausgeschrieben vom Rosarium, beteiligt hatte. Die sinnliche Komponente des Wettbewerbs kam Michael Kunze sehr entgegen, lässt er doch ohnehin in seinem Restaurant aus dem Essen ein Gesamterlebnis für alle Gäste werden. So grub der junge Küchenchef alte Rezepte aus, experimentierte lange mit dem kostbaren floralen Gut und konnte am Ende mit einer ganzen Liste origineller Rosenspeisen aufwarten. Am schwierigsten gestaltete sich die Zubereitung einer Vinaigrette. Das dabei verwendete Rosenöl zeigte sich so intensiv im

Restaurant George

Georgenpromenade 8
06526 Sangerhausen

Telefon 0 34 64 - 34 42 00
Telefax 0 34 64 - 34 42 02

Ruhetag: Dienstag

Geschmack, dass die aromatisch perfekte Dosierung einige Testzubereitungen erforderte. Erst dann schmeckte der Blattsalat mit Kaninchenleber und Rosenvinaigrette, der heute zu den kulinarischen Favoriten im „George" zählt. Gaumenfreude bereitet auch das Rosenschaumsüppchen und die Maispoularde auf Rosenbandnudeln, das man unbedingt mit einem Roseneis auf marinierten Erdbeeren – im Herbst mit Himbeeren – abschließen sollte. Garniert wird das leckere Dessert mit einer kristallisierten Rosenblüte, die man ebenfalls verspeisen kann. Wir jedenfalls haben geschwelgt und nur aus Rücksicht auf unsere Hüften auf das von Rosenblättern umkränzte Rosentörtchen verzichtet.

Im „George" werden die Gäste aber nicht nur mit Rosengerichten und -menüs verwöhnt. Ist die Blütezeit vorbei, verschwinden diese ohnehin von der Speisekarte. Michael Kunze bietet darüber hinaus eine große Bandbreite an Gerichten, die mit hohem handwerklichen Aufwand und viel Liebe zubereitet sind. Im Restaurant mit Wintergarten – eingerichtet in Anlehnung an den klassischen französischen Stil – speisen vor allem jene Gäste, die hohe Kochkunst im passenden Ambiente genie-

ßen möchten. Vitello Tonato, Roastbeef in Kapern-Thunfischmarinade mit Kartoffel-Olivenbrot oder Lammkrone auf Ratatouille mit Kräuterpolenta und Knoblauchpüree stehen dort beispielsweise auf der Speisekarte. Im schick-modernen Bistrobereich dagegen gibt's Cross-Over-Küche: kleine Fisch-, Fleisch- und Pastasnacks sowie Salate, deren Rezepte Michael Kunze aus seinen Wanderjahren mitgebracht hatte. An der amerikanischen Bar labt man sich an exotischen Cocktails oder trinkt einfach einen Kaffee. Das aufmerksame Personal, ein ausgewähltes Angebot an guten Weinen und die Möglichkeit, an jedem Ort des Etablissements das zu essen, was Bistro- und Restaurantkarten hergeben, runden das „Gesamterlebnis" im „George" ab. Danach lockt ein Spaziergang in die Altstadt von Sangerhausen und das Wiederkehren an einem Sonntag: Dann kann man beim Tee das Tanzbein schwingen.

Roseneis mit marinierten Erdbeeren

Zutaten

Für die Erdbeeren
500 g Erdbeeren
3 El Puderzucker
1 El Grande Marnier

Für das Roseneis
300 ml Milch
4 Eidotter
100 g Zucker
175 g Rosenrahat
(Rosenlokum – in türkischen Geschäften)
2–3 El Wasser
1 El Rosenwasser
300 ml Sahne
Frühlingsrollenteig

Zubereitung

Die Erdbeeren waschen und vierteln, mit dem Grande Marnier und dem Puderzucker marinieren und zirka 15 Min. ziehen lassen. Die Milch erhitzen. Eigelb mit Zucker in einer Schüssel im Wasserbad aufschlagen und die Milch dazugeben. So lange schlagen, bis die Creme steif wird (nicht zu warm werden lassen, sonst gerinnt das Eigelb). Die Masse auskühlen lassen. Den zerkleinerten Lokum mit den 2–3 El Wasser „schmelzen" lassen. Die Sahne steif schlagen und Lokum, Rosenwasser und Sahne in die mittlerweile ausgekühlte Milchmischung geben. Für zirka 30–40 Min. in die Eismaschine oder in den Tiefkühlschrank (dort aber alle 15 Min. umrühren). Aus Frühlingsrollenteig Dreiecke schneiden, mit Puderzucker bestreuen und im Grill karamelisieren. Die Dreiecke zusammen mit dem Roseneis und marinierten Erdbeeren auf einem Teller anrichten und mit frischer Minze garnieren.

RESTAURANT CHÂTEAU NEUF

Restaurant Château Neuf
im Parkhotel Schloss Meisdorf

Allee 5
06463 Meisdorf

Telefon 03 47 43 - 9 80
Telefax 03 47 43 - 9 82 22

Ruhetage: Montag, Dienstag

Die Geschichte des Parkhotels „Schloss Meisdorf" beginnt mit einem Mord. Da erschlug nämlich vor Jahrhunderten der Herr der Konradsburg seinen Nachbarn. Die Tat reute ihn rasch, er vermachte seine Burg der Kirche und errichtete sich eine neue Heimstatt: Burg Falkenstein. Zu Beginn des 18. Jahrhunderts ging diese Burg an das Geschlecht der Asseburger über, wurde aber nicht mehr für Wohnzwecke genutzt, seit Johann Ludwig von Asseburg auf seinem Gut in Meisdorf das Alte Schloss errichtet hatte. Dessen Nachfahren erbten seinen geschmackvollen Bauherrensinn, fügten Gebäude hinzu oder rissen ab, restaurierten und veränderten. Auf diese Weise wuchs im Laufe der Zeit im Meisdorfer Schlosspark ein Architekturensemble, das die verschiedenen Stilepochen anschaulich widerspiegelt. Wie das steinerne Patchwork dennoch harmonisch wirken kann, bleibt eines der charmanten Geheimnisse von „Schloss Meisdorf". Heute ist das Parkhotel ein beliebter Vier-Sterne-Ferien- und Tagungsort, das jedem Anspruch gerecht wird. Seit 2001 führt die niederländische Familie Van der Valk die gastliche Stätte, die über einen eigenen Golfplatz verfügt. Die wunderschöne, an der Straße der Romanik gelegene Harzlandschaft, der herrschaftliche Schlosspark und die Annehmlichkeiten des modern ausgestatteten Hotels im historischen Ambiente lassen Vorfreude auf die kulinarischen Genüsse im Restaurant „Château Neuf" aufkommen.
Küchenchef Steffen Schmidt kennt die

Erwartungen und weiß sie bestens zu bedienen: mit einer anspruchsvollen Küche, in der eine exquisite, an den Jahreszeiten ausgerichtete Kochkunst zelebriert wird. À la minute serviert das freundliche Personal zum Beispiel Medaillons vom Damhirschrücken auf einer Sauerkirsch-Jus mit gebratenen Austernpilzen oder Kalbsfilet, in Erdnussöl gebraten, auf Limonen-Spaghetti und Tomatenschaum. Wild- und Kalbsgerichte spielen eine große Rolle auf der Speisekarte des Restaurants, das mit königlichen Blau- und Goldfarben sowie edlen Holztäfelungen vornehm eingerichtet ist. An fein gedeckten Tischen sitzt der Gast, blättert in der Karte und lässt sich gern vom hinzukommenden Küchenmeister ein Dessert empfehlen. Warum nicht Erdbeermousse in weißem Schokogitter an Pistazienschaum? Oder lieber doch einen süffigen Rotwein?

Der Blick in die Weinofferte schweift weit: Die Auswahl ist international und zeigt feine Saale-Unstrut-Tröpfchen aus der Heimat neben französischen Raritäten wie dem 1975er Chateau Bechavele.

Für große Bankettveranstaltungen kocht der Meister gern ein 7-Gang-Menü und kredenzt den jeweils passenden Wein dazu. Moderierende Forstmeister und Winzer krönen das Mahl mit spannenden Geschichten vom Wild oder Wein. Familienfeiern und Hochzeiten lassen sich stilvoll im „Historischen Musiksaal" begehen, der 70 Personen Platz bietet. Und wenn ein Gast lieber im Grünen speisen möchte, wird an seinem Lieblingsplatz im Park ein Tisch festlich gedeckt und aufgetafelt, was das Herz begehrt. Dezent im Hintergrund wacht indes das Servicepersonal, dass ihm ja kein Wunsch des Gastes entgeht.

Medaillon vom Kalbsfilet im Speckmantel auf Tomaten-Lauch-Gemüse

Zutaten (4 Personen)

4 reife Tomaten
4 kleine Lauchstangen
30 g Butter
6 El Gemüsebrühe
2 El gehackter frischer Schnittlauch
Salz
Prise Zucker
Frisch gemahlener Pfeffer
80 g geschnittener Grüner Speck
550 g pariertes Kalbsfilet

Zubereitung

Tomaten enthäuten, halbieren, entkernen und das Fruchtfleisch in feine Streifen schneiden. Lauchstangen längs halbieren, waschen und in zirka 1 cm große Stücke schneiden. Den Lauch und die Tomaten getrennt in Butter erhitzen, würzen (den Zucker nur dem Lauch zugeben, damit er seine Farbe behält) und das Lauchgemüse mit der Gemüsebrühe auffüllen und zirka 5 Min. sieden lassen. Die Tomaten dem Lauch hinzugeben und beides kurz ziehen lassen. Dann den gehackten Schnittlauch unterheben. Das Kalbsfilet portionieren und etwas plattieren, danach würzen und mit den Speckstreifen umwickeln. In einer Brat-/Steakpfanne mit Olivenöl medium braten.

RESTAURANT FÜRST VICTOR

Restaurant Fürst Victor
im Schlosshotel Ballenstedt

Schlossplatz 1
06493 Ballenstedt

Telefon 03 94 83 - 5 10
Telefax 03 94 83 - 5 12 22

Als schöne Schwester des Parkhotels im „Schloss Meisdorf" und ebenfalls zur Familie Van der Valk gehörig, zeigt sich das Schlosshotel „Großer Gasthof" in Ballenstedt. Das Haus wurde im 18. Jahrhundert für die illustre Gästeschar des Fürstenhofes errichtet und liegt direkt gegenüber dem historischen Theater, hoch über Ballenstedt. Die Stadt mit großer geschichtlicher Vergangenheit schmiegt sich reizvoll in die hügelige Harzlandschaft. Natur und Kultur sind hier gleichermaßen lustvoll zu erleben. Länger bleiben lohnt sich deshalb. Als komfortable, gastfreundlich-charmante „Herberge" bietet sich das Schlosshotel an. Steht man vor der Eingangstür und lässt den Blick nach links den Berg hinab wandern, zeigt sich in voller Pracht und wie auf einem Breitwandbildschirm das Ballenstedter Stadtpanorama.
Beeindruckt von diesem Bild, geht man erwartungsvoll ins Haus und ist erstaunt. 1996 wurde es entkernt und neu aufgebaut – seitdem verbirgt sich hinter der barocken Fassade ein modernes Vier-Sterne-Hotel, das mit sämtlichen Wohlfühl-Raffinessen aufwartet, die sich Urlauber oder Tagungsgäste wünschen. Abwechslungsreich gestaltet sich ein Besuch im Café des lichtdurchfluteten Wintergartens, denn von dort aus kann man bei Kaffee und Kuchen dem Treiben auf dem belebten Schlossplatz zuschauen. Wer dagegen Ruhe und Entspannung sucht, sollte sich ein paar erholsame Stunden im hoteleigenen Wellness-Bereich gönnen. Für festliche Ereignisse bietet sich der einzigartige Redouten-Saal an. Wo sich früher der Adel auf Maskenbällen im Walzertakt wiegte, finden heute bis zu 150 Personen Platz, die jedesmal die unter der Kuppeldecke angeordnete Galerie bestaunen, eine der architektonischen Besonderheiten des Hauses. Attraktion allerdings ist das Zentrum des Saales: Wer sich in den (gekennzeichneten) Mittelpunkt stellt und ein paar Worte flüstert, dem schallen sie vielfach verstärkt von den runden Wänden zurück.

Kulinarisches Herzstück des Hotels ist das Restaurant „Fürst Victor", das mit kuscheliger Kaminecke in der Galeriebar, modernem Interieur sowie sonnigen, warmen Farben einladend ausgestattet ist. Küchenchef Michael Bors und sein Team kochen mit heimischen Produkten der Saison vornehm-

lich gutbürgerlich, berücksichtigen dabei aber auch internationale Trends. Die Standardkarte wechselt zweimal im Jahr, wird aber stets mit jahreszeitlichen Angeboten ergänzt. Beliebt bei Gästen, die gern bürgerlich essen, sind zum Beispiel das in Zitronen-Mandelbutter gebratene Filet von der Harzer Bachforelle mit Salat und Dillkartoffeln oder die Hähnchenbrust auf Weinkraut mit gefüllten Kartoffeltaschen. Über den regionalen Gartenzaun hinaus in die Welt schaut der Koch mit einem Lammkotelett auf Thymianschaum mit Ratatouille-Gemüse und Gemüsereis oder der Gazpacho, einer typisch andalusischen, kalten Gemüsesuppe.

Jeden Sonntag lädt das Fürst Victor zum Brunch ein. Dann biegen sich von 11.30 bis 15 Uhr die Büfetttische unter Salaten, Desserts und selbstgebackenem Kuchen, unter Wurst-, Fisch- und Käseplatten sowie warmen Gerichten, wie beispielsweise Hackbraten, mit Oliven gefüllten Perlhuhnbrüstchen, gebratenem Fisch und verschiedenen Suppen.

Rehrücken auf Sauerkirschsoße mit Kartoffelrouladen

Zutaten (4 Personen)

600 g ausgelöster und parierter Rehrücken
100 g entsteinte Schattenmorellen mit Fruchtsaft
0,06 l Rotwein
700 g gekochte und gestampfte Kartoffeln
100 g Mehl
Hartweizengrieß
1 Ei
100 g Erbsenpüree
100 g Karottenmark
20 g Butter

Zubereitung

Kartoffeln, Mehl und Ei zu einer Masse verkneten oder verrühren und in vier gleich große Stücke aufteilen. Jedes dieser Stücke in Hartweizengrieß flach ausrollen. Den ausgerollten Teig mit Erbsenpüree und Karottenmark bestreichen, in Alufolie zusammenrollen und unter Dampf zirka 40 Min. garen lassen.

Kirschen mit Zucker anschwitzen und mit Rotwein ablöschen. Dann Kirschsaft zugeben und aufkochen lassen. Den Rehrücken portionieren (wenn kein großer Bräter vorhanden ist), würzen und in der Pfanne rosa braten.

HOTEL HABICHTSTEIN

Hotel Habichtstein

Kreisstraße 4
06493 Alexisbad

Telefon 03 94 84 - 7 80
Telefax 03 94 84 - 7 83 80

Die eigentlichen Begründer von Alexisbad, dem ältesten Kurbad in Deutschland, waren einst Benediktinermönche. 975 entdeckten sie das liebliche Selketal, in dessen Schutz die von den Höhen hereinbrechenden Wetter ihre Macht verloren. An diesem Ort, wo Selke und Friedenstalbach zusammenflossen, ließen sie sich nieder und benannten die Siedlung nach ihrem Ältesten: Hagenrode. Rund 800 Jahre später entsprang dort – nach Einstellung der Jahrhunderte währenden Bergbautätigkeit – einem Stollenloch eine erquickliche Quelle. Der seit 1796 regierende Herzog Alexis Friedrich Christian veranlasste nach Untersuchungen des Quellwassers und der Erkenntnis, dass es heilsame Wirkung hat, den Bau eines Badeortes. Kein geringerer als Schinkel entwarf dafür ein Gebäudeensemble, das zum Dank an den visionären Herzog „Alexisbad“ genannt wurde.
Bis in die späten Jahre des 19. Jahrhunderts hinein herrschte von nun an mondäner Badebetrieb.

Künstler und Dichter, Prinzessinen und Grafen bereiteten sich vergnügliche Sommertage.
Das Hotel „Habichtstein" erinnert mit seiner imposanten Architektur an den einstigen Ruhm des Kurbades und seine elitären Gäste. Wie schon vor Jahrhunderten empfängt es bis heute Sinnsucher und Naturliebhaber, Handelsreisende und Weltenbummler in historischer Kulisse und modernstem Ambiente. Von 1992 bis 1995 hat Familie Wiemann das Haus restauriert und mit allem erdenklichen Komfort eines Vier-Sterne-Hotels eingerichtet. Seitdem zeigen sich 69 Zimmer im exklusiven Landhausstil. Eine romantische Gartenanlage, das rustikale Harzer Gartenhaus sowie eine luxuriöse, knapp 1000 Quadratmeter große Wellnessoase mit Schwimmbad, Fitness- und Massageräumen sowie Kosmetikstudio sind Treffpunkte für Gäste, die sich lustvoll entspannen und neue Energie tanken wollen.
Hausherr Erich Wiemann hat seine Hobbys zum Beruf gemacht. Er führt nicht nur charmant das Hotel, sondern kümmert sich auch hingebungsvoll um die hauseigene Metzgerei und das Bierbrauen. Kerstin Wiemann sorgt als Marketingchefin dafür, dass der Ruf des Hauses auch in entlegene Orte dringt und den Gästen alle Wünsche erfüllt werden. Sohn Thorsten dagegen ist als kreativer Küchenchef für die leiblichen Genüsse zuständig. Der mehrmalige Preisträger in Landeswettbewerben veredelt die vom Hausmetzger Horst Böttger gelieferten Harzer Wurst- und Fleischspezialitäten und zaubert – mit Verstand und Herz gekochte – regionaltypische Speisen auf den Tisch, bei denen die neuen Trends zur Leichtigkeit nicht vernachlässigt werden. Komplett in der Metzgerei und Küche verwertet wird eine ganz besondere Harzer Spezialität: das Rote Höhenvieh. Diese leichtfüßigen, kleinen Rinder weiden ausschließlich auf Berg- und Kräuterwiesen und helfen so, die wertvolle Naturlandschaft zu erhalten. Dass Landschaftsschutz durch „den Magen geht", beweist später Chefkoch Wiemann Junior: mit Zwetschgenschmorbraten, Hobelfleisch vom Roten Höhenvieh oder mit einem würzig-deftigen „Harzer Wurstessen". Danach lockt ein Verdauungsspaziergang entlang des romantischen Selketales, bevor man sich abends in der „Försterling"-Gourmetstube an einer festlich gedeckten Tafel zur Vier- oder Fünf-Gang-Soirée trifft.

Hobelfleisch vom Harzer Roten Höhenvieh

Zutaten (4 Personen)

150 g Hobelfleisch vom Harzer Roten Höhenvieh
4 cl Traubenkernöl
100 g gereifter Bergkäse

Zubereitung

Filet vom Rind hauchdünn aufschneiden und die Teller damit belegen. Das Traubenkernöl über die Filetscheiben träufeln. Den Bergkäse über die Teller raspeln, mit frischen Trauben und Basilikum dekorieren und würzen. Dazu reichen wir frisches Brot, Sauermilchbutter und etwas Aceto Balsamico.

BÜCKEMÜHLE

Soll der Alltag in der Ferne sein, kehr in die Bückemühle ein – mit diesem freundlich-gereimten Versprechen empfängt der Wirt, Rüdiger Karger, jeden Gast, der sein historisches Mühlenhaus betritt. Mühelos weiter dichten ließe es sich mit den Worten: „Karpfen, Zander und Forelle sind auf Wunsch sofort zur Stelle". Damit wäre das Wichtigste knapp umrissen: Die „Bückemühle" im Harzer Städtchen Gernrode ist ein Fischspezialitäten-Restaurant und in seiner Art ein Aushängeschild für die Region.
Die Hauptrolle auf der Speisekarte spielen Süßwasserfische, die aus der Harzer Forellenzucht des Klosters Michaelstein sowie aus Altenbrak stammen. Im hauseigenen Frischhaltebecken haben die Schuppentiere noch ein paar schöne Tage, bevor sie – fangfrisch – in die Räucherkammer oder in Topf und Pfanne wandern. Rüdiger Karger lässt es sich nicht nehmen, ab und zu auch Ausflüge zu fremden Gewässern zu machen. Dann stellt er seinen Gästen an Themenabenden Meeresfische wie Seeteufel, Heilbutt, Viktoriabarsch oder Muscheln und Krustentiere vor. Natürlich lecker zubereitet. Der gelernte Koch und erfahrene Gastronom weiß, was Gästeherzen wünschen und dass im Sommer gern leichter gespeist wird als im Winter. Und so wechselt mit den Jahreszeiten auch der Wirt die Karte. Sind die Tage heiß und sonnig, empfiehlt er beispielsweise ein Menü mit geeister Gurkensuppe zur Einstimmung, als Hauptgericht Filet von der Lachsforelle auf geschmorten Dillgurken und als Dessert „Müllers Sommerwind", ein Melonenshake mit Cointreau und Bacardi. Im Winter gibt's den Karpfen eher blau, und die Forellen werden in „Mäntel" von Mandelkruste oder Speck gehüllt. Zander, Wels und Matjes – in der Bückemühle können Fischliebhaber alle Geschmacksvarianten kennenlernen.
Wer den Fischen noch länger nah sein will, bleibt gleich da und übernachtet in einem der neun Pensionzimmer oder nimmt sich eine der zwei Ferienwohnungen, die im schönen, historischen Gemäuer versteckt sind. 1700 wurde das Haus und die Teichanlage gebaut und diente bis 1930 als Schrot- und Mehlmühle. Die frühere Mühlstube des Müllers ist die heutige Gastube, die mit Liebhaberblick für die architektonischen Raffinessen der damaligen Zeit restauriert wurde. Ein wahrhaft gemütliches Plätzchen ist auch die Müller-Küche. Dort sitzt man wie in Großmutters Reich, umgeben von uralten, wieder freigelegten Natursteinmauern und fühlt sich ganz zu Hause. Wer allein sein will mit seinem „Dinner-Partner", zieht sich in die kleine Müller-Mehlkammer zurück, deren historische

Bückemühle

Am Bückeberg 3
06507 Gernrode

Telefon 03 94 85 - 4 19
Telefax 03 94 85 - 6 12 03

Wurzeln ebenfalls wieder sichtbar gemacht wurden. Zur Freude der Gäste, die dort in kleinen Nischen und mit viel Ruhe in der kleinen, aber feinen Weinkarte stöbern und sich dann vielleicht für ein Gläschen vom erlesenen Saale-Unstrut-Wein entscheiden. Im Sommer zeigt sich der urwüchsige Garten in seiner ganzen Pracht und lädt zum Lustwandeln ein. Sonnenanbeter können sich auf der Liegewiese ihre Urlaubsbräune holen, und wer eine Spritztour auf dem Drahtesel in die Wälder und Berge oder ins anhaltinische Städtchen Gernrode unternehmen will, kann sich beim Hausherrn ein Fahrrad leihen. Das Stichwort passt: Die „Bückemühle" liegt am Europäischen Radwanderweg, der vom französischen Calais kommend und in Sankt Petersburg endend, auch am Bückeberg vorbeiführt und damit quasi vor der Haustür liegt.

KAFFEEHAUS ZUM ROLAND

Kaffeehaus Zum Roland

Breite Straße 2–6
06484 Quedlinburg

Telefon 0 39 46 - 45 32
Telefax 0 39 46 - 45 32

Über sieben Häuser musst du geh'n …: so könnte die gesungene Wegbeschreibung durch das Café „Zum Roland" klingen – angelehnt an einen Pop-Klassiker der Gruppe Karat. Denn der eintretende Gast durchwandert tatsächlich – vom Eingang über das Café und mehrere hübsch wohnlich eingerichtete Restaurant-Räume bis hin zu Küche und Lager – sieben kleine Fachwerkhäuser aus unterschiedlichen Epochen. Eine Sehenswürdigkeit in Quedlinburg und Attraktion für zahlreiche Touristen, die auf der Suche nach architektonischen Kleinoden sind. Besonders in der Weihnachtszeit, wenn „Advent in den Höfen" gefeiert wird. Reinhard Wehrenpfennig kennt die staunenden Blicke und ungläubigen Ausrufe der Besucher. Und weil der Wirt ein Scherzbold ist, spielt er mit seinen Trümpfen: „Wir haben Platz für 736 Personen", ruft ein großes Schild die Leute in sein kleines Häusermeer, „so nach und nach", verkündet es eine Zeile drunter. So nach und nach füllen sich also die liebevoll ausgestatteten Räumlichkeiten. Die Gäste sitzen auf antiquarischem Gestühl und gemütlichen Sofas, betrachten die vielen Bilder an den Wänden und die imposante Kaffeebüchsensammlung des Hausherrn. Der erkundigt sich inzwischen nach den Wünschen. „Mir wolln die drei G's", sagt ein Familienvater, der hörbar aus dem Sächsischen stammt. „Was für drei G's?", staunt der Wirt. „Na, Gaffee, Gautsch und Guchen!", schallt ihm die Antwort entgegen. Was nichts anderes heißt als „Kaffee, Couch und Kuchen". Der Kuchen wird prompt serviert, aus der hauseigenen Bäckerei. Heute gibt's Pfarrhaustorte mit viel Rum. Die sei besser als die Sachertorte, meint Reinhard Wehrenpfennig. Wer es lieber herzhaft mag, für den stehen Fleisch- und Fischgerichte, Salate, kleine Snacks und saisonale Spezialitäten auf der Karte, zubereitet nach original Harzer Rezepten. Und auch das Weinangebot ist üppig, alle wichtigen deutschen und internationalen Anbaugebiete sind mit einem guten Tropfen vertreten. Wer fertig ist mit Schauen und Schlemmen, frage doch einmal den Wirt, warum alle Quedlinburger Straßenschilder einen Punkt hinter dem Namen haben. Das gibt eine schöne Geschichte!

CAFÉ & KÄSEKUCHENBÄCKEREI VINCENT

Café & Käsekuchenbäckerei
Vincent

Schlossberg 13
06484 Quedlinburg

Telefon 0 39 46 - 81 19 70

Sieben Heiratsanträge in drei Tagen bekam der Käsekuchenbäcker einmal von entzückten Damen, die sein süßes Naschwerk probiert hatten. Doch der Mann widerstand allen Verführungen und widmet sich bis heute – zur Freude aller Gäste – ausschließlich seiner hohen Kunst. Und das ist auch gut so, denn die Torten, Törtchen und göttlichen Quarkkäulchen sind einzigartig und nur in der „Käsekuchenbäckerei Vincent" so zu haben.

Die süße Speise gibt es hier in so vielen Variationen, dass es entscheidungsunfreudige Menschen schwer haben werden zu bestellen. Bis zu dreizehn verschiedene Käsekuchen werden täglich frisch angeboten: mit Erdbeer und Kiwi, mit Blutorange oder Caramel Butterscotch, mit Mon Cherry und Apfel-Nuss, mit „Chocilat Mousse" oder als „Himbeer Fantastico". Dass manche Namen englisch daherkommen, hat seinen Grund. Stammt doch die Idee, eine solches Spezialitätencafé einzurichten, aus Amerika. Doch die Backkunst ist und bleibt ein Harzer Original. Sind die Kuchen das kulinarische Kunstwerk, so ist das Haus, in dem sie zubereitet werden, mit seinem Interieur und der äußeren Hülle ein architektonisches.

Als reiner Lehmbau ohne chemische Farbanstriche rekonstruiert, wird das schmale, Jahrhunderte alte Fachwerkgebäude von einem üppig treibenden Weinstock umrankt. Wenn im Herbst die Trauben herunterhängen, naschen gern Touristen davon. Dabei sitzen sie vor dem Café auf einer Bank, und sind – ob alt oder jung, dünn oder dick, hässlich oder schön, arm oder reich – auf einmal alle gleich: „Käsekuchenesser sind auf Anhieb sympathisch" steht in großen Lettern auf dem Sitzmöbel.

Originell zeigt sich auch das Innere der Käsekuchenbäckerei. Das Oberstübchen ist mit alten Nähmaschinentischen eingerichtet, aus den Deckeln wurden Lampen und für dringende Bedürfnisse gibt es gleich drei Kämmerchen, auf deren Türen „Er", „Sie" und „Es" steht. Wie uns berichtet wurde, hat sich bis heute niemand ins „Es" hinein getraut. Unverhohlen dagegen stellen sich die Gäste vor einer Vitrine an und schreiben fleißig das dort aufgehängte Quarkkäulchen-Hausrezept ab. Vielleicht wird das ein Erfolg versprechendes Mitbringsel für einen alleinstehenden, heiratswilligen Freund. Sie wissen ja, die Damen lieben Süßes.

CAFÉ KAISER

Café Kaiser

Finkenherd 8
06484 Quedlinburg

Telefon 0 39 46 - 51 55 52
Telefax 0 39 46 - 51 55 52

Im „Café Kaiser" will man meine Augen glänzen sehen, ich soll schwach werden und meiner unbezähmbaren Lust nachgeben. So steht es jedenfalls geschrieben im „Entree" zur Speisekarte. Ich lese errötend weiter und bin ein paar Zeilen später erleichtert. Gott sei Dank, es geht nur ums Essen! Als das „Grüne Huhn" kommt, das ich eigentlich nur bestellt habe, weil ich wissen will, was für eine Figur grüne Hühner auf dem Teller machen, passiert es doch: Meine Augen glänzen, ich werde schwach und gebe meiner unbezähmbaren Lust nach: Ich lasse nicht das Geringste übrig, lecke mir die Finger und ordere – als Gipfel der Lust – noch ein Dessert. Tja, so ist das im „Café Kaiser". Man wird einfach überrumpelt. Von den köstlichen kleinen Fleischspeisen, von schneeweißen Kräuterquarkvariationen und tellergroßen Eierpfannkuchen mit den verschiedensten Füllungen, von sündigen Leckereien wie den frisch gebackenen Kaiserwaffeln mit Sahne, Cointreau oder Schoko-Nougat und sogar, wenn der Hunger nicht auf eine warme Speise warten kann, von einer Harzkäseschnitte. Während man noch mit den eigenen Gefühlen zu tun hat, die einen beim Essen so übermannen, beginnt in einer Terrassenecke ein Riesenspektakel. Die Hühner sind los! Das Federvieh gehört zum „Kaiser", wie der Deckel zum Topf.

Es liefert die tägliche Eierration für allerlei Speisen. Ob es am Ende seines langen, glücklichen Lebens auch den Leib hergeben muss, haben wir nicht gefragt.

Dafür führt uns der Hausherr jetzt durch sein Reich. Die Restaurantplätze reichen für 80 Gäste, die sich in den modernen, geschmackvoll eingerichteten Räumlichkeiten wohl fühlen werden. Die Bilder an den Wänden sind allesamt Fundstücke des Hauses. Es sind Trophäen, die von Touristen einst im Lyonel-Feininger-Museum um die Ecke gekauft und dann im Restaurant ver-

gessen worden sind. Wie das passieren konnte? Ganz einfach und wie im „Entree“ der Speisekarte beschrieben: Das Gedächtnis der Touristen versank im „Schwimmenden Kaiserkissen“ - einem Traum von Waffel und warmer Vanillesoße.
Dass so ein „süßer“ Laden wie das „Kaiser“ kinderfreundlich ist, versteht sich fast von selbst. So können die kleinen Rangen in einer extra für sie angelegten Restaurantecke herum brezeln und Videos schauen oder spielen, während die Eltern eine der vielen Kaffeesorten probieren oder sich ein Beerentörtchen gönnen. Und wenn es auf der Terrasse einmal lauter zugeht, wird auch keiner böse, dort gackert und kräht das Hühnervolk ohnehin den ganzen Tag. Eifersüchtig wird das Federvieh erst, wenn jedes Jahr am 11. November die Konkurrenz einmarschiert. Dann beginnt im „Kaiser“ der Gänsemarkt, der bis Weihnachten die weißen Vögel feilbietet, zum Mitnehmen oder als knusprigen Braten auf dem Teller. Als Vorspeise empfiehlt der Küchenchef den immerwährenden „Renner“ des Hauses: Steckrübensuppe, auch „Arme-Leute-Suppe“ genannt. Die gibt es mit reichlich Kräutern aus dem Hausgarten, angerichtet im Steinguttopf, der im Feldofen gebrannt wurde und als Souvenir auch verkauft wird. Unverkäuflich dagegen ist Großmutters Kürbiskernöl aus der Steiermark, eine Spezialität, die den Salaten eine ganz besondere Geschmacks- und Duftnote verleiht. Apropos Duft: Eine Wegbeschreibung braucht man nicht, um zum „Café Kaiser“ zu gelangen. Man riecht sich einfach durch die Stadt, wird schwach und ist schon wenig später den Künsten des Waffelbäckers erlegen.

Grünes Huhn

Zutaten (6 Personen)

2 Markknochen vom Rind
1 großer, frischer Wirsing
2 El gehackter Bärlauch
2 l Fleischbrühe
250 g gepökelter Speck
6 Karotten
2 Steckrüben
1 Stück Sellerie
1 Lauchstange
4 Kartoffeln
6 Pfefferkörner
6 Hähnchenbrüste

Zubereitung

Etwa 2 l Salzwasser zum Kochen bringen. Die Markknochen zugeben. Die Wirsingblätter vom Strunk lösen und etwa zehn Minuten vorkochen. Abgießen und sofort kalt abspülen. Die vorgekochten Wirsingblätter leicht übereinander auf dem Tisch auslegen. Die Hähnchenbrustfilets draufgeben und mit Bärlauch bestreuen.
Sorgfältig einpacken und zu sechs länglichen Laibchen formen. Mit Küchenfaden wie einen Braten binden.
Die Brühe erhitzen, den Speck hineingeben, 20 Min. zugedeckt kochen. Abschäumen, die geschälten Karotten, Steckrüben, Sellerie, Lauch, Kartoffeln, den restlichen Wirsing und die Pfefferkörner dazugeben. Zugedeckt etwa 45 Min. auf kleinem Feuer garen. Das Grüne Huhn mit etwas Gemüse und Kartoffeln herausnehmen. Fertig!
Wir verwenden die Brühe mit den Steckrüben und restlichem Gemüse sowie Speck für „Arme-Leute-Suppe“, serviert mit kräftigem Bauernbrot.
Tipp: Man kann das „Grüne Huhn“ auch in Alufolie einwickeln und im Ofen bei 220 °C etwa 60 Min. schmoren. Guten Appetit!

HOTEL ZUR GOLDENEN SONNE

Hotel Zur goldenen Sonne

Steinweg 11
06484 Quedlinburg

Telefon 0 39 46 - 9 62 50
Telefax 0 39 46 - 96 25 30

Mitten in Quedlinburg, diesem städtischen Kleinod mit über 1 200 Fachwerkhäusern aus sechs Jahrhunderten, liegt das historische Gasthaus mit dem Freude versprechenden Namen „Zur goldenen Sonne". Das prachtvoll-barocke und mit seinem steilen Satteldach und der „Unlucht" (Erker) neben dem Tor für Quedlinburgs Baustil typische Fachwerkhaus wurde 1671 erbaut. Seit Jahrhunderten dient das städtebaulich dominante Gebäude als Hotel und Gaststätte.

Nach mehrmaligem Umbau und der Rekonstruktion im Jahr 1991 führt nun Yvonne Teege die Geschäfte des traditionsreichen Gasthofes, in dem man sich sofort heimisch fühlt. Wer durch das riesige Hoftor tritt, steht sogleich mitten in einer weiträumigen Wohnstube, die mit alten, englischen Buffets, einer langen Tafel und kleinen Sitzeckchen, mit Bildern und Kerzen urgemütlich eingerichtet ist. Das Restaurant zeigt sich im Landhausstil und der Frühstücksraum im zurückhaltenden Schick. Im Sommer lockt ein verträumter Innenhof, der einen wunderbaren Blick auf den imposanten Giebel des Gasthauses erlaubt, ins Freie. Originell auch die mit bunten Sommerblumen bepflanzten Laubengänge, die wie eine Empore über dem Innenhof schweben und als Zugang zu Ferienwohnungen und Zimmern dienen. Vom Tresen herunter lacht eine dickwangige Sonne aus Holz den Gästen verschmitzt zu.

Gekocht wird harztypisch mit kleinen Abstechern ins Mediterrane. Küchenchef Gilbert Schicker verbindet dabei Historisches mit Modernem und lässt bei der Verwendung alter Rezepturen seiner Kreativität freien Lauf. Solch ein „Eigengewächs“ ist beispielsweise die Quedlinburger Birnensuppe, die der Koch mit Kresse und Rosinen verfeinert. „Harzer Schusterpfanne“ kennt dagegen in der Region fast jedes Kind. Bei Gilbert Schicker kommt sie als in Streifen geschnittene Schweineschulter mit Bratkartoffeln, Zwiebeln und Waldpilzen, Löwenzahn und Kresse auf den Tisch. Immer wieder gern bestellt – vor allem von Touristen - wird auch der Oberharzer Wildgulasch mit Apfelrotkohl und hausgemachten Kartoffelklößen oder Harzer Topfbraten, mit Rübensirup und Rosinen abgeschmeckt und serviert mit Rosenkohl und Kartoffelklößen.
À la minute, also auf Bestellung und ganz frisch gibt es Forellen, die zuvor im Räucherofen ihr würziges Aroma erhalten haben. Zum Nachtisch sollte man sich eines der leckeren Parfaits gönnen, die, je nach Saison, aus Erdbeeren, Holunder oder Honig zubereitet sind.
Der Gasthof ist aber nicht nur bekannt für seine abwechslungsreiche Küche. Die Hausherren sind darüber hinaus auch gesellige Leute. So laden sie sich jedes Jahr zahlreiche Gäste auf eines ihrer Feste ein: Zum Kaiserfrühling, den die Stadt Quedlinburg ausrichtet, bewirten sie die hohen Herren samt Gefolge mit frischer Kohlsuppe, zum Maifest wechseln sich rund um den Mathildenbrunnen kulinarische und kulturelle Höhepunkte ab und zum Kürbisfest im Herbst übernehmen die Kinder das Zepter, schnitzen Halloween-Masken, ziehen mit Laternen um das Haus und machen sich mit Genuss über die vom Haus gedeckte Tafel her, während die Eltern beim Wein sitzen. Die Rebensäfte kommen vor allem aus der Saale-Unstrut-Region.

Penne mit Pfifferlingen

Zutaten (4 Personen)

120 g pro Person Pfifferlinge
300–400 ml Gemüsefond
300–400 ml Küchensahne
etwas Rauke
Cocktailtomaten
Salz, Pfeffer
1 Schalotte
500 g Penne

Zubereitung

Die Pfifferlinge und die in kleine Würfel geschnittene Schalotte in Butter anschwitzen. Den Gemüsefond und die Küchensahne zugießen und reduzieren lassen. Penne in Salzwasser bissfest kochen, danach in die Gemüse-Sahnesoße geben. Das Ganze nochmals 5 Min. reduzieren lassen. Die Rauke klein rupfen, Cocktailtomaten halbieren/ vierteln und beides unter die Penne mengen. Auf Teller geben, Parmesan darüber raspeln und mit Basilikumblättern garnieren.

HARZER WEINGUT KIRMANN

Harzer Weingut Kirmann

Gartenstraße 532
06484 Westerhausen

Telefon 0 39 46 - 70 14 66
Telefax 0 39 46 - 68 98 13

Wein aus dem rauhen Vorharz – da runden sich manche Augen ungläubig. Und doch gibt es einen Winzer, der das unmöglich Scheinende wahr gemacht hat. Matthias Kirmann, einst Hobby-Obstweinbauer, erweckte vor Jahren den seit 1800 in dieser Gegend ausgestorbenen Winzerberuf zu neuem Leben. Er dachte sich: „Was aus Obst zu machen ist, muss doch aus Trauben noch besser gehen“ und rebte – zunächst in der Freizeit – in seinem Heimatort Westerhausen Müller-Thurgau und Dornfelder auf.

Ein paar Jahre später, als die Trauben prall am Weinstock hingen, machte er das Hobby zum Beruf und wurde „Vollzeit-Winzer“. Dass die Kirmann`schen Weine am „Westerhäuser Königstein“ so gut gedeihen, liegt an der schonenden Verarbeitung, den eigenwilligen Böden und vor allem am überraschend milden Klima des Vorharzes. Das schlechte Wetter schafft es einfach nicht über die Berge bis ins Dorf. Denn die Sonne schlägt die Regenwolken über der Region immer wieder mit Bravour in die Flucht, und die Trauben danken es ihr mit feinen Fruchtaromen und gesundem Wachstum. Gewachsen ist auch die Rebfläche, die Matthias Kirmann inzwischen bewirtschaftet. Auf mehr als drei Hektar hat er seine Rebenspaliere in die Landschaft gestreckt. Dabei eroberte der Winzer – nach einigen Jahrhunderten „Weinbaustille“ auch den Bornholzweinberg in Quedlinburg wieder. Im Zuge der Eroberung hat sein Rebensortiment ebenfalls zugenommen: Zu Müller-Thurgau und Dornfelder gesellen sich nun Gewürztraminer, Blauer Spätburgunder, Weißburgunder, Riesling und Cabernet Mitos. Mit seinen allesamt trocken ausgebauten und selbst gekelterten, exklusiven Weinen sowie dem „Mut zum Risiko in

einer Biertrinkergegend“ ist das Kirmann’sche Gut längst zum Geheimtipp unter den Liebhabern geistvoller Tröpfchen geworden.
Der Winzer reagiert auf die große Nachfrage der Gutsbesucher und das indirekt damit verbundene Lob für seine Winzerkunst bodenständig: „Qualität wird eben im Weinberg gemacht“, sagt er und meint damit, dass Klasse wichtiger ist als Masse. „Ich entscheide beim Rebschnitt, welchen Ertrag ich haben will. Ich schneide viel zurück und entferne vor der Lese noch grüne Trauben. Auf diese Weise ernte ich weniger, dafür aber größere und gehaltvollere Früchte“, erklärt der Weinbauer. Wir testen seine Behauptung an einem Glas Gewürztraminer und sind hingerissen sowie restlos überzeugt.
Mit unserer Begeisterung bleiben wir nicht lange allein: Am Hoftor geben sich Besucher die Klinke in die Hand. Doch Matthias Kirmann verweist sie an seine Frau Gritta. Ein Quedlinburger Hotel hat einen Notruf abgesandt: Der „Rieke Riesling“ ist aus und Gäste warten dringend auf Nachschub.

Da geht der Winzer in den Keller, wirft einen Blick in die Runde, auf sieben Edelstahltanks und 12 Barrique-Fässer, in denen knapp 18 000 Liter feinste Rebensäfte reifen und greift ins volle Weinregal. Dort liegt auch die Traminer Beerenauslese, ein edel-

süßer Weißwein aus dem Jahr 2001, den das internationale Weinpreis-Siegel „Mundus vini“ in Gold schmückt. Wer Glück hat, darf ein Glas davon genießen, wenn Matthias Kirmann zur Weinverkostung lädt. Zwei- bis dreimal in der Woche finden sich dann auf dem Weingut zahlreiche Gäste ein, die ein edles Tröpfchen zu schätzen wissen. Dazu gibt’s – wie es im Harz Brauch ist – deftige „Schlachteplatte“ mit Harzer Käse vom Käsemeister Rusack, würziges Schmalz von Gattin Gritta und frisches Fladenroggenbrot vom Bäcker um die Ecke. Freuen würde sich der Weinbauer über eine Voranmeldung, damit auch alle Platz haben. Jederzeit möglich dagegen ist der Weinkauf im Hof, selbst samstags und sonntags. Doch auch hier empfiehlt sich eine telefonische Ankündigung, denn sonst kann es passieren, dass Matthias Kirmann gerade wieder einmal unterwegs ist zu einem „Notfall“.

SCHÄFERHOF LANGENSTEIN

Schäferhof Langenstein

Quedlinburger Straße 28a
38895 Langenstein

Telefon 0 39 41 - 61 38 41
Telefax 0 39 41 - 61 46 86

Wäre Goethe nicht so ein unverbesserlicher Schwerenöter gewesen, hätte er das auf Felsen gebaute Langenstein vielleicht niemals kennengelernt und derart schwärmerisch über diesen Ort schreiben können. So aber erlag er wieder einmal seinen Leidenschaften: Er traf in Lausanne auf die schöne Frau Branconi und fand diese Dame so bestrickend, dass er sie gleich zweimal auf ihrem Langenstein'schen Gut besuchte. Entzückt vom Weib und der Umgebung bekannte er, „dass diese Landschaft einer der sieben schönsten in Deutschland sei". Gehen wir einmal davon aus, dass er auch wirklich die Natur meinte ...

Denn die ist um Langenstein tatsächlich besonders schön. Und mittendrin liegt der „Schäferhof", ein seit dem 12. Jahrhundert bestehender Vierseitenhof, der früher der herrschaftlichen Tierhaltung diente und heute als Erlebnishotel mit hübsch eingerichteten Zimmern im mediterranen Stil, Restaurant, Hofladen, Gewölbekeller, Innenhof, Lehmbackofen und Schafen – als Hauptakteure – jährlich tausende Urlauber anzieht. Vor allem Familien und Freundeskreise.

Kehren die Gäste von ihren Ausflügen nach Halberstadt, Quedlinburg, Wernigerode oder Blankenburg in den „Schäferhof" zurück, lassen sie sich im Innenhof nieder. Sie werfen den großen Grill an, um Steaks zu braten oder im Rauchfang Forellen zu räuchern. Sie machen sich ein Feuerchen und heizen den Lehmbackofen, um Brot zu backen. Und sie schneiden aus dem Kräutergarten ein paar frische Zutaten. Kann auch sein, dass sie sich – nach einer kurzen Verschnaufpause – noch einmal aufs Fahrrad schwingen und durch die angrenzenden Schloss- und Parkanlagen radeln, die ein wahrhaft barocker Gartentraum sind. Oder sie stapfen hinauf auf die ehemalige Altenburg und werfen unterwegs einen Blick in die für Mitteleuropa einzigartigen Höhlenwohnungen, in denen noch bis 1916 die Ärmsten der Armen hausten.

In jedem Fall aber nehmen die Gäste morgens und – wenn sie nicht selbst auf dem Hof „kochen" – auch abends Platz im Restaurant. Die Küche widmet sich vornehmlich den hofeigenen Schafen sowie regional überlieferten Harzspezialitäten. So gibt es zahlreiche Gerichte mit Lamm, aber auch Fisch. Morgens laufen die Ferienkinder in den Hühnerstall und dürfen sich ihr Frühstücksei selbst holen. Das Obst für die hauseigenen Marmeladen, Gelees und Kuchen stammt von gepachteten Harzer Streuobstwiesen. Eine Leckerei ist der selbst gemachte Knoblauchhonig, der als pikante Würze wunderbar zu Lammfleischspeisen passt. Wie uns die Schäferhofleute versicherten, soll er außerdem kleinere Risswunden heilen und Erkältungsbeschwerden lindern. Der Wunderhonig ist im Hofladen zu haben, wie viele andere feine Dinge auch. Die Rohstoffe dafür liefert eine Herde Schäferhof-Schafe, die auf knapp 450 Hektar Naturweideland ihr Leben genießt. Aus der weichen Merino-Wolle werden Pullover, Socken, Felle sowie Wollflies und Heilwolle gefertigt. Aus dem Fleisch entstehen Filets, Salami und Lammwurst. Und wie das alles vor sich geht, können Neugierige auf dem „Schäferhof" ebenfalls erfahren: in der Spinn- und Bastelstube, in der kleinen Öko-Küche und in der Töpferwerkstatt, beim Zuschauen und Mitmachen. So ist es Tradition im „Schäferhof". Vielleicht hat ja auch der alte Goethe schon damals, 1784, der schönen Frau Branconi beim Sticken zugesehen.

Gebratener Lammrücken auf frischem Gartengemüse mit hausgemachten Semmelknödeln

Zutaten (4 Personen)

1 Lammrücken
(zirka 1 kg)
1 Zucchini
1 Aubergine
2–3 Tomaten
Tomatensauce
Margarine und Butter
Salz, Pfeffer
Thymian
kleingehackte Petersilie
2 Knoblauchzehen
10 Brötchen
1/2 l Milch
2 kleine Zwiebeln
50 g gewürfelter Schinken

Für die Marinade
Pflanzenöl
Thymian
Estragon
Majoran

Zubereitung

Für die Marinade Öl, Estragon, Majoran und Thymian in ein Gefäß geben und kurz umrühren. Den Lammrücken in die Marinade legen und etwa einen Tag einwirken lassen.
Das Gemüse waschen, Zucchini und Aubergine in Scheiben schneiden. Die Tomaten vom Fruchtansatz befreien und in Spalten schneiden. In einem Topf Margarine zerlassen und darin das gesamte Gemüse andünsten. Danach die gehackten Kräuter (Petersilie, Thymian, Knoblauch) zugeben und mit Tomatensauce auffüllen. Mit Salz und Pfeffer abschmecken. Pflanzenöl in einer Pfanne erhitzen und den Lammrücken rundherum langsam anbraten. Brötchen in grobe Würfel schneiden, in ein großes Gefäß geben und in heißer Milch einweichen.
In der Zwischenzeit Zwiebel- und Schinkenwürfel dünsten, alles mit der eingeweichten Masse und den gehackten Kräutern vermengen.
Eine längliche Rolle formen, in Klarsichtfolie fest einrollen und dämpfen.

HALBERSTÄDTER WÜRSTCHEN UND KONSERVEN

Halberstädter Würstchen
und Konserven

Grosse Ringstraße
38820 Halberstadt

Telefon 0 39 41 - 3 11 00
Telefax 0 39 41 - 3 11 11

An einem kalten Novembertag des Jahres 1883 stand der Junggeselle Friedrich Heine in seiner Küche und übte sich an seiner selbst gebauten Räucheranlage im Handwerk der Würstchenherstellung. Damit begründete er die Erfolgsgeschichte der heute deutschlandweit bekannten Halberstädter Würstchen. 270 Paar davon gelangen Heine gleich am ersten „Produktionstag“ so gut, dass sie reißenden Absatz fanden. Weil das Würstchen-Geschäft mit steigender Nachfrage hervorragend florierte, gründete Heine 1883 ein eigenes Unternehmen und schaffte sich mit Wiegeapparat, Fleischwolf, Mengmaschine, Dampfmaschine und Dampfkessel einen kleinen Technikpark an. Zehn Jahre später verkaufte der findige Firmenchef bereits 1000 Paar Würstchen pro Tag. Doch zufrieden war er nicht. Um den Umsatz zu erhöhen, suchte er nach einer Möglichkeit, die Würstchen haltbar zu machen. Das gelang ihm – nach unzähligen Fehlschlägen – erst 1896, aber pünktlich zur Einweihung des Kyffhäuserdenkmals, für die er Kaiser Wilhelm II. sowie tausende Zuschauer mit Würstchen zu versorgen hatte. Nur ein knappes Jahrzehnt später, 1913, nahm in Halberstadt die damals größte und modernste Fleischverarbeitungsfabrik Europas die Produktion auf – an der Stelle, an der auch heute noch Würstchen hergestellt werden. Das Herzstück der Fabrik: eine Kaminrauchanlage, die – wie ein Augapfel gehütet – bis heute den beliebten Geschmack, das typische Aroma und damit die Unverwechselbarkeit der Halberstädter Würstchen erzeugt. Die weitere wechselvolle Geschichte

des Unternehmens auslassend, bleibt nur wichtig, was die Qualität der geräucherten und bis zu 36 Stunden gereiften Würstchen ausmacht. Pasteten, Fleisch- und Wurstgerichte, Suppen und Eintöpfe sowie frische Wurst runden das Sortiment ab. Preisgekrönt sind alle Produkte – wie die mit hohen Auszeichnungen dekorierten Firmenwände beweisen. Bis zu 15 000 Werksbesucher jährlich überzeugen sich bei Führungen und Verkostungen selbst davon!

BRAUHAUS HEINE BRÄU IN DER VILLA HEINE

Das Vier-Sterne-Hotel Villa Heine ist die behutsam restaurierte ehemalige Fabrikantenvilla des Firmengründers der „Halberstädter Würstchen", Friedrich Heine. Ulrich Nitsch, der heutige Inhaber des Unternehmens, setzte mit Hotel und benachbartem „Brauhaus Heine Bräu" ein sichtbares Zeichen dafür, wie eng Lebensgefühl, kulinarischer Genuss und Kulturerlebnis zusammengehören. In der „Villa Heine" können Gäste auf angenehmste Art im mediterranen Ambiente entspannen. Dafür bieten komfortable Zimmer sowie eine Saunalandschaft mit Schwimmbad, Erlebnisdusche, Kneipp-Bädern und Ayurveda-Anwendungen genügend Spielraum. Erfahrene Masseure und sanfte Kosmetikerhände verwöhnen den nach Ruhe, Erholung und neuer Energie suchenden Gast.
Die Hausbrauerei (mit angeschlossenem Tagungs- und Konferenzzentrum für bis zu 400 Personen) offeriert dazu das kulinarische Ergänzungsprogramm. Vom exquisiten 5-Gänge-Menü bis zu deftig-rustikaler, deutscher Küche zaubern die Köche alles aus Töpfen und Pfannen, was das Herz des hungrigen Besuchers begehrt. Mit Pfifferlingen gefülltes Seezungenfilet lockt Freunde der leichteren Kost, während gaumenverwöhnte Fleischesser vielleicht eher Kalbssteak mit Grilltomate und Herzoginkartoffeln bevorzugen. Und da die Halberstädter Würstchen gleich um die Ecke aus dem Kaminrauch purzeln, gibt's das Original natürlich auch, auf „Heines Spezialplatte" mit hausgemachtem Kartoffelsalat. Dazu eine der Variationen des würzigen „Heine Bräus" aus dem im Raum stehenden Braukessel – und schon kann der Tag gediegen ausklingen. Fehlt eigentlich nur noch der Kulturgenuss. Den bietet das Unternehmen durch seine Unterstützung des ersten Musicals für Fans von Volksliedern und Schlagern. „Anna-im Dirndl zum Glück" lautet der Name des volkstümlich-heiteren Klangspaßes. Die Handlung spielt – natürlich! – im Hotel „Villa Heine".

Brauhaus Heine Bräu
in der Villa Heine

Grosse Ringstraße
38820 Halberstadt

Telefon 0 39 41 - 3 18 00
Telefax 0 39 41 - 3 15 00

HARZER KÄSEREI RUSACK

Keiner kennt mehr den Namen jener Schweizer Familie, die um das Jahr 1600 herum in den Harz gekommen war und die Kunst des Käsens mitgebracht haben soll. Überliefert dagegen ist, dass die alpenländischen Vorfahren den für sie fremden Landstrich ohne Gepäck, aber mit einer Kuh an der Leine betraten. Wie dem auch sei, damals jedenfalls schlug die Geburtsstunde des Harzer Käses. Früher als „Arme-Leute-Käse“ verschrien, gilt der Harzer heute als gesündester Käse überhaupt. Mit weniger als einem Prozent Fett und mehr als 30 Prozent Eiweiß sorgt er für schlanke Hüften und einen schönen Teint und ist damit bestens geeignet für eine gesunde Ernährung und Diät.

„Harzer Käse wird von uns sehr aufwändig und mit viel Liebe produziert“, sagt Michael Maeße. Als Werkleiter der Harzer Käserei in

Harzer Käserei Rusack

Am Schützenkrug 10
38829 Harsleben

Telefon 0 39 41 - 56 58 40
Telefax 0 39 41 - 56 58 55

Harsleben kennt er alle Geheimnisse der Herstellung des Milchproduktes, das in vielen Variationen nach alten, von Großvater Rusack überlieferten Rezepten zubereitet wird. Da gibt es 20 verschiedene Edelschimmel-Sauermilchkäse, die mit Kulturen besprüht zur Reife kommen, und pikante Gelbkäse, denen eine Bakterienkultur zum vollendeten Geschmack verhilft. Mit ihrer umfangreichen Sortimentspalette in hoher Qualität haben Michael und Vertriebsleiterin Gisela Maeße schon zahlreiche Preise errungen. Und auch der „Feinschmecker 2003“ findet die würzigen Köstlichkeiten aus der Rusack'schen Käserei „ausgezeichnet“.
Unter den 3 000 Tonnen Käse, die jährlich den Betrieb verlassen, finden sich etliche Liebhaberprodukte, die bundesweit fast schneller verkauft sind, als sie reifen können. Ein Renner beispielsweise sind Käse-Pralinen. In ihnen vereint sich auf harmonische Weise das würzige Aroma des Harzer Käses mit dem weichen Milchgeschmack des hinein gefüllten Frischkäses, dem Paprika, Curry & Meerrettich, Pfeffer oder Gartenkräuter den kulinarischen Kick verleihen. Ebenso begehrt ist Harzer Bierkäse, der als „Produkt des Jahres 2002“ von einer Fachjury mit „Gold“ prämiert wurde. Seine herzhaft würzige Note verdankt diese Harslebener Spezialität dem Zusatz von Premium Pils aus der Region. Ein „Ausgezeichnet“ wert sind auch der Harzer Brotaufstrich nach Kochkäseart, der RuCheese, ein Sauermilchkäse in Pflanzenöl eingelegt, die mit verschiedenen Kräutern variantenreich gewürzte Frischkäsereihe „Appetit“ oder Bio-Harzer, ein Sauermilchkäse mit und ohne Edelschimmel, für dessen Herstellung ausschließlich Milch aus ökologisch kontrolliertem Landbau verwendet wird.
In einem Quedlinburger Lokal ist der Spruch zu lesen: „Unsere Harzer Käse duften wie die Füße des lieben Gottes“. Keiner weiß, ob das die reine Wahrheit oder Blasphemie ist. Tatsache ist, dass der Harzer duftet, wie er schmeckt: deftig, würzig, sauermilchig. Und das ist auch gut so, zeichnet doch eine gelungene Speise aus, dass sie nicht nur Augen und Gaumen, sondern auch die Nase anregt. So ist es denn auch kein Wunder, dass so manche Schweizer Familie, die heutzutage durch den Harz wandert, Harzer Käse im Gepäck hat, zum Beispiel den Harzbube Käse-Snack – mit Käsehäppchen, Schmalz und Vollkornbrot das schmackhafte Lunchpaket für einen Tagesausflug auf den Brocken.

Beschwipster Harzer Käse

Zutaten (4 Personen)

300 g Echter Harzer Käse von Rusack
4 Scheiben Landbrot
100 g Senfbutter
(Butter mit 1 El Senf verrühren)
1 Schnapsglas Kümmel-Korn
12 Frühlingszwiebeln

Zubereitung

Brotscheiben mit Kümmel-Korn befeuchten und mit Senfbutter großzügig bestreichen. Die Brot-scheiben mit geschälten und in Ringe geschnittenen Zwiebeln belegen. Darauf die Harzer Käsehäppchen anrichten. Die grünen Rohre der Zwiebeln in zirka einen halben Zentimeter breite Röllchen schneiden und die Brote damit bestreuen.

HOTEL AM ANGER

der historischen Altstadt. Das Gebäudeensemble wurde 1995 von der Familiengemeinschaft Steinmann-Müller-Montag-Berg gekauft, unter der Leitung des Bauingenieurs Steinmann mit viel Liebe zum Detail denkmalgerecht restauriert und in ein reizvolles Fachwerkhotel verwandelt.
Eingebettet in einen mittelalterlich gepflasterten Hof sowie umgeben von Blumen und einer Gartenwiese mit uralten Obstbäumen öffnete das 3-Sterne-Hotel 1996 seine Pforten.
Seitdem gehört es – wie alljährliche Gästebewertungen zeigen – zu den beliebtesten Hotels in Deutschland. Gelobt wird vor allem die Philosophie des Hauses, die so einfach wie erfolgreich ist: „Individueller Service und herzliche Gastlichkeit an 365 Tagen im Jahr“ lautet die Kurzformel für das tägliche Bemühen um den Gast und dessen Wünsche. „Denn der Gast“, so betont Geschäftsführerin Kerstin Nagy, „ist unsere kritischste Jury!“ Und die hat sich entschieden: In einer Gästebefragung des Reiseveranstalters TUI wurde das Hotel „Am Anger“

Alle Städte den Harz hinauf, den Harz hinab haben ihre Schätze und Kostbarkeiten, keine aber ist so reich und so bunt wie Wernigerode. Mit dieser literarischen Liebeserklärung beschrieb vor fast 100 Jahren ein bekannter Heidedichter die mittelalterliche Fachwerkstadt und prägte damit den bis heute bekannten Beinamen Wernigerodes: bunte Stadt am Harz.
Jahr für Jahr zieht es tausende Touristen aus aller Welt in diesen beschaulichen Ort mit den faszinierenden, farbenprächtigen alten Fachwerkhäusern, den verwinkelten Gassen und dem hoch über der Stadt thronenden Schloss Wernigerode. Zahlreiche Hotels und Pensionen laden zum Verweilen ein.
Eine der beliebtesten Urlaubsadressen ist das Hotel „Am Anger“, ein denkmalgeschütztes ehemaliges Bauerngehöft inmitten

Hotel Am Anger

Breite Straße 92–94
38855 Wernigerode

Telefon 0 39 43 - 9 23 20
Telefax 0 39 43 - 92 32 50

sowie frischem Brot und Backwaren am reichhaltigen Büffet verwöhnt. Besonders begehrt ist die Harzer Frühstücksplatte mit speziellen Wurstsorten aus einer privaten Hausschlachterei, diversen Schinken und natürlich dem typischen „Harzer Käse“ mit Zwiebelschmalz. Im Sommer nehmen die Gäste zum Frühstück auch gern auf der Terrasse Platz. Während sie sich dort den Gaumenfreuden hingeben, genießen sie einen freien Panoramablick auf den schönen Garten und das imposante Schloss Wernigerode. So lässt es sich doch wunderbar in den Tag starten.

als einziges deutsches Haus unter die Top 10 auf Platz 3 der weltweit beliebtesten Hotels gewählt.
Ein Blick ins Gästebuch verrät, warum: Die Besucher sind vor allem begeistert von der unverwechselbaren baulichen Eigenart des Fachwerkbaus in ruhiger Innenstadtlage mit Garten und Schlossblick, und sie heben die gemütlich-komfortable Einrichtung im Landhaus-Stil sowie den Charme der vielen kleinen Details hervor, mit denen die 40 Zimmer, die Appartements, das Romantikzimmer und die Ferienwohnungen ausgestattet sind. Was aber wäre das schönste Ambiente ohne Wohlfühl-Atmosphäre?

Für ein liebenwürdiges „Innenleben“ sorgt jeder einzelne Mitarbeiter des Teams mit natürlicher Freundlichkeit und großem Engagement, sodass der Gast sofort spürt: „Hier bin ich herzlich willkommen und meine Wünsche werden gern erfüllt.“
Das zeigt sich auch beim morgendlichen Büffet, auf das ganz besonderer Wert gelegt wird. „Mit dem Frühstück fängt der Tag an“, sagt Kerstin Nagy und lädt in einen von der Morgensonne durchfluteten Raum ein, der charmant im Landhaus-Stil eingerichtet ist. Dort werden die Gäste von netten „Frühstücksdamen“ liebevoll umsorgt und mit allerlei kulinarischen Leckerbissen

Wer eine Wandertour geplant hat, dem empfiehlt Kerstin Nagy die Harzer Frühstücksplatte (mit einem Schierker Feuerstein und Hasseröder Bier) für eine „Brotzeit“ im Grünen. Die Hotelchefin kennt sich übrigens als erfahrene Stadtführerin und Reiseleiterin bestens aus im Harz und stellt ihren Gästen auf Wunsch individuell zugeschnittene Tagesprogramme zusammen. Urlauber wie Geschäftsleute wissen auch diesen Service hoch zu schätzen und besuchen gerade deshalb immer wieder gern das Hotel „Am Anger“.

SCHAUBERGWERK BÜCHENBERG

Schaubergwerk Büchenberg

Schillerstraße 3
38875 Elbingerode

Telefon 03 94 54 - 4 22 00
Telefax 03 94 54 - 4 22 00

Obwohl hier unten in der dämmrigen Bergwerksgrube nur frische 8 Grad Celsius sind, glühen die Wangen der Damen mit den Nasenrücken der Herren um die Wette. Dass das Blut der Anwesenden so heftig in Wallung gerät, dafür sorgen Ralf Melzer mit allerlei frivol-frechen Sprüchen und sein Musikus, der auf dem Akkordeon derart vehement in die Tasten haut, dass die Grubenwände zu beben scheinen und die Licht spendenden Karbidlampen erzittern. Die Feierrunde unter Tage schunkelt, was der Trinkliedrhythmus hergibt. Sie jubelt, lacht und klatscht sich die Hände wund. Im Schaubergwerk Büchenberg ist „Tzscherper-Essen" angesagt.
Die Idee dazu stammt vom Grubenpächter selbst. Ralf Melzer, der Mann mit Comedy-Talent, sprach die Kommune, der das Schaubergwerk gehört, an und stieß auf offene Ohren. Seitdem stiefelt er – wenn es die Gäste verlangen – an sieben Tagen in der Woche abends mit zwanzig bis 140 Feierlustigen 145 Stufen hinab in die dunklen Gewölbe. Wer nicht so gut zu Fuß ist, steigt einfach in den Aufzug. Sind die Besucher unter Tage angekommen, warten schon nett eingedeckte Tische, die mit dem so genannten Tzscherper-Essen beladen sind: Harzer Spezialitäten vom Feinsten wie hausschlachtene Rotwurst, Gehacktes, im Darm geräucherte Bratwurst, Leberwurst, Sülze, saure Gurken, Harzer Käse, Schmalz, Speck und Zwiebeln, frisches Schwarzbrot und für Vegetarier leckere Salate. Dazu reichen tüchtige Grubengesellen Bier und

Brockenkräuter, aber auch Alkoholfreies – soviel die durstigen Kehlen begehren. Doch ehe nach Herzenslust geschlemmt und bei Musik und Kabarett gefeiert werden darf, geht's auf die im Preis inbegriffene, einstündige Bergwerksführung, die Ralf Melzer ebenfalls zur kurzweiligen Infotainment-Show macht.
Dabei lauschen die Teilnehmer 50 Meter unter der Erde und auf einer zirka 600 Meter langen Grubentour den spannend und humorvoll erzählten Geschichten, die der Fachmann über den Bergbau der 50er und 60er Jahre unseres Jahrhunderts zu berichten weiß. Schon vor 1000 Jahren und noch bis 1970 wurden im Büchenberg Erze abgebaut, die hier besonders reichhaltig und mit hohem Kalkgehalt in den Tiefen „wuchsen". Die Technik aus alten Zeiten, wie Überkopflader, Bohrhämmer oder Seilbahnantrieb, ist noch funktionsfähig und wird vorgeführt. Es rumpelt und rasselt, es dröhnt und hämmert. Man glaubt, Grubenstaub und Bergmannsschweiß zu riechen. Zum lebendigen Geografieunterricht für große und kleine Besucher wird auch der Gang in eine freigeschlagene Gesteinshöhle. Die geologische Formation gilt unter Experten als einmalig, ihre Farbenvielfalt bezaubert. Und was Pokal-, Netz-, oder Türstockausbau für den Bergbau bedeutet, weiß Ralf Melzer auf seine unnachahmliche Weise natürlich auch zu erzählen.
Ist die unterhaltsame Lehrstunde vorbei,

geht's zurück an die gedeckten Tische und der Tafelspaß mit Musik und Wortkunsteinlagen beginnt. Sind nach drei bis vier Stündchen alle satt gegessen und warm geschunkelt, schallt zum Abschied das Steigerlied durch die kalten Grubengänge, bevor alle frohgestimmt nach oben tappen.
Führungen, nicht weniger abwechslungsreich als jene am Abend, gibt es freilich auch am Tag: Vom 1. November bis zum 31. Mai, ab 10 und bis 16 Uhr alle anderthalb Stunden, vom 1. Juni bis zum 31. Oktober sowie an Feiertagen ab 10 und bis 17 Uhr zu jeder vollen Stunde. Wer dabei als Stärkung einen kleinen Bergmanns-Imbiss wünscht, sollte diesen Wunsch – ebenso wie das sinnenfrohe „Tzscherper-Essen" – vorher anmelden. Kinder können ebenfalls nach Anmeldung auf der Terrasse über Tage grillen oder Pizzas verspeisen. Zum Schluss noch ein wichtiger Hinweis von Ralf Melzer: Kinder und verfrorene Damen sollten immer eine Jacke im Gepäck haben. Und für die, die es jetzt endlich wissen wollen: „Tzscherper" nennt man im Harz ein Bergmannsmesser und in Böhmen des Bergmanns Umhängetasche, in der sich das Mittagbrot samt Messer befand. So denn, Glück auf!

HOTEL-RESTAURANT-CAFÉ GRÜNE TANNE

Das schöne Haus im Wald ist seit mehr als 100 Jahren im Familienbesitz. Minna Günther, die Urgroßmutter, war einst die emsige Gründerin, die vorbeikommende Wanderer mit Schmalzbroten und Buttermilch versorgte. Und da der Harz ein wunderschönes Naturparadies ist und viele Brocken-Wanderer vorbeikamen, denen Buttermilch und Schmalzbrote hervorragend schmeckten, richteten die Günthers ein Gasthaus mit Pension ein, das sie „Grüne Tanne" nannten. 1934 übernahm – mit Karl und Margarete Günther – die nächste Generation das Haus, baute um und erweiterte Restaurant und Hotel. Damit begann auch die Zeit von Oma Pille, die eine exzellente Küche einführte und über 36 Gästebetten wachte.

Hotel-Restaurant-Café
Grüne Tanne

38875 Elend-Mandelholz

Telefon 03 94 54 - 460
Telefax 03 94 54 - 4 61 55

Seit 1990 ist Enkelin Liesgret Wewer Hausherrin und führt gemeinsam mit ihrem Mann Edgar Sauer-Wewer das Lebenswerk der Großeltern fort. Sämtliche Zimmer, das Restaurant und der neu gebaute Wintergarten wurden liebevoll im gemütlich-rustikalen Landhausstil eingerichtet. Ein großer, sonniger Kaffee- und Biergarten empfängt vom Frühjahr bis zum Herbst Fuß- und Radwanderer, während sich im komfortabel ausgestatteten Wellness-Haus und Saunagarten die Hausgäste tummeln.
Der Gaumen wird mit einer gutbürgerlichen Küche verwöhnt, die aber auch Gourmets zufrieden stellt. Die Speisekarte ist – wie die Weinkarte – umfangreich und in ihrer Vielfalt beeindruckend. Neben regionalen Spezialitäten wie der Harzer Zuchtforelle „Müllerin Art" und „Großmutters Heringsstippe" mit Bohnenbündchen stehen beispielsweise Medaillons vom Hirschkalbsrücken auf Brombeersauce mit Broccoli, Mandelbutter und Kartoffelwaffeln oder „Putenbrüstchen fernöstlich".
Eine Entdeckung ist der Kuchen aus der hauseigenen Bäckerei. Zahlreiche Stammgäste kommen gerade wegen der leckeren Backware und fragen nach der berühmten Mohn-Sahne-Torte oder dem Birnenrahmkuchen.
Und es gibt noch einen guten Grund, die „Grüne Tanne" auf der Reise durch den Harz zu besuchen: Es ist ein kulturvolles Haus. Jeden ersten Sonntag im Monat wird bei Live-Musik gebruncht. Kabarettisten, Musiker und Kleinkünstler nutzen ebenfalls gern die familiäre Bühne, die ihnen Familie Wewer richtet. So auch zum jährlichen Sommerfest, am ersten Wochenende im August.
Am schönsten aber ist es in der kalten Jahreszeit, wenn Mandelholz im Schnee versinkt. Dann laden die Wewers zum „Wintermärchen" ein: mit Schlittenfahrten durch den Wald, zum Skifahren auf die Haus-Loipe, zum 3-Gang-Menü und Saunabesuch. Die erholsamen Nächte im Hotelbett sind natürlich inklusive.

Eierlikör-Mohn-Sahne-Torte

Zutaten

1 Tasse Mehl
1 Tasse Blaumohn
1 Tasse Zucker
4 Eier
4 El Wasser
2 Tl Backpulver
1 Päckchen Vanillezucker
1 l Sahne
4 Päckchen Sahnesteif
Eierlikör

Zubereitung

Die Eier trennen in Eiweiß und Eigelb. Das Eigelb mit Wasser verrühren. Mohn, Zucker, Mehl, Backpulver, Vanillezucker, Sahne, Sahnesteif und Eierlikör miteinander vermischen. In die Masse das steif geschlagene Eiweiß unterheben. Den Teig in eine gefettete Sprinform füllen und zirka 25 Min. bei 150 °C backen. Auskühlen lassen, in zwölf gleich große Stücke schneiden und servieren.

HARZKÖHLEREI STEMBERGHAUS

Harzköhlerei Stemberghaus

An der B81 zwischen Hasselfelde
und Blankenburg
38899 Hasselfelde

Telefon 03 94 59 - 7 22 54
Telefax 03 94 59 - 7 38 99

Wenn Peter Feldmer mit einem schweren Holzschlegel auf die Hillebille schlägt, ist der dumpfe Ton bis zu sechs Kilometer weit zu hören. Bis in die 70er Jahre hinein war dieses Signal in den Wäldern um Hasselfelde zu hören, wenn Köhler ihre Kollegen mit einem Schlag auf das Ahornbrett zum Mittagessen in die Köte am Erdmeiler riefen.

Dann wurden Kühlkrücken, Reißhaken und Sappinen beiseite gestellt, der staubige Filzhut vom Kopf geworfen, das schweißgetränkte Halstuch abgenommen und die gefüllten Schüsseln verteilt. Die Köhler setzten sich nieder und legten eine Pause ein im harten Arbeitstag, der mit Holz fällen, Meileraufbau und Meilerernte beschwerlich verging.

Hillebille, Köte, Kühlkrücken? Die Begriffe gleiten einem ganz locker über die Zunge, wenn man eine Reise zur Harzköhlerei Stemberghaus hinter sich hat. Dann kennt der Heimgekehrte die Geschichte des Köhlerhandwerks, weiß, wie ein Erdmeiler arbeitet und auf welche Weise darin Holzkohle entsteht. Und hat dazu noch einen wunderschönen Tag inmitten der idyllischen, dicht bewaldeten Hochebene des Harzes verbracht, in der die Harzköhlerei liegt.

Zu verfehlen ist das Anwesen nicht, steigen doch schon von weitem sichtbar graue und blaue Rauchwölkchen darüber auf. Diese entweichen einem zirka acht bis zehn Meter großen Erdmeiler, in dem – wie vor 1000 Jahren – Holzkohle produziert wird. Forstingenieur Feldmer und seine Köhler

wollen mit dieser Schauproduktion und dem in unmittelbarer Nachbarschaft liegenden, bundesweit einzigartigen Köhlerei-Museum das alte, aussterbende Handwerk hochhalten. Das gelingt ihnen mühelos, wenn sie – vom Frühjahr bis zum Winter – einmal im Monat einen Erdmeiler aufbauen, einen zweiten anzünden und einen dritten „ernten". Dann strömen Tausende Besucher von nah und fern auf das Gelände der Harzköhlerei, um etwas zu erleben, das es in dieser Form in Deutschland nirgendwo sonst zu sehen gibt.
Anziehungspunkt im August jeden Jahres ist das Köhlerfest am Stemberghaus. Das Gelände verwandelt sich in einen großen Marktplatz, auf dem die Meiler rauchen und Köhler, Zinngießer, Schmiede, Plättner, Besenbinder und Korbmacher mit Vorführungen ihrer Handwerkskunst einander Konkurrenz machen. Die „Köhlerei-Rast" deckt derweil für alle den Tisch mit Speisen und Getränken ganz nach Köhler-Art: Im Samowar brodelt Tee, den Männern rinnt der „Köhlerschweiß" (ein würziges Schwarzbier) durch die Kehle, während die Damen am „Köhlerknust" knabbern, einem Kümmelbrot mit Schmalz und Harzer Käse. Der Kesselgulasch dampft und auf dem Grill brutzelt der „Köhlerschmaus" – deftige Ringelbratwürste und eingelegte Steaks. Neugierige probieren von der „Schiebensuppe", einem für die Köhler der vergangenen Jahrhunderte typischen Gericht, das damals aus Wurstresten, Speckschwarten, Rindertalg, Kartoffeln, Gemüse und hineingebrockten, harten Brotstückchen zubereitet wurde. Keine Angst: Heute wird die Suppe natürlich verfeinert und enthält weder Speckschwarten noch Rindertalg.

Schlemmermahl und historische Handwerkskunst zum Köhlerfest werden umrahmt von einem bunten Folkloreprogramm mit Musik und Ball am Abend. Und wem der Tag gefallen hat, der kann gerne wiederkommen und in der Harzköhlerei „Arbeitsurlaub" machen. Dazu lädt Peter Feldmer ins Köhlercamp ein. Dort leben und arbeiten kleine und große Camper wie die Vorfahren im Wald und am Meiler.
Sie essen und schlafen wie ehemals die Köhler in einer Köte, bauen einen kleinen Erdmeiler aus fünf Raummetern Holz auf, zünden ihn an und halten rund um die Uhr Wache, denn der schwelende Meiler darf nicht in Brand geraten. Drei Tage später ernten die Hobbyköhler den Lohn für ihre harte Arbeit: ein unvergessliches Erlebnis und 30 Säcke selbstgemachte Holzkohle, die sie mit nach Hause nehmen dürfen. Wer einmal dabei war, dem bleiben auch die romantischen Waldweihnachten, die an jedem 1. Advent in der Harzköhlerei gefeiert werden, noch lange im Gedächtnis. Mit Pferdeschlittenfahrten durch den Hochharz, Wildfütterungen, weihnachtlichem Markttreiben, Bratäpfeln, Glühwein und Schwedenfeuer im Schnee stimmt dieser Tag jedes Jahr Tausende Besucher auf die bevorstehenden Feiertage ein.

RESTAURANT VICTORIA LUISE

Restaurant Victoria Luise

Dr. Barner Straße 11
38700 Braunlage

Telefon 0 55 20 - 93 21 44
Telefax 0 55 20 - 93 21 71

Hotel & Residenz Hohenzollern

Telefon 0 55 20 - 9 32 10
Telefax 0 55 20 - 93 21 93

Wenn Victoria Luise, die jüngste Tochter Kaiser Wilhelms II., heute das nach ihr benannte Restaurant im Hotel Hohenzollern besuchen könnte, würde sie sich sofort wohlfühlen. Die junge Dame reiste zu Lebzeiten gern in das schöne Harzstädtchen Braunlage, vor allem in schneereicher Winterzeit.
Schnee und sportliche Winterfreuden oder grüne Wälder und Sommerspaß suchen auch Urlauber von heute in dem seit 1882 anerkannten Kurort. Viele von ihnen kehren für ein paar Tage im „Hotel Hohenzollern“

ein und genießen dort in 14 behaglichen, großzügig angelegten Luxus-Appartement-Suiten, in 3 Doppelzimmern mit südländischem Flair sowie in einem mit allen Annehmlichkeiten ausgestatteten Wellness-Bereich und Hallenbad einen Fünf-Sterne-Wohlfühlservice, blicken auf das Panorama der Stadt, erholen sich in der idyllischen Parkanlage oder spielen eine Runde Golf auf der Übungsanlage.
Kulinarisch verwöhnen lassen sie sich im Restaurant „Victoria Luise“ von Fritz Wimmer. Das Tiroler Urgestein und seine Frau Michaela sind Inhaber des Restaurants. Er führt die Küche, sie erfüllt als liebenswürdige Gastgeberin aufmerksam alle Besucherwünsche.
Das Restaurant ist eine mediterrane Insel mitten im Harz. Durch große Fenster sowie

von gedämpften Deckenstrahlern fällt sanfte Helligkeit und taucht die mit pastelligen Farben an Wänden, auf Vorhängen und Möbelbezugsstoffen ausgestatteten Räume in ein sonniges Licht. Korbmöbel, elegant eingedeckte Tische und geschickt platzierte, antike Stilmöbel verbinden harmonisch Tradition und Moderne.
Die Exklusivität im Ambiente setzt sich im kulinarischen Konzept des mehrfach ausgezeichneten Küchenchefs Fritz Wimmer fort. Er offeriert auf der fast wöchentlich wechselnden Speisekarte vornehmlich internationale, leichte Gerichte, deren Zutaten fast immer aus der Region stammen. Neben dem Gault Millau bescheinigen auch andere wichtige Gastronomieführer dem Tiroler eine große Portion Raffinesse. Der Koch pflegt dabei Harzer Traditionen, verfeinert sie allerdings kunstfertig. So bereitet er beispielsweise einen Hirschrücken aus dem Harz mit schwarzem Alpencurry zu oder versteckt ein Harzer Hasenrückenfilet in einer Basilikumstrudelhülle, die er auf Himbeeressigsauce und Pfifferlingspüree serviert. Mit dem Koch raus aus dem Harz und weit in die Welt reisen Gourmets auch, wenn sie sich für marinierte Scheiben vom Bonito in Ingwer-Sesamöl mit Pulpo-Paprikasalat entscheiden. Mehrfach ausgezeichnet wurde „Omas gebrannte Crème", ein Dessert aus Kärnten, das der Tiroler als gut gehütetes Familiengeheimnis von der Großmutter übernehmen durfte. Jeden Herbst lädt der Koch zudem auf eine Schlemmer-

Tour quer durch seine Küchenwelt ein: Dann dürfen die Gäste bei einem Fünf-Gang-Menü insgesamt 15 verschiedene Köstlichkeiten probieren. Dazu werden Spitzenprodukte aus der viel gelobten Weinkarte kredenzt. Und das im Harz, einer wahren Biertrinkerhochburg. Landschaft, Gasthaus und Restaurant kann man auch so kennenlernen: Das Hotel bietet verschiedene Arrangements an, die an zwei bis sieben Tagen – einer Kurzreise gleich – touristische Ausflüge, Wohlfühl-Programm und lukullische Tafelfreuden erlebnisreich miteinander verbinden.

Hasenrückenfilet in der Basilikumstrudelhülle auf Himbeeressigsauce

Zutaten (4 Personen)

2 Hasenrücken
1 Bund Basilikum
260 g Kalbsbrät vom Metzger
4 Strudelteigblätter
100 g Himbeeren
4 cl Himbeeressig
Wurzelgemüse
Tomatenmark
Hühnerfond
trockener Rotwein
Wacholder
Pfeffer, Zimt
Lorbeerblatt

Zubereitung

Das Fleisch von den Knochen lösen und anbraten. Basilikumblätter rupfen und mit dem Mörser pürieren. Die Kalbsbrätfarce und pürierten Basilikumblätter auf den Strudelteigblättern verstreichen. Anschließend das Fleisch in den Strudelteig einschlagen und bei 200 °C zirka 13 Min. backen. Danach 10 Min. ruhen lassen und anschneiden.
Für die Himbeeressig-Sauce die Himbeeren pürieren, den Himbeeressig dazugeben und passieren. Die Hasenrückenknochen anrösten. Die Himbeersauce mit der Wildglace vermischen und dazugeben. Wurzelgemüse untermischen, Tomatenmark dazugeben und mit Rotwein ablöschen. Danach mit Hühnerfond auffüllen, die Gewürze untermischen und nochmals einreduzieren lassen. Das Fleisch im Strudelteig auf der Sauce anrichten. Dazu empfehlen wir Pfifferlingspüree.

PUPPE'S

Im „Puppe's" herrscht Getümmel. Das „kleinste Kaufhaus zwischen Göttingen und Braunschweig" ist eine Schatzkammer, in der Touristen und Einheimische im friedlichen Miteinander nach ausgefallenen Souvenirs oder einem kunsthandwerklich schön gearbeiteten Geschenk stöbern und meist auch fündig werden. Sie befühlen bunt bemalte, holzgeschnitzte Räuchermännchen, prüfen die Leuchtkraft eines Schwibbogens und lassen Honiggläser, im Kupferkessel hausgemachte Konfitüren und süße Pralinen in ihren Einkaufskorb wandern.

Mancher Kunde braucht etwas länger für seine Wahl. Das ist verständlich, fällt sie doch angesichts der Fülle des verlockenden Sortiments nicht leicht. An der Theke mit herzhaften Harzer Wurst- und Wildspezialitäten allerdings fallen die Entscheidungen im Sekundentakt. Das rege Treiben an der Theke verfolgt Ladeninhaber Joachim Klaeden mit Freude und Stolz. Hat er doch gemeinsam mit seinem Vater Rolf und der „guten Seele des Hauses", Andrea Krüger, seit 1988 dafür gesorgt, dass Würste und Schinken so begehrt sind. „Unsere Wurst- und Wildspezialitäten, aber auch Honig, Konfitüren und Pralinen werden extra für uns in kleinen Familienbetrieben und auf Bauernhöfen aus ausgesuchten Rohstoffen und nach manchmal über 100-jährigen Rezepturen hergestellt", begründet Joachim Klaeden die hohe Qualiät und den besonderen Geschmack seiner kulinarischen Sortimentspalette. Vater Rolf pflegt auch im knapp 80. Lebensjahr noch intensive, persönliche Kontakte zu jedem einzelnen Hersteller und weiß daher, wie es den Honigbienen des Imkers geht, dass die Schweine glücklich aufwachsen und die Obstbäume nicht gespritzt werden.

Und so wird aus einem glücklichen Schwein später ein wohlschmeckender Harzer Bauernschinken, gekauft bei einem Landwirt, der schon vor 30 Jahren an Erich Puppe, den Begründer des Ladens, geliefert hat.

Puppe's

Am Brunnen 2
38700 Braunlage

Telefon 0 55 20 - 4 87
Telefax 0 55 20 - 37 88

Grünkohl mit Harzer Schmorwurst

Zutaten

1,5 kg frischer Grünkohl
Salz, Piment
1 Zwiebel
250 g Kräuterschmalz
frisch gemahlener Pfeffer
4 Schmorwürste

Zubereitung

Den Grünkohl waschen, kleinrupfen und im Topf aufkochen. Das Schmalz zerlassen und darin die kleingehackte Zwiebel glasig anschwitzen, danach den gekochten Grünkohl hineingeben. Die Gewürze untermischen und das Ganze 1 Std. köcheln lassen. Danach die Schmorwürste mit der Gabel anstechen und mit in den Topf geben. Der auslaufende Saft lässt den Grünkohl noch aromatischer im Geschmack werden.
Ratsam ist es, das Gericht einen Tag vorher zuzubereiten. So kann es perfekt durchziehen. Und noch ein Tipp: Je öfter man es aufwärmt, umso besser schmeckt es. Als Beilage reicht man Kartoffeln.

Puppe eröffnete 1920 sein Geschäft mit Feinkost- und Delikatesswaren. Später kam eine Kaffeerösterei hinzu. Joachim Klaeden kann sich noch gut an die weißen Kittel der Verkäufer erinnern, denn als Familienmitglied wuchs er praktisch im Laden des Großvaters auf. Heute steht er selbst an sieben Tagen der Woche mittendrin und wacht dabei auch über das Geschehen an der Wursttheke. Dort wandern Wildsalami, bis zu einem Jahr auf lehmverfugtem Boden luftgetrocknete Kälberblasen, Braunlager Sülze und Stumpel (geräucherte Mettwurstspezialität), Eichsfelder Kugelrotwurst, Harzer Wacholderspeck und Hirschschinken in die Einkaufskörbe.
Nebenan sitzen zwei Kunden zufrieden kauend in der „Brotzeitstube" und lassen sich den Harzer Brotzeitteller schmecken. Da ist von fast allen Wurst- und Wildspezialitäten ein Stückchen drauf, und man kann sich auf diese Weise Appetit auf mehr holen. Die Imbisskarte verzeichnet ein knappes Dutzend weiterer Harzer Spezialitäten, eine kleine Auswahl an Weinen und das berühmte Hexenbier. Im Winter verwandelt sich der „Puppe's"-Vorplatz freitags und samstags zu einem fröhlichen Après Ski-Ort, an dem mit Live-Musik, Waldheidelbeeren-Hexenpunsch, Schmalzstullen und Brotzeitteller die rasante Talabfahrt gefeiert wird. Das Köhlerbrot kommt wie immer frisch aus dem Ofen, der mitten in der „Brotzeitstube" glüht.

SCHIERKER FEUERSTEIN

Schierker Feuerstein KG

Brockenstraße 3
38879 Schierke am Brocken

Telefon 03 94 55 - 3 72
Telefax 03 94 55 - 3 73

Dort in Schierke dicht am Brocken, wo der Hirsch das Zepter führt, wo Natur und Sonne locken und den Wald die Fichte ziert. Da in Schierke möcht ich leben, dort in Schierke möcht ich sein. Wenn auch wachsen keine Reben, aber Schierker Feuerstein ... Dieter Geyer intoniert mit Inbrunst und wohlklingendem Bariton die vom Großvater und Firmengründer Willy Drube geschriebene Hymne auf das eigene Produkt: Kräuter-Halb-Bitter, Marke Schierker Feuerstein.
Wir stehen im „Mischraum" des Familienunternehmens. Die Aromen der verschiedenen Kräuter und Wurzeln, die hier in riesigen weißen Kisten lagern, stürzen den Geruchssinn in heillose Verwirrung: Wonach duftet das jetzt bloß? Nach Anis, Zimt und Nelken? Nach Kamille, Pfeffernuss und Muskat? Firmenchef Dieter Geyer lacht verschmitzt, hebt die Schultern und sagt „Tja!" Kein Sterbenswörtchen ist ihm zu entlocken. Die Rezeptur für den berühmten Kräuter-Halb-Bitter bleibt ein streng gehütetes Familiengeheimnis. Auch Britta Möllers Mund ist fest verschlossen. Die Tochter des Chefs ist im Unternehmen tätig und kennt natürlich auch die Zutaten. Bleibt zu hoffen, dass keiner von beiden im Schlaf spricht, denn nicht einmal die Ehepartner dürfen vor der Zeit davon erfahren.
Im kleinen Museum nebenan erinnert alles an Willy Drube. Der Apotheker erfand 1924 das Originalrezept für den wohlschmeckenden Kräuter-Halb-Bitter als rasch helfendes Mittel gegen Magendrücken und benannte ihn nach den Schierker Feuersteinklippen, denen die rötliche Farbe des Granits ihrerseits den Namen gab. Würde Großvater Drube heute noch leben, wäre er wohl ein gefragter Marketingexperte. Denn in nur kurzer Zeit entwickelte der energiegeladene Mann Bild- und Wortsignet und machte seinen Schierker Feuerstein zu einem zusätzlichen Markenzeichen für den Harz. Dass Willy Drube nicht nur süffige Kräutertröpfchen erfinden, sie hervorragend vermarkten und Lieder texten konnte, sondern auch eine große Portion Humor hatte, zeigte sich unter anderem am Hochzeitstag seiner Tochter: Da ließ er nämlich vor seiner Apo-

theke einen Brunnen aufstellen, aus dem nichts Geringeres als Schierker Feuerstein sprudelte.
Die fünfziger Jahre verliefen – vor allem politisch – weit weniger harmonisch. Willy Drube hat diese Zeit nicht überlebt, die Familie verließ das abgeschottete Schierke und produzierte in Bad Lauterberg, bevor das Privatunternehmen 1972 verstaatlicht wurde. Bad Lauterberg ist bis heute zweiter Standort geblieben. Nach der Wende kehrte Enkel Dieter Geyer als Familienoberhaupt mit der Schierker Feuerstein KG an den Stammsitz – die ehemalige Apotheke des Großvaters – zurück. Das historische Haus wurde aufwändig saniert und modernisiert. Die Familie übernahm alle 14 Mitarbeiter aus dem VEB, begann mit der Produktion nach Großvaters Originalrezept und läutete

so für den Kräuter-Halb-Bitter eine neue Ära ein. Damit werden nun seit mehr als 75 Jahren mit großer Sorgfalt heimische und aus Übersee stammende Kräuter und Wurzeln mit reinem Weingeist mazeriert. Schierker Feuerstein tut dem Magen wohl und schmeckt. Das wusste niemand besser als sein trinkfester Erfinder Drube. So scherzt er selbst noch auf seinem Schierker Grabstein: „In dieser Erdengrube ruht Apotheker Drube. Oh, Wanderer eile fort von hier, sonst kommt er raus und trinkt mit dir!“

Harzer Blaubeerschmandschnitzel mit Schierker Feuerstein

Zutaten (1 Person)

1 Schweineschnitzel,
(ca. 150 g aus Rücken oder Keule)
Fett zum Anbraten
1 Tl grüner Pfeffer
Pfeffer, Salz
80 g Blaubeeren
ggf. etwas Zucker
5 cl Schmand, Sauerrahm,
Crème fraîche oder Sahne
100 g Bandnudeln
Butter
Paniermehl
3 cl Schierker Feuerstein
1 cl Retsina oder trockener Weißwein

Zubereitung

Schnitzel von beiden Seiten klopfen, die Ränder einschneiden, mit Salz und Pfeffer würzen, in Mehl wenden. Das Fett in der Pfanne erhitzen, das Schnitzel von beiden Seiten etwa je 2 Min. darin anbraten. Anschließend Hitze drosseln und von beiden Seiten unter Begießen mit Bratfett nochmals je 1 Min. braten. Schnitzel auf einem heißen Teller im Backofen warmstellen. Nudeln in leicht gesalzenem Wasser bissfest kochen. Blaubeeren mit 1 cl Schierker Feuerstein übergießen und je nach Geschmack mit Zucker abrunden. 1 TL lauwarm abgespülte Pfefferkörner mit der Gabel im Bratensatz zerdrücken und den Bratensaft anschließend mit 2 cl Schierker Feuerstein und 1 cl Weißwein in der Pfanne aufrühren (Röststoffe lösen, für Farbe und Geschmack). Schmand zugeben, durchrühren und einmal kurz aufkochen lassen. Blaubeeren hineingeben (1 TL zum Garnieren aufheben), einmal durchschwenken und über das Schnitzel geben, das danach warm gestellt wird. Bandnudeln in der Pfanne mit Butter und Paniermehl wieder erhitzen, durchschwenken und zum Schnitzel auf den Teller geben. Restliche Blaubeeren über das Schnitzel streuen.

LANDHAUS KEMPER

Landhaus Kemper

An der Trift 19
38678 Clausthal-Zellerfeld
OT Buntenbock

Telefon 0 53 23 - 17 74
Telefax 0 53 23 - 45 29

Dichtung und Wahrheit liegen hier nah beieinander: Bevor Johann Wolfgang von Goethe im Dezember 1777 den Brocken bestieg, begegnete er in Clausthal dem Apotheker Ilsemann und fand in ihm einen spannenden Gesprächspartner. Auf den im „Faust" so berühmt gewordenen Weihnachtsspaziergängen erreichten die beiden einst den Ort Buntenbock und ließen sich dort im Landhaus Kemper nieder, wo sie mit Wein und Spezereien auf das Freundlichste bewirtet wurden.
Auch heute kehren in der ruhig am Waldrand gelegenen, gastlichen Stätte lebensfrohe Leute ein, die wissen, wo „la dolce vita" zu genießen ist. Dorothee Kemper liebt dieses Motto und ist – als Künstlerin und charmant-aufmerksame Hotelinhaberin – stets darum besorgt, ihren Gästen ein lustvolles „dolce vita" auf Zeit zu bereiten. So hat sie das traditionsreiche Landhotel in ein umweltfreundlich saniertes Haus voller Überraschungen verwandelt, das vor allem die Sinne jener Besucher beflügelt, die sich noch Zeit nehmen. Gerade Künstler und Musiker ziehen sich gern nach Buntenbock zurück, finden sie doch im Haus ideale Arbeits- und Freizeitbedingungen. Öfter zu Gast sind auch musizierende Kinder, denn das Landhotel ist eine Außenstelle des „Instituts zur Frühförderung musikalisch Hochbegabter" und beliebter Veranstaltungsort. Der Vierseitenhof, eine ehemalige Brauerei, umschließt einen paradiesischen Garten, in dem uralte Rosensträucher, exotische und einheimische Pflanzen üppig wachsen. Man sitzt auf dieser verträumten Insel, hört dem Plätschern der Quelle zu und hat im Nu den Alltag vergessen. Orangerie, Wintergarten und Bibliothek sind künstlerisch gestaltete Rückzugs-Oasen ebenso wie die Galerie, das Kaminzimmer in der Scheune sowie der rote und blaue Salon. Die Gästezimmer sind von Dorothee Kemper aufwändig mit Malereien, selbst kreierten Dekorationen und handgefertigten Möbeln versehen. Jeder Raum hat sein eigenes Gesicht.

Die Leidenschaft und Originalität, mit der das (Nichtraucher) Landhotel eingerichtet wurde, setzt sich in der Küche fort. Essen soll nicht nur satt machen, sondern – wie alles hier im Landhotel – sämtliche Sinne auf angenehme Weise beschäftigen. Sathit Trai-Ukos hat sein Kochkonzept dieser Philosophie perfekt angepasst. Gutes und Gesundes wird mit Schönem gepaart. Der thailändische Küchenchef kocht „cross over"

– eine regionale Küche mit Anklängen aus der Welt der Aromen. Im hauseigenen Kräutergarten findet er alle würzigen Zutaten, die er benötigt, Exotisches wird dazugekauft. Spezialitäten sind beispielsweise Tafelspitz oder mit Ziegenkäse gefüllte Roulade vom Harzer Roten Höhenvieh, aber auch schmackhafte Speisen aus Ziegenfleisch und Ziegenmilch. Gemüse wird ausschließlich im Wok zubereitet; vegetarische Gerichte, wie Aufläufe und Salate, spielen eine große Rolle. Das Frühstücksbüffet ist eine Klasse für sich, mit einer üppigen Müsli-, Obst- und Käseauswahl sowie Wurstwaren direkt vom Bauernhof. Süße Leckereien kommen von Claudia Profenna. Die Konditormeisterin ist eine Expertin für verführerische Torten und Törtchen, Soja- und Reismilchdesserts. Auf der Weinkarte finden sich ausschließlich Rebensäfte aus ökologischem Anbau. Wer kein Hotelgast ist und zur kulinarischen Rast einkehren möchte, zahlt 15 Euro und bekommt dafür ein 4-Gang-Überraschungsmenü. Das ist eine der vielen originellen Offerten des Hauses an sinnenfrohe Menschen, die sich noch gern auf Geheimnisse einlassen.

Roulade vom Harzer Roten Höhenvieh auf Thymian-Gemüse und Rosmarinkartoffeln

Zutaten (4 Personen)

4 Scheiben Rinderroulade aus der Oberschale, je 150–180 g
1 Portion weißer Pfeffer aus der Mühle
scharfer Senf
300 g Ziegenkäse
frisch gehackte Kräuter (z.B. Petersilie)
2 Zwiebeln gestreift
40 g Butterschmalz
150 g Suppengrün
1 Lorbeerblatt
einige Pfefferkörner
250 ml Fleischbrühe
100 ml Rotwein
500 g Möhren
200 g Zucchinis
1 Bund Frühlingszwiebeln
Knoblauch
frischer Thymian

Zubereitung

Die Rinderrouladen leicht klopfen, mit Pfeffer aus der Mühle würzen und dünn mit Senf bestreichen. Jede Roulade mit Ziegenkäse füllen. Die frischen gehackten Kräuter auf den Ziegenkäse streuen und die Rouladen aufrollen. Butterschmalz erhitzen und die Rouladen bei starker Hitze darin anbraten. Das Suppengrün und die Zwiebelstreifen hinzufügen und bei leichter Hitze anrösten. Die Gewürze zu dem Fleisch geben und mit der Fleischbrühe und dem Rotwein aufgießen. Gut zugedeckt bei leichter Hitze etwa 1 1/4 Std. schmoren. Die Rouladen aus dem Topf nehmen, die Sauce durch ein Sieb streichen, mit Crème fraîche noch etwas einkochen lassen und abschmecken.
Die Frühlingszwiebeln und den Knoblauch in etwas Öl dünsten, Möhren und Zucchinis hinzugeben und mit Thymian würzen und abschmecken. Als Beilage empfehlen wir Pellkartoffeln mit frischem Rosmarin.

LANDHAUS ZU DEN ROTHEN FORELLEN

Landhaus
Zu den Rothen Forellen

Marktplatz 2
38871 Ilsenburg

Telefon 03 94 52 - 93 93
Telefax 03 94 52 - 93 99

Das Amusegeule, ein kulinarischer Gruß des Küchenchefs an den speisenden Gast, ist wie ein runder Diamant, geschliffen mit Würze, ohne Ecken und Kanten weich auf der Zunge zergehend. An diesem heißen Sommerabend ist das kalte Joghurt-Gurkensüppchen, das so herrlich Gaumen und Seele erfrischt, genau das Richtige. Gratis wie das Amusegeule ist auch der Blick von der Terrasse über den glitzernden Forellensee, in dem sich – wie bestellt für ein Postkartenbild – die Abendsonne spiegelt. Das Landhaus „Zu den Rothen Forellen" ist der passende Ort für Leute mit Sinn fürs schöne Detail.

Wer hier einkehrt, wohnt und speist in einem exklusiven Haus, das vor mehr als 425 Jahren schon Zaren, Könige, Prinzen, Dichter und Denker für sich entdeckt haben. Heute gehört die traditionsreiche Herberge im idyllisch an der „Straße der Romanik" gelegenen Ilsenburg dem Goslaer Unternehmerpaar Heidemarie und Reinhard Prause, die aus dem historischen Junkerhof ein Fünf-Sterne-Relais & Châteaux-Hotel zauberten, es sehr familiär führen und sich damit einen alten Traum erfüllten.

Leben wie ein Zar, speisen wie ein König und denken wie ein Dichter – das gelingt im charmant-stilvollen Ambiente des Hauses mühelos. Schon in der Lounge lässt man alle irdischen Probleme hinter sich. Die in warmem Gelb, Orange und Lachstönen gehaltenen Stoffe und Wände harmonieren wunderbar mit dem hellen, polierten Holzmobiliar. Der Kamin verspricht den romantischen Ausklang eines Wintertages, den man auf einer Harzer Skipiste verbracht hat. Alles hier atmet die Leichtigkeit des Seins. So wie in der Lounge sind die Interieurs auch in sämtlichen Zimmern, in der Badelandschaft und im Beautybereich, in den Restaurants „Wintergarten" und „Fürsten-

schänke“ im edlen Landhausstil und immer mit Rücksicht auf den historischen Charakter des Hauses komponiert. Behutsam dahinter versteckt, aber stets zur Stelle, wenn man ihn braucht, zeigt sich der technische Komfort in allen Räumen.
Das, was Architektur und Interieur an inniger Verbindung zwischen Tradition und Moderne vorgeben, setzt René Bobzin in seinem Reich, der Küche, fort. Die „Entdeckung des Jahres 2002“ des Gault Millau vereint auf vortreffliche Weise französische „Grande Cuisine“ mit regionalen Einflüssen und verwöhnt den Feinschmecker mit aromatischen Speisen, die als die einfallsreichsten und besten in ganz Sachsen-Anhalt gelten. Eine Ode an sämtliche Sinne sind beispielsweise das mit Kartoffeln soufflierte Forellenfilet auf glasierten Gurken und Flusskrebsen, die Ziegenfrischkäseterrine mit Wildkräutersalat und das mit schwarzen Trüffeln gefüllte, gebratene Täubchen.

Die liebevoll auf dem Teller angerichteten Köstlichkeiten vereinen in sich Sinn und Sinnlichkeit gleichermaßen – wie das Haus, in dem sie serviert werden. Man speist und wohnt – und ist mit sich im Reinen.
Zum Wohlgefühl trägt auch die zurückhaltende Aufmerksamkeit des Personals bei, das nett und unaufdringlich sofort zur Stelle ist, wenn der Gästeblick in seine Richtung wandert. Ein zusätzlicher Tisch wird rasch und ohne Lamento eingedeckt, wenn man „überzählig“ ist. Am Abend versüßt ein Betthupferl den Nachtschlaf, und morgens blitzt jedem Autofahrer schon die blank geputzte Windschutzscheibe entgegen. Auch über das Wetter und besondere Veranstaltungen in der Region weiß der Gast bereits bestens Bescheid, findet er doch in seinem Zimmer täglich die aktuelle „Forellenpost“ vor.

Getrüffelte Taube im Blätterteig

Zutaten (4 Personen)

2 Royal Tauben (à ca. 550 g)
100 g Trüffel
1 Pack Blätterteig
50 g Geflügelfarce
2 Eigelb
Salz, Pfeffer
Portwein
Geflügelfond
Madeira
Schalotten
2 Mangoldblätter

Zubereitung

Die Taubenbrüste auslösen und enthäuten, die Karkassen kleinschneiden und im Topf anrösten. Wenn diese schön braun sind, die Schalotten zugeben, kurz mitrösten, dann nach und nach mit Portwein und Madeira ablöschen und mit Geflügelfond auffüllen. Zu dem Saucenansatz Thymian und Majoran geben und ca. 3 Stunden köcheln lassen. Danach durch ein Tuch sieben und reduzieren.
Die Mangoldblätter blanchieren und als Matte auf ein Tuch legen. Trüffel in Scheiben schneiden. Die Taubenbrüste mit Farce bestreichen und mit Trüffelscheiben belegen. 2 Brüste zusammenlegen und in Mangold wickeln. Diese Rolle wird in Blätterteig geschlagen und mit Eistreiche abgestrichen.
Die Trüffelabschnitte werden in Würfel geschnitten, in Nussbutter angeschwitzt und mit der reduzierten Sauce aufgefüllt. Die Blätterteigtaubenrolle muss im Ofen bei 200 °C ca. 18 Min. backen und 2 Min. ziehen. In der Mitte durchschneiden und pro Person eine 1/2 Rolle auf dem Teller anrichten, mit Sauce nappieren und fertig.

Les Petites Maisonnettes

Was für ein schönes Haus!, dieser begeisterte „Ausruf" ist oft zu lesen im Gästebuch von Beatrix und Dirk Scheithauer. Und es stimmt: Das kleine Häuschen kurz vor dem Breiten Tor am Eingang zur Goslaer Altstadt ist für den heutigen Betrachter entzückend. Doch vor mehr als 300 Jahren diente es einem eher ernsten Zweck: Als Siechenhaus beherbergte es die Ärmsten der Armen, die hier krank darniederlagen und, von ihren kirchlichen Nachbarn gepflegt, auf den Tod warteten. Diese dunklen Zeiten sind vorbei, heute herrscht im original erhaltenen Gebäude und seinem rustikal-gemütlichen Ambiente lebensfrohe Geselligkeit.

Türen und Fenster sind bleiverglast. Der bucklige Steinfußboden im Gastraum ist aus dem 18. Jahrhundert herübergerettet. Grob geschnitzte Holzpfeiler stützen die alten Balkendecken, großformatige historisierende Malereien schmücken die holzgetäfelten Wände. Ein uralter, gusseiserner Küchenofen mit hübschen Keramikintarsien ist ein Blickfang im urigen Lokal. Über einen lichten Gang, der das historische Haus mit einem Anbau verbindet, gelangt man in eine zweite Gaststube. Auch dort hat Beatrix Scheithauer alle Tische einladend fein eingedeckt. Durch die Fenster schaut man in einen wild-romantischen Garten, der im Sommer ein idyllisches Plätzchen zum Verweilen ist. Im hauseigenen Meerwasser-Aquarium schwimmt ein Hummer. Das noch ahnungslose Krustentier wird Dirk Scheithauer später in einen frischen Salat verwandeln und auf Safranschaum betten. Der Küchenchef hat sich einer klaren, sparsam gewürzten Küche mit mediterranen Anklängen verschrieben, in der die Eigenaromen aller Produkte sinnlich erfahrbar zur Geltung kommen sollen. Kulinarische Harz-Rustikalität gibt es also nicht, vielmehr eine Affinität zu französischen und internationalen Kochtraditionen.

Les petites maisonnettes

Am Siechenhof 12
38640 Goslar

Telefon 0 53 21 - 1 88 88
Telefax 0 53 21 - 30 44 39

Ruhetag: Dienstag

Die zeigt sich beispielsweise in Gerichten wie einer Liaison von Kaninchen und Taube auf getrüffelten, hausgemachten Rahmnudeln oder dem Lammkarree auf Paprikagemüse mit Madeirasauce und Thymiankartoffeln. Gaumenfreuden bereitet auch das Pangasiusfilet auf Kaiserschotengemüse mit Krustentierschaum und Safranreis, dem das Dessert, Limonenparfait auf Minzschaum, an Frische und Geschmack in nichts nachsteht. Wer mehrere der Scheithauer'schen Köstlichkeiten auf einmal kosten will, wählt das abendliche Fünf-Gang-Menü. Wenn es Produktangebot und Jahreszeit erlauben, wechselt der Wirt dafür täglich die Karte. Eines gibt es bei Dirk Scheithauer nicht: Tiefkühlobst und andere Feinfrostzutaten.

„Bei mir kommt nur das in Topf und Pfanne, was die Saison frisch hervorbringt", sagt der auf Europameisterschaften erprobte Koch. Sein Können gibt er gerne weiter. Ein bis zweimal im Monat bereiten Hobbyköche mit ihm gemeinsam ein 4-Gang-Menü zu, dessen Rezept die Teilnehmer nach dem Essen mit nach Hause nehmen dürfen. Zufrieden sind auch alle mit der Weinkarte, die internationale, charaktervolle Rebensäfte offeriert. An thematischen Länderabenden werden jeweils sechs Weine kredenzt – passend zur sechsgängigen Speisenfolge. Soviel Aufwand und Ideenreichtum wird belohnt: Gault Millau und Varta-Führer loben das Lokal, und die Genießer-Zeitschrift „Savoir-Vivre" zählt „Les petites maisonnettes" gar zu den 500 besten Restaurants in Deutschland.

Salat vom Hummer an Safranschaum und Salatspitzen

Zutaten (4 Personen)

2 Hummer à 500 g
etwas Wurzelgemüse
200 g Meersalz
0,1 l Noilly Prat
0,1 l trockener Weißwein
0,2 l Sahne
25 g Butter
Safranfäden oder -pulver
Salz, Zucker
verschiedene Blattsalate
50 ml Balsamico-Essig
25 ml Melfor-Essig
100 ml Kalbs- oder Geflügelbrühe
1/2 Teelöffel Senf
100 ml Olivenöl
etwas Madeira und Portwein
Pfeffer

Zubereitung

Für den Safranschaum Safran, Noilly Prat und Weißwein in einen Topf geben und um die Hälfte reduzieren lassen. Sahne und Butter dazugeben, kurz aufkochen lassen und mit dem Zauberstab schaumig rühren. Mit Salz und etwas Zucker abschmecken.
Für das Salatdessing Balsamico-Essig, Melfor-Essig, Brühe, Senf, Olivenöl, Madeira, Portwein und Gewürze (Salz, Pfeffer) in ein hohes Gefäß geben und mit dem Zauberstab aufmixen. Für den Hummer einen großen Topf mit zirka 5 l Wasser füllen. Meersalz und Wurzelgemüse dazugeben und aufkochen. Die Hummer mit dem Kopf zuerst ins kochende Wasser geben und zirka 8 Min. kochen lassen. Dann Hummer herausnehmen und zirka 1/4 Std. ruhen lassen.
Zum Anrichten die Blattsalate dekorativ auf der oberen Hälfte des Tellers platzieren. Hummerbeine an den Salat anlegen. Übrigen Hummer ausbrechen und gleichmäßig unter dem Salat verteilen. Den Safranschaum kurz aufkochen, aufschäumen und über das Hummerfleisch geben. Salat mit Dressing benetzen. Guten Appetit!

KULINARISCHE EMPFEHLUNGEN

Echter Schernikow Baumkuchen Salzwedel 20
St.-Georg-Straße 87
29410 Salzwedel
Telefon 0 39 01 - 3 23 06
Telefax 0 39 01 - 2 54 62
Baumkuchen-Salzwedel@t-online.de
www.baumkuchen-salzwedel.de

Ambiencehotel Zur Wolfsschlucht 22
Dorfstraße 10
39619 Arendsee/Kläden
Telefon 03 93 84 - 98 20
Telefax 03 93 84 - 9 82 50
marko_wolf@hotel-wolfsschlucht.de
www.hotel-wolfsschlucht.de

Markus Reister Hausschlachtung 24
Dorfstraße 18
39624 Berkau
Telefon 03 90 89 - 21 70
Telefax 03 90 89 - 9 09 92
Reister-Berkau@t-online.de
www.bauer-reister.de

Hotel Schloss Storkau 26
39590 Storkau
Telefon 03 93 21 - 52 10
Telefax 03 93 21 - 52 20
hotel.schloss.storkau@t-online.de
www.hotel-schloss-storkau.de

Exempel Gaststuben 28
Kirchstraße 40
39590 Tangermünde
Telefon 03 93 22 - 4 48 99
Telefax 03 93 22 - 2 29 99
info@exempel-gaststuben.de
www.exempel-gaststuben.de

Artificium 30
Lange Straße 24
39590 Tangermünde
Telefon 03 93 22 - 7 29 09
Telefax 03 93 22 - 7 29 09

Landeshauptstadt Magdeburg Magdeburg Marketing Kongress und Tourismus GmbH 36
Tourist-Information Magdeburg
Ernst-Reuter-Allee 12
39114 Magdeburg
Telefon 03 91 - 1 94 33
Telefax 03 91 - 5 40 49 30
info@magdeburg-tourist.de
www.magdeburg-tourist.de

gut & gern Restaurant & Hofgarten 40
Wallonerberg 5
39104 Magdeburg
Telefon 03 91 - 5 31 33 15
Telefax 03 91 - 5 31 35 85
gutundgern@t-online.de

Restaurant Buttergasse GmbH 42
Alter Markt 14
39104 Magdeburg
Telefon 03 91 - 5 44 66 61
Telefax 03 91 - 5 35 35 55
info@buttergasse.de
www.buttergasse.de

Restaurant St. Immanuel 44
Alt Prester 86
39114 Magdeburg
Telefon 01 72 - 3 05 40 02
info@restaurant-immanuel.de
www.restaurant-st-immanuel.de

Le Cochon 46
Hegelstraße 39
39104 Magdeburg
Telefon 03 91 - 5 41 98 57

Hotel Geheimer Rat Best Western Hotel 48
Goethestraße 38
39108 Magdeburg
Telefon 03 91 - 7 38 03
Telefax 03 91 - 7 38 05 99
geheimer-rat@t-online.de
www.geheimer-rat-von-g.de
www.bestwestern.de

Restaurant Da Capo im Hotel Maritim 50

Otto-von-Guericke-Straße 87
39104 Magdeburg
Telefon 03 91 - 5 94 90
Telefax 03 91 - 5 94 99 90
info.mag@maritim.de
www.maritim.de

Colbitzer Heidebrauerei GmbH 52

Brauereistraße 1
39326 Colbitz
Telefon 03 92 07 - 8 80
Telefax 03 92 07 - 8 81 50
Colbitzer_Heidebrauerei@t-online.de
www.colbitzer-heidebrauerei.de

Hotel und Restaurant Augustusgabe im Kunsthof Barby 54

Brauhausstraße 24
39249 Barby
Telefon 03 92 98 - 6 85 10
Telefax 03 92 98 - 6 85 20
kunsthof-barby@t-online.de
www.kunsthof-barby.de

Burger Knäcke GmbH + Co. KG 56

Niegripper Chaussee 7
39288 Burg
Telefon 0 39 21 - 92 30
Telefax 0 39 21 - 92 31 60
service@burgerknaecke.de
www.burgerknaecke.de

Landgasthof Zur Erholung 58

Möserstraße 27
39291 Lostau
Telefon 03 92 22 - 90 10
Telefax 03 92 22 - 9 01 16
hotel-landgasthof-lostau@t-online.de
www.hotel-landgasthof-lostau.de

Restaurant Kornhaus 68

Kornhausstraße 146
06846 Dessau
Telefon 03 40 – 6 40 41 0
Telefax 03 40 – 6 40 41 11
info@kornhaus.de
www.kornhaus.de

Restaurant und Weinstuben Pächterhaus 70

Kirchstraße 1
06846 Dessau-Ziebigk
Telefon 03 40 - 6 50 14 47
Telefax 03 40 - 6 50 14 48
maedel@paechterhaus.de
www.paechterhaus-dessau.de

Restaurant Grüner Baum 72

Neuer Wall 103a
06786 Wörlitz
Telefon 03 49 05 - 2 17 03
Telefax 03 49 05 - 2 17 03
info@gruenerbaum-woerlitz.de
www.gruenerbaum-woerlitz.de

Ringhotel Zum Stein 74

Erdmannsdorffstraße 228
06786 Wörlitz
Telefon 03 49 05 - 5 00
Telefax 03 49 05 - 5 01 99
info@hotel-zum-stein.de
ZumStein@ringhotels.de
www.hotel-zum-stein.de

Parkrestaurant Vogelherd 76

Lindauer Straße 78
39261 Zerbst
Telefon 0 39 23 - 78 04 44
Telefax 0 39 23 - 78 04 47

Forellenhof Thießen 78

Mönchholz 3
06862 Thießen
Telefon 03 49 07 - 2 04 55
Telefax 03 49 07 - 2 06 82
info@forellenhof-thiessen.de
www.forellenhof-thiessen.de

Wildgeflügel-Fasanerie 80

Wendgräbener Chaussee 2
39279 Wendgräben bei Loburg
Telefon 03 92 45 - 27 68
Telefax 03 92 45 - 9 19 42
fasanerie@mommert.de
www.mommert.de

KULINARISCHE EMPFEHLUNGEN

Imkerei Pruß 82
Polenzkoer Weg 14a
39264 Dobritz
Telefon 03 92 48 - 207
Telefax 03 92 48 - 207

Obstkelterei Gernert 84
Große Ritterstraße 36
06780 Zörbig
Telefon 03 49 56 – 2 04 34
Telefax 03 49 56 – 2 04 34
saftladen.goerg@gmx.de

Zörbiger Konfitüren GmbH by ZUEGG group 86
Thura Mark 14
06780 Zörbig
Telefon 03 49 56 - 31 90
Telefax 03 49 56 - 3 19 30
www.zoerbiger.com
info@zoerbiger.com

Bauer Feuerborns Hofladen 88
Cosaer Straße 26a
06369 Cosa
Telefon 03 49 78 - 2 27 43
Telefax 03 49 78 - 2 03 27
o.feuerborn@t-online.de
www.bauer-feuerborn.de

Hotel Klabautermann 90
Dessauer Straße 93
06886 Lutherstadt Wittenberg
Telefon 0 34 91 - 66 21 49
Telefax 0 34 91 - 66 95 60
hotel-klabautermann@t-online.de
www.hotel-klabautermann.de

KaffeeSatz im Bücher con sum 92
Dorfplatz 21
06774 Mühlbeck
Telefon 0 34 93 – 51 10 25
Telefax 0 34 93 – 4 30 45
www.kaffee-satz.de
buecherconsum@t-online.de

Restaurant Mönchshof 98
Talamstraße 6
06108 Halle an der Saale
Telefon 03 45 – 2 02 17 26
Telefax 03 45 – 2 09 10 65
kontakt@moenchshof-halle.de
www.moenchshof-halle.de

KATHI Rainer Thiele GmbH 100
Berliner Straße 216
06116 Halle/Saale
Telefon 03 45 – 57 00 80
Telefax 03 45 – 5 60 05 58
info@kathi.de
www.kathi.de

Weinkontor Naumann & Co. OHG 102
Robert-Franz-Ring 21
06108 Halle an der Saale
Telefon 03 45 - 2 00 33 51
Telefax 03 45 - 2 00 33 52
info@weinkontor-halle.de
www.weinkontor-halle.de

Halloren Schokoladenfabrik GmbH 104
Delitzscher Straße 70
06112 Halle an der Saale
Telefon 03 45 - 5 64 20
Telefax 03 45 - 5 64 22 50
info@halloren.de
www.halloren.de

Technisches Halloren- und Salinemuseum 106
Mansfelder Straße 52
06108 Halle an der Saale
Telefon 03 45 - 2 02 50 34
Telefax 03 45 - 2 02 14 88
salinemuseum-halle@halle.de

Keramikscheune Spickendorf 108
Geschwister-Scholl-Straße
06188 Spickendorf
Telefon 03 46 02 – 2 15 98
Telefax 03 46 02 – 2 15 01
www.keramikscheunespickendorf.de
keramikscheunespickendorf@t-online.de

Hausschlachterei Fritz Mauf 110
Straße der Einheit 4
06179 Köllme
Telefon 03 46 09 - 2 03 22
Telefax 03 46 09 - 2 13 74
www.saalkreis.de/mauf/

Weindorf Höhnstedt 112

Hauptstraße 38
06179 Höhnstedt
Telefon 03 46 01 – 2 02 42
Telefax 03 46 01 – 2 02 43
hoehnstedt@gmx.de
www.weindorf-hoehnstedt.net

Gaststätte & Pension Zur Weintraube 114

Hauptstraße 38
06179 Höhnstedt
Telefon 03 46 01 – 3 90 94
Telefax 03 46 01 – 3 90 95

Wein & Keramik Gut Höhnstedt 116

Am Ring 4
06179 Höhnstedt
Telefon 03 46 01 - 3 03 99
Telefax 03 46 03 - 2 17 10

Saale-Unstrut-Tourismus e.V. 118

Grochlitzer Straße 55
06618 Naumburg
Telefon 0 34 45 - 23 37 90
Telefax 0 34 45 - 23 37 98
fremdenverkehr.saale-unstrut@t-online.de
www.saale-unstrut-tourismus.de

Bocks Bistrorant 120

Steinweg 5–9
06618 Naumburg
Telefon 0 34 45 – 2 30 13 30
Telefax 0 34 45 – 2 30 49 9
info@bocks-gmbh.de
www.bocks-bistrorant.de

Die Naumburger Käseecke 122

Salzstraße 11
06618 Naumburg
Telefon 0 34 45 – 26 17 65
Telefax 0 34 45 – 26 17 66
die-naumburger-kaeseecke@t-online.de

Restaurant Carolus Magnus 124

Markt 11
06618 Naumburg
Telefon 0 34 45 – 20 55 77
Telefax 0 34 45 – 77 43 03
www.restaurant-carolus-magnus.de

Wieland Führ Kunsthandlung, Antiquariat & Café 126

Engelgasse 3
06618 Naumburg
Telefon 0 34 45 – 20 07 70
Telefax 0 34 45 – 20 07 70
fuehr@engelgasse3.de
www.engelgasse3.de

Weinbauverband Saale-Unstrut e.V. 128

Querfurter Straße 10
06632 Freyburg/Unstrut
Telefon 03 44 64 - 2 61 10
Telefax 03 44 64 - 2 94 16
weinbauverband.saale-unstrut@t-online.de
www.natuerlich-saale-unstrut.de

Hotel Unstruttal 132

Markt 11
06632 Freyburg/Unstrut
Telefon 03 44 64 - 70 70
Telefax 03 44 64 - 7 07 41
Hotel-Unstruttal@freenet.de
www.hotelunstruttal.de

Hotel Alte Weinstuben Zum Künstlerkeller 133

Breite Straße 14
06632 Freyburg/Unstrut
Telefon 03 44 64 - 7 07 50
Telefax 03 44 64 - 7 07 99
kuenstlerkeller-freyburg@t-online.de
www.kuenstlerkeller.de

Winzervereinigung Freyburg-Unstrut eG 134

Querfurter Straße 10
06632 Freyburg
Telefon 03 44 64 - 3 06 23
Telefax 03 44 64 - 3 06 30
winzervereinigung-freyburg@t-online.de
www.winzervereinigung-freyburg.de

Berghotel Zum Edelacker 138

Schloss 25
06632 Freyburg/Unstrut
Telefon 03 44 64 – 3 50
Telefax 03 44 64 – 3 53 33
www.edelacker.de
edelacker@weinberghotels.de

Hotel Rebschule 138

Ehrauberge 33
06632 Freyburg/Unstrut
Telefon 03 44 64 - 30 80
Telefax 03 44 64 - 2 80 36
rebschule@weinberghotels.de
www.hotel-rebschule.de

KULINARISCHE EMPFEHLUNGEN

Schlosscafé Alte Remise und Küchenmeisterey zur Neuenburg 140
Schloss 1
06632 Freyburg/Unstrut
Telefon 03 44 64 – 6 62 00
Telefax 03 43 83 - 4 46 63
info@heureka-gastro.de
www.heureka-gastro.de

Hotel Jägerhof 142
Nikolaistraße 51
06667 Weißenfels
Telefon 0 34 43 - 33 40
Telefax 0 34 43 - 33 41 00
www.jaegerhof-weissenfels.de
info@jaegerhof-weissenfels.de

Hotel am Platz 144
Am Platz des Bergmanns 1
06679 Hohenmölsen
Telefon 03 44 41 - 42 80
Telefax 03 44 41 - 4 28 54
info@stadthotel-hohenmoelsen.de
www.stadthotel-hohenmoelsen.de

Weingut Salsitz und Vinothek 146
Schulweg 44
06712 Salsitz (bei Zeitz)
Telefon 03 44 26 – 2 14 20
Telefax 03 44 26 – 2 14 99
Bauer.Triebe@t-online.de
www.natuerlich-saale-unstrut.de/
weingut-salsitz

Vinothek 146
Telefon 0 34 41 - 72 57 47
Telefax 0 34 41 - 72 57 23

Green Island Pub 148
Weberstraße 25
06712 Zeitz
Telefon 0 34 41 – 21 26 71
Telefax 0 34 41 – 21 26 71
info@green-island-zeitz.de
www.green-island-zeitz.de

Landesgartenschau Zeitz 2004 GmbH 150
Badstubenvorstadt 17a
06712 Zeitz
Telefon 0 34 41 - 6 88 00
Telefax 0 34 41 - 68 80 66
info@landesgartenschau-2004.de
www.landesgartenschau-2004.de

Ziegenhof Schleckweda 152
Elsterstraße 4
06722 Wetterzeube
Telefon 03 66 93 - 2 27 47
Telefax 03 66 93 - 2 36 81
www.ziegenhof-schleckweda.de
info@ziegenhof-schleckweda.de

Hotel An der Klosterpforte 158
Lindenstraße 34
06295 Lutherstadt Eisleben
Telefon 0 34 75 - 7 14 40
Telefax 0 34 75 - 7 14 41 00
klosterpforte@web.de
www.vch.de/klosterpforte.eisleben

Europa Rosarium Rosenstadt Sangerhausen GmbH 160
Am Rosengarten 2a
06526 Sangerhausen
Telefon 0 34 64 – 5 89 80
Telefax 0 34 64 – 58 98 15
rosenstadt.sangerhausen@
sangerhausen-tourist.de
www.sangerhausen-tourist.de

Restaurant George 162
Georgenpromenade 8
06526 Sangerhausen
Telefon 0 34 64 - 34 42 00
Telefax 0 34 64 - 34 42 02
info@george-sgh.de
www.george-sgh.de

Restaurant Château Neuf im Parkhotel Schloss Meisdorf 164
Allee 5
06463 Meisdorf
Telefon 03 47 43 - 9 80
Telefax 03 47 43 - 9 82 22
meisdorf@vandervalk.de
www.vandervalk.de

Restaurant Fürst Victor im Schlosshotel Ballenstedt 166
Schloßplatz 1
06493 Ballenstedt
Telefon 03 94 83 - 5 10
Telefax 03 94 83 - 5 12 22
ballenstedt@vandervalk.de
www.vandervalk.de

Hotel Habichtstein 168
Kreisstraße 4
06493 Alexisbad
Telefon 03 94 84 - 7 80
Telefax 03 94 84 - 7 83 80
info@habichtstein.de
www.habichtstein.de

Bückemühle 170
Am Bückeberg 3
06507 Gernrode
Telefon 03 94 85 - 4 19
Telefax 03 94 85 - 6 12 03
bueckemuehle@t-online.de
www.bueckemuehle.de

Kaffeehaus Zum Roland 172
Breite Straße 2–6
06484 Quedlinburg
Telefon 0 39 46 - 45 32
Telefax 0 39 46 - 45 32
zum-roland@t-online.de

Café & Käsekuchenbäckerei Vincent 173
Schlossberg 13
06484 Quedlinburg
Telefon 0 39 46 - 81 19 70

Café Kaiser 174
Finkenherd 8
06484 Quedlinburg
Telefon 0 39 46 - 51 55 52
Telefax 0 39 46 - 51 55 52
cafe-kaiser@x-mail.net

Hotel Zur goldenen Sonne 176
Steinweg 11
06484 Quedlinburg
Telefon 0 39 46 - 9 62 50
Telefax 0 39 46 - 96 25 30
info@hotelzurgoldenensonne.de
www.hotelzurgoldenensonne.de

Harzer Weingut Kirmann 178
Gartenstraße 532
06484 Westerhausen
Telefon 0 39 46 - 70 14 66
Telefax 0 39 46 - 68 98 13
harzer-weingut@t-online.de
www.harzer-weingut.de

Schäferhof Langenstein 180
Quedlinburger Straße 28a
38895 Langenstein
Telefon 0 39 41 - 61 38 41
Telefax 0 39 41 - 61 46 86
MerinoeV@aol.com
www.schaeferhof-langenstein.de

Halberstädter Würstchen und Konserven 182
Große Ringstraße
38820 Halberstadt
Telefon 0 39 41 - 3 11 00
Telefax 0 39 41 - 3 11 11
info@halberstaedter.de
www.halberstaedter.de

Brauhaus Heine Bräu an der Villa Heine 183
Große Ringstraße
38820 Halberstadt
Telefon 0 39 41 - 3 18 00
Telefax 0 39 41 - 3 15 00
info@hotel-heine.de
brauhaus@hotel-heine.de
www.hotel-heine.de

Harzer Käserei Rusack 184
Am Schützenkrug 10
38829 Harsleben
Telefon 0 39 41 - 56 58 40
Telefax 0 39 41 - 56 58 55
info@rusack.de
www.rusack.de

Hotel Am Anger 186
Breite Straße 92–94
38855 Wernigerode
Telefon 0 39 43 - 9 23 20
Telefax 0 39 43 - 92 32 50
info@hotel-am-anger.de
www.hotel-am-anger.de

Schaubergwerk Büchenberg 188
Schillerstraße 3
38875 Elbingerode
Telefon 03 94 54 - 4 22 00
Telefax 03 94 54 - 4 22 00
Schaubergwerk-Buechenberg@web.de
www.elbingerode.de

KULINARISCHE EMPFEHLUNGEN

Hotel-Restaurant-Café Grüne Tanne 190
38875 Elend-Mandelholz
Telefon 03 94 54 - 460
Telefax 03 94 54 - 4 61 55
hotel_gruene_tanne@t-online.de
www.mandelholz.de

Harzköhlerei Stemberghaus 192
An der B81 zwischen Hasselfelde und Blankenburg
38899 Hasselfelde
Telefon 03 94 59 - 7 22 54
Telefax 03 94 59 - 7 38 99
stemberghaus@harzkoehlerei.de
www.harzkoehlerei.de

Restaurant Victoria Luise 194
Dr. Barner Straße 11
38700 Braunlage
Telefon 0 55 20 - 93 21 44
Telefax 0 55 20 - 93 21 71
info@victorialuise.de
www.victorialuise.de

Hotel & Residenz Hohenzollern 194
Telefon 0 55 20 - 9 32 10
Telefax 0 55 20 - 93 21 93
info@residenz-hohenzollern.de
www.residenz-hohenzollern.de

Puppe's 196
Am Brunnen 2
38700 Braunlage
Telefon 0 55 20 - 4 87
Telefax 0 55 20 - 37 88
puppe-braunlage@t-online.de
www.puppes.de

Schierker Feuerstein KG 198
Spirituosenfabrik
Brockenstraße 3
38879 Schierke am Brocken
Telefon 03 94 55 - 3 72
Telefax 03 94 55 - 3 73
info@schierker-feuerstein.de
www.schierker-feuerstein.de

Landhaus Kemper 200
An der Trift 19
38678 Clausthal-Zellerfeld
OT Buntenbock
Telefon 0 53 23 - 17 74
Telefax 0 53 23 - 45 29
kontakt@landhaus-kemper.de
www.landhaus-kemper.de

Landhaus Zu den Rothen Forellen 202
Marktplatz 2
38871 Ilsenburg
Telefon 03 94 52 - 93 93
Telefax 03 94 52 - 93 99
info@rotheforelle.de
www.rotheforelle.de

Les petites maisonnettes 204
Am Siechenhof 12
38640 Goslar
Telefon 0 53 21 - 1 88 88
Telefax 0 53 21 - 30 44 39
info@les-petites-maisonnettes
www.les-petites-maisonnettes.de

VERZEICHNIS DER REZEPTE

KULINARISCHE EN

...DURCH DIE SCHÖ

ISBN 3-8295-6409-0

ISBN 3-8295-6402-3

ISBN 3-8295-7309-X

ISBN 3-8295-7301-4

ISBN 3-8295-6411-2

ISBN 3-8295-6413-9

ISBN 3-8295-6418-X

ISBN 3-8295-6416-3

ISBN 3-8295-6417-1

ISBN 3-8295-6415-5

ISBN 3-8295-6424-4

ISBN 3-8295-6423-6

ECKUNGSREISEN...

N URLAUBSREGIONEN

N 3-8295-6412-0

ISBN 3-8295-6410-4

ISBN 3-8295-7303-0

ISBN 3-8295-7302-2

N 3-8295-6420-1

ISBN 3-8295-6421-X

ISBN 3-8295-7308-1

ISBN 3-8295-7304-9

N 3-8295-6419-8

Angaben für alle Titel:
Hardcover – 24 x 30 cm – Fadenheftung – ca. 160 Seiten – ca. 300 Farbfotos – 1 Karte.

Alle Titel erhalten Sie bei Ihrer örtlichen Buchhandlung. Für weitere Informationen über unsere Reihe wenden Sie sich direkt an den Verlag:

Umschau Buchverlag GmbH
Maximilianstraße 43
D-67433 Neustadt an der Weinstraße
Telefon (0 63 21) 87 78 52
Telefax (0 63 21) 87 78 59
e-mail: info@umschau-buchverlag.de
www.umschau-buchverlag.de

UMSCHAU

IMPRESSUM

© 2003 Umschau Buchverlag
Neustadt an der Weinstraße

Alle Rechte der Verbreitung in deutscher Sprache, auch durch Film, Funk, Fernsehen, photomechanische Wiedergabe, Tonträger jeder Art, auszugsweisen Nachdruck oder Einspeicherung und Rückgewinnung in Datenverarbeitungsanlagen aller Art, sind vorbehalten.

Gestaltung und Satz
Kassler Grafik-Design, Leipzig

Reproduktionen
Lithotronic-Media, Frankfurt

Fotos
Angela Liebich, Leipzig

Texte
Micaela Seiferth-Wilde, Leipzig

Karte
Elsner & Schichor, Karlsruhe (S. 9)

Herausgeberin
Katharina Többen, Neckargemünd

Druck und Verarbeitung
Konkordia GmbH, Bühl

Printed in Germany
ISBN: 3-8295-7310-3

Die Ratschläge in diesem Buch sind von den Autoren und dem Verlag sorgfältig erwogen und geprüft, dennoch kann eine Garantie nicht übernommen werden. Eine Haftung der Autoren und des Verlages für Personen-, Sach- und Vermögensschäden ist ausgeschlossen.

Titelfotografie
Hasenrückenfilet in der Basilikumstrudelhülle auf Himbeeressigsauce, Restaurant Victoria Luise

Wir bedanken uns für die uns freundlicherweise zur Verfügung gestellten Fotos bei:
Echter Schernikow Baumkuchen Salzwedel (S. 21 unten)
Pächterhaus, Dessau-Ziebigk (S. 70 oben)
Ringhotel Zum Stein, Wörlitz (S. 74 oben)
Parkrestaurant Vogelherd, Zerbst (S. 76 oben)
Fa. Kathi, Rainer Thiele GmbH, Halle an der Saale (S. 100 rechts unten, S. 101 links unten)
Halloren Schokoladenfabrik, Halle an der Saale (S. 104 rechts)
Karte Weindorf Höhnstedt (S. 113 oben)
Karte Radwandern entlang der Saale und Unstrut, Saale-Unstrut-Tourismus e.V., Naumburg (S. 119 unten)
Parkhotel Schloss Meisdorf (S. 155 oben rechts und S. 156 oben links)
Les petites maisonnettes, Goslar (S. 204 unten)

Angela Liebich und Micaela Seiferth-Wilde